MINERVA
はじめて学ぶ
子どもの福祉
7

倉石哲也/伊藤嘉余子
[監修]

保育の心理学

伊藤 篤
[編著]

ミネルヴァ書房

監修者のことば

　本シリーズは、保育者を志す人たちが子どもの福祉を学ぶときにはじめて手に取ることを想定したテキストです。保育やその関連領域に関わる新進気鋭の研究者や実践者の参画を得て、このテキストはつくられました。

　保育をめぐる現在の情勢はまさに激動期です。2015年4月に「子ども・子育て支援新制度」がスタートし、保育所と幼稚園の両方の機能をもつ幼保連携型認定こども園が創設されました。養成校では、それに対応した保育士資格と幼稚園教諭免許の取得が必須となる「保育教諭」の養成が本格化しています。今後ますます、幼保連携が進められると、すべての保育者に子どもの福祉に関する知識が必要となるでしょう。

　また、近年では児童虐待をはじめとした、養育環境に課題を抱える子どもと保護者への対応が複雑かつ多様化しています。今春告示された「保育所保育指針」には、新たに「子育て支援」という章が設けられました。これからの保育者は、保護者の子育てを支援するために、子どもを育てる保護者や家族が直面しやすいニーズについて理解するとともに、相談援助に必要な姿勢や視点、知識やスキル等を身につけていくことがさらに求められます。

　このテキストにおいては、上記で述べたようなこれからの保育に対応するために必要な知識や制度についてやさしく、わかりやすく解説しています。また、テキストを読んだあとで、さらに学習を進めたい人のための参考図書も掲載しています。

　みなさんが卒業し、実際に保育者になってからも、迷いがあったときや学びの振り返りとして、このテキストを手元において読まれることを期待しています。

2017年9月

倉石　哲也

伊藤嘉余子

はじめに

　本巻『保育の心理学』は、おもに心理学の分野における学問的成果をふりかえりながら、将来保育にかかわる人、現在保育にかかわっている人が、子どもの発達をどのように支援していったらよいのかを学べるように編集されています。

　日本では、生まれる子どもの数が減少してきているのに加え、三世代が一緒に暮らす家族形態がめずらしくなる一方で、単独世帯数が急速に増えています。また、とくに集合住宅の多い都市部では、近隣に住む家庭どうしの付き合いも希薄になっています。もはや子どもを育てている家庭は、社会のなかで孤立したマイノリティ（少数派）といえるでしょう。

　このように、人々が互いに疎遠な状況で、とくに排他的な生活を営んでいる現在、それに追い打ちをかけるように、発達障害のある子どもの増加、子どもの貧困にかかわる格差の広がり、虐待・ネグレクトを含む、子どもに対するマルトリートメント（不適切な養育）の深刻化など、子どもの健やかな育ちを脅かす社会的課題が浮き彫りになってきています。

　保育とは、子どもを養護し教育する営みであるといわれますが、そこには子どもの発達を保障するという理念が含まれています。つまり、保育に携わる専門職者は、社会的にマイノリティである家庭で育つこと自体が子どもの発達に与える影響、障害をかかえること・貧困のなかで育つこと・マルトリートメントを被ることなどが子どもの発達に与える影響を十分に把握・理解したうえで、適切に子どもの発達を支援することが求められます。こうした理由から、本書では、随所に「発達支援」をキーワードとしました。

　第1章では、保育という立場から子どもの発達支援を担うために必要な基礎的教養として、子ども観の歴史的変遷を知ることによって子どもの福祉の本質を学んでいきます。また、保育という営みを広い視野から捉えるために、家庭や地域における保育のあり方および幼児期の教育・保育施設以外の施設における保育の実態について学びます。

　第2章では、子どもの発達にとって、子どもを取り巻く環境がいかに重要であるかを学ぶとともに、感情・自己意識、身体・運動機能、知覚・認知、言語・コミュニケーションといった諸側面における子どもの発達過程を学びます。

　第3章では、子どもが、人とのかかわりのなかで対人関係を豊かに発達させていく姿を、その基盤である基本的信頼感、自他の分離に始まり、二者関係から三者関係へと広がっていく対人関係の変容そのもの、そして、対人関係を価値あるものにしていくために必要な道徳的判断という観点から学びます。

　第4章では、子どもの生涯にわたる発達を見通した支援を担うことが保育者の責務であるという観点から、生涯発達の意味と発達支援の意義、周産期・乳幼児期・学童期・青年期という各期において親や子どもが直面する発達課題とそれを解決していくために必要な保育者による支援のあり方を学びます。

　本書が、次世代を担う子どもたちの発達の理解とその支援に役立てば、執筆者一同にとってこのうえない喜びです。

　2017年10月

編著者　伊藤　篤

目次

はじめに

第1章　子どもの福祉と保育の心理学

レッスン1　子ども観の変遷と子どもの福祉 ・・・・・・・・・・・・・・・・・・・・・・・・・・・・ 2
　　　　　① 古代の子ども観…2　② 中世の子ども観…3　③ 近世における子ども観…5
　　　　　④ 近代の子ども観と子どもの福祉…6　⑤ 現代の子ども観と子どもの福祉…9

レッスン2　子どもの発達と家庭・地域における保育 ・・・・・・・・・・・・・・・・・・・・・ 14
　　　　　① 保育の場と保育士の役割…14　② 家庭的保育事業と子どもの発達…17
　　　　　③ 地域子育て支援拠点事業と親子の発達…19

レッスン3　子どもの発達支援と施設における保育 ・・・・・・・・・・・・・・・・・・・・・・ 26
　　　　　① 子どもの発達支援とは…26　② 学童保育所における子どもの発達支援…29
　　　　　③ 児童養護施設における子どもの発達支援…32　④ おわりに…36

●コラム　学童保育を発展的に考える…38

第2章　多様な側面における子どもの発達

レッスン4　発達と環境との関係 ・・・・・・・・・・・・・・・・・・・・・・・・・・・・・・・・・・・・・ 40
　　　　　① 発達に影響する遺伝と環境…40　② 環境要因を重視した発達モデル…41
　　　　　③ 遊びの環境と子どもの発達…43　④ 学びの環境と子どもの発達…44
　　　　　⑤ 社会的排除という環境と子どもの発達　46

レッスン5　感情・自己意識の発達 ・・・・・・・・・・・・・・・・・・・・・・・・・・・・・・・・・・・ 50
　　　　　① 刺激の受容と反射的な応答…50　② 原初的情動と感情の芽生え・分化…50
　　　　　③ 感情のコントロールと自己調整機能…54　④ 自己意識の発達的変化…56

レッスン6　身体・運動機能の発達 ・・・・・・・・・・・・・・・・・・・・・・・・・・・・・・・・・・・ 60
　　　　　① 胎児の身体・運動の発達…60　② 生後の子どもの身体発達…61　③ 子ども・
　　　　　青年の肥満と痩身…66　④ 運動能力・体力の発達…69

レッスン7　知覚・認知の発達 ・・・・・・・・・・・・・・・・・・・・・・・・・・・・・・・・・・・・・・・ 74
　　　　　① 胎児期・新生児期の知覚と認知…74　② 乳児期の認知能力…76　③ 幼児期
　　　　　の認知能力…78　④ 児童期の認知能力…81　⑤ 青年期の認知能力…85

レッスン8　言語・コミュニケーションの発達 ・・・・・・・・・・・・・・・・・・・・・・・・・・ 88
　　　　　① 乳児期・幼児期における言語発達…88　② 児童期以降の言語とコミュニケー
　　　　　ション…94

●コラム　発達障害のある子どもに対する保育…100

第3章　対人的な関わりと子どもの発達

レッスン9　基本的信頼感の発達 ・・・・・・・・・・・・・・・・・・・・・・・・・・・・・・・・・・・ 102
　　　　　① 世界を変えることと自分を変えること…102　② 受け入れる関係…104
　　　　　③ 他者のなかに映し出される自己の姿…105　④ 乳児と養育者による相互調整
　　　　　…106　⑤ 安定した世界との関係と愛着の形成…107　⑥ 愛着関係の展開と分離
　　　　　個体化…109

レッスン10　対人関係の発達 ･･･ 112
　　　① 自分を認識することと対人関係…112　② 運動の発達と対人関係…113
　　　③ 遊びにおける葛藤と対人関係…115　④ 生活空間の拡大にともなう葛藤と対
　　　人関係…117　⑤ 他者理解に基づく葛藤の解決と対人関係…119　⑥ 役割意識の
　　　発達と対人関係…121

レッスン11　道徳的判断の発達 ･････････････････････････････････････ 125
　　　① 道徳にかかわる3つの側面…125　② 規則（ルール）の領域 ── 道徳・慣習・
　　　個人…128　③ 道徳的判断の発達過程…129

●コラム　アヴェロンの野生児…138

第4章　生涯発達を見据えた発達支援

レッスン12　生涯発達と発達支援 ･････････････････････････････････ 140
　　　① なぜ生涯発達を学ぶのか…140　② 生涯発達とは何か…144　③ 生涯にわた
　　　る発達過程…145　④ 発達過程に応じた発達支援について…152

レッスン13　周産期の発達課題と支援 ･････････････････････････････ 156
　　　① 胎児の発育…156　② 妊娠中の母親の心理…157　③ 新生児の発育…158
　　　④ 周産期の発達課題…159　⑤ 事例からみる周産期の困難とその支援…163

レッスン14　乳幼児期の発達課題と支援 ･･･････････････････････････ 169
　　　① 乳児期（0〜1歳）の発達課題と支援…169　② 幼児前期（1〜3歳）の発達課題
　　　と支援…175　③ 幼児後期（4〜6歳）の発達課題と支援…181

レッスン15　学童期・青年期の発達課題と支援 ･･･････････････････ 187
　　　① 学童期の子どもの発達・発達課題とその支援…187　② 思春期・青年期の子
　　　どもの発達・発達課題とその支援…191

●コラム　アロペアレンティング（alloparenting）について…198
　　　　　ペリー幼児教育計画について…199

さくいん…201

●この科目の学習目標●

「指定保育士養成施設の指定及び運営の基準について」（雇児発0331第29号）において
4つの目標が明示されている。①保育実践にかかわる心理学の知識を習得する。②子ども
の発達にかかわる心理学の基礎を習得し、子どもへの理解を深める。③子どもが人との相
互的かかわりを通して発達していくことを具体的に理解する。④生涯発達の観点から発達
のプロセスや初期経験の重要性について理解し、保育との関連を考察する。本書も、この
目標を達成するよう、内容を考えている。

第1章

子どもの福祉と
保育の心理学

本章では、保育者が「子ども」という存在をどのように受け止めるべきなのかを
理解していきます。まず、歴史的に「子ども」という存在がどうとらえられてきた
のかについて学び、そののちに、家庭や地域における保育と、施設における保
育のあり方、さらには保育者の役割について学びます。

レッスン1　子ども観の変遷と子どもの福祉

レッスン2　子どもの発達と家庭・地域における保育

レッスン3　子どもの発達支援と施設における保育

レッスン **1**

子ども観の変遷と子どもの福祉

子どもの福祉に携わる保育者が子どもという存在をどのようにとらえるのかは、具体的な保育の実践にとってきわめて重要です。そこで、本レッスンでは、私たち日本人が、歴史的に子どもをどのようにとらえ、扱ってきたのか（子ども観の変遷）をたどってみます。

➕補足

三内丸山遺跡

青森市南西部に立地。1992年に開始された大規模発掘調査により、多様な遺構（住居跡・墓・建物跡・採掘抗など）や道具類（石器・土器・木器・骨角器など）が見つかり、2000年に国の特別史跡に指定。

➕補足

班田収授制

中国・唐の均田制をモデルにして作られた耕作地の支給・収容に関する制度。6年ごとに実施される調査（戸籍の変更）に応じて、支給地と台帳（租税徴収の基礎資料）が改められる。

👤人物

山上憶良

660～733年？
奈良時代初期の貴族・歌人。筑前国（福岡県西部）に赴任中、大宰府に着任した大伴旅人と一緒に筑紫歌壇を形成。

▶出典

†1 澤瀉久孝『萬葉集注釋 巻第五』中央公論社、1960年、298-300頁

1. 古代の子ども観

青森県にある**三内丸山遺跡**は、縄文時代（今から約5,500年前～4,000年前）の巨大集落遺跡です。早産児や出生児の死亡が頻繁であったこの時代、大人の墓数の6倍近い880基以上の「埋め甕（埋設土器）」が竪穴住居に近い場所に設けられています。これは、「子を思う親の気持ち」あるいは「子どものすぐさまの再生を願う気持ち」から生じた習俗ではないかと推測されています。また、子どもの使った土器を母の胎内（または母）と見立ててそのなかにおさめている点については、「早・死産児に対する母親の濃密な愛情表現」ではないかと解釈されています。

701年に制定された大宝律令によって本格化した**班田収授制**によって、子どもは6歳になると成人と同じ面積の口分田（男児は約0.24ha、女児はその3分の2）を与えられました。これは、当時、子どもを大人と同等と見なしていたと考えられる一方で、子どもを小さな大人（労働力）と見なし、幼いうちから搾取の対象（納税者）と位置づけていたとも考えられます。その証拠が、**山上憶良**が『万葉集』のなかで鋭く描きだしている律令制度下における貴族の子どもと庶民の子どもとの厳然とした貧富の差です。

たとえば、『万葉集』巻第五の八九九・九〇一には、「何とも仕様のない程苦しいので、家から駆け出してどこかに行ってしまひたいと思ふけれど、子どもに妨げられてそれも出来ない」「お粗末な布の着物だけでも着せられなくて、このやうに嘆く事であろうか。どうしてよいかすべも知らなくて」と詠われています†1。ここから、少なくとも貴族階級の一部には、子どもへの愛情や哀れみの気持ちをもつ人々、そして、現代の貧困問題と同じように、こうした格差を社会福祉の課題としてとらえる人々がいたことが推測できます。

こうしたまなざしが仏教思想と結びついて具体的に実を結んだと思われる制度が、聖徳太子が四天王寺を建てる際に考案したと伝えられている「四箇院の制*」のうちの悲田院、あるいは、光明皇后が723年に興福寺に設けた悲田院です。悲田院は、貧窮者・病人・孤児（捨て子）などを救済するための施設であり、その目的や機能は現在の社会福祉施設のそれとほとんど同じであったと考えられています。

この制度は平安時代になっても続き、927年に完成した「延喜式」には、道端にいる捨て子を見つけたなら、犬や烏に食われてしまわないよう、彼らを必ず悲田院に連れて行くようにと検非違使に命じている記載がみられます。しかし、たび重なる疫病発生や天候不順による凶作の影響もあり、悲田院の機能は徐々に失われ、10世紀以降、捨て子をめぐる状況は悪化していったと考えられています。また、捨て子の数がどの程度であったかなどの記録が残されていないことから、当時の多くの人々の捨て子に対する関心や悲哀の気持ちは薄かったであろうと推測されます。

2. 中世の子ども観

中世においても、一部の大人が子どもに対して温かい眼差しをもっていたことが確認できます。平安時代末期の1180年前後に編纂された「梁塵秘抄」には、「遊びをせんとや生まれけむ　戯れせんとや生まれけん　遊ぶ子供の声きけば　我が身さえこそ動がるれ」や「舞へ舞へかたつぶり　舞はぬものならば　馬の子や牛の子に蹴ゑさせてん　踏み破らせてん　まことに愛しく舞うたらば　華の園まで遊ばせん」といった歌が収載されています。こうした、遊びを題材とした歌・童心を表現した歌からは、遊びをとおした健やかな子どもの成長を大切に見守ろうとする当時の大人の優しい気持ちが伝わってきます。

こうした子どもの遊びへの関心は、鎌倉時代・室町時代の絵巻物や書物の中に、多様な遊びに興じる大人の姿が数多く登場していることと関連していると思われます。たとえば、12世紀に描かれたと伝えられている「鳥獣人物戯画絵巻」には、囲碁・双六・将棋・首引き・にらめっこ・闘鶏などを大人が楽しむ姿がユーモラスに描かれていますが、そのかたわらには子どもの姿も認めることができます。中世の人々の生活のなかで遊びが重視され始めるとともに、そのころすでに生じていた商品化の浸透に対応するために必要な計数能力を、遊びをとおして子どもに獲得させようとしていた可能性も指摘されています。

✴ 用語解説

四箇院の制
敬田院（寺院本体）、施薬院（薬局）、療病院（病院）、悲田院（社会福祉施設）という4つの場と機能で寺院を構成するというしくみ。

✚ 補足

延喜式
律令（律は刑法、令は行政法・民法に当たる）の内容を補う取り決めを格式という。格は律令の追加・改正、式は律令の施行細則。延喜式は養老律令の補充法の1つで、905（延喜5）年に醍醐天皇の命によって編纂が始められた。

✚ 補足

梁塵秘抄
山伏・歩き巫女・白拍子らによって受け継がれていた民衆芸能を集めた歌謡集。後白河法皇が編纂した。

✚ 補足

鳥獣人物戯画絵巻
平安時代末期から鎌倉時代初期に複数の作者によって描かれたとされる国宝の絵巻物。甲・乙・丙・丁の全4巻からなる。

第1章　子どもの福祉と保育の心理学

■人物
ルイス・フロイス
（Luís Fróis）
1532〜1597年
ポルトガルのカトリック司祭・宣教師（イエズス会士）。織田信長に庇護され豊臣秀吉らと会見。戦国時代研究の貴重な史料『日本史』を記したことで有名。

◆補足
襁褓
「おむつ」「おしめ」のこと。

▶出典
†2　柴田純『日本幼児史
──子どもへのまなざし』
吉川弘文館、2013年、98-100頁

◆補足
堕胎
中絶すること。

戦国時代にイエズス会の宣教師として来日していた**ルイス・フロイス***が、ヨーロッパと日本の子どもにまつわる風俗習慣を比較して著した『ヨーロッパ文化と日本文化』（岡田章雄訳注、岩波書店、1991年）には、たとえば、ヨーロッパの子どもは襁褓の中に手も一緒に拘束されている時期が長く、男児は鞭打ちによって懲罰を受けるのに対し、日本の子どもは生まれてすぐに着物を着せられ、手はいつも自由になっており、懲罰も言葉によるけん責を受けるだけであると記されています。ここから、当時の日本社会が、子どもを自然に任せて自由に伸び伸びと育てていたという印象を私たちに与えます。

しかし、こうした事実は別の観点から見れば、子どもの放任ないしは子どもへの無関心ともとらえることができます。ルイス・フロイスは、堺（大阪府）の町に来たときに自身が経験したことを、別の書物のなかで次のように書いていることを柴田は紹介しています†2。

- ・日本では、婦人たちが、貧困・子だくさん・仕事に差し支えるなどの理由から、頻繁に堕胎を行う。
- ・堕胎を誘発する薬草を飲む者や誕生後に窒息させて子どもを殺害する者もいる。また、朝、岸辺や堀端を歩くと、そこに投げ捨てられた子どもを見ることもある。
- ・こうした行為に対して、誰一人憤りを感じる者はいない。

ここからもわかるように、当時の人々にとって、捨て子や堕胎はありふれた日常であり、幼い子どもに対する無関心・無頓着が当たり前のことであったと判断せざるを得ません。中世の後半は、朝廷が南北に分かれて覇権を争う時代、戦国大名が下剋上を繰り返して天下統一を狙う時代です。こうした戦乱・激動の社会によって、他者の痛みに対する人々の感情は麻痺させられてしまったのかもしれません。

■人物
藤原惺窩
播磨国・三木郡（現：広島県三木市）生まれ。戦国時代から江戸時代前期にかけて活躍した儒学者。著名な4人の門弟は惺門四天王（林羅山・那波活所・松永尺五・堀杏庵）と呼ばれる。

▶出典
†3　†2と同じ、100-102頁

これに関連して、**藤原惺窩***は1608年、戦国乱世の下剋上の風潮が世情一般に広がってしまったため、自分の母親を殺す者がいても、その不孝を平常のこととして特別に気にもしない事態が生じていることを憂い、こうした人心の荒廃は、「根源的な道徳性の喪失」および「道徳性の共有によって実現される人の連帯意識の喪失」という社会的危機であるといった指摘をしています†3。やはり、中世の人々のなかに、堕胎や捨て子に対する罪の意識は、ほとんどみられなかったと考えてよさそうです。

以上のように、中世においては、ある程度の年齢に達した子どもが遊びを通して教養を身につける重要性が意識されるようになり、武家では、

レッスン1　子ども観の変遷と子どもの福祉

長子単独相続の誕生と広がりにともなって、家訓を通した子弟の教育も行われるようになっていました。しかし、堕胎を含む捨て子が社会や政治の問題であり、人の手でその解決策が講じられるべきだといった認識が生まれるには、社会の安定が実現した近世（江戸時代）の到来を待つことになります。

3. 近世における子ども観

太閤検地や兵農分離によって成立した夫婦と直系家族で構成される小農民世帯による共同体（家と村）は、17世紀初頭に始まった徳川家による藩幕体制にともなって安定的に成立し、人々の生産と生活は豊かになっていきました。こうした変化は、人々の子どもに対する関心や親として子どもを教育することへの関心を高めることにつながったようです。

たとえば、貝原益軒*は、その著書『和俗童子訓』（1710年）のなかで「どの親もわが子は可愛く、わが子にまさる宝はないと思っているが、そうした愛情におぼれて、わが子の悪い点に目をつむることは慎むべき」といった教訓を記しています[4]。ここから、子は宝であるという認識と可愛いがゆえにしつけが重要だという考え方が一般に広がっていったと考えられます。

また、庶民の家と村が成立し、その継続性が重視されるようになると、将来の家や村の担い手としての子どもに期待が高まります。ここから、自覚的な子育てが始まることになります。すなわち、幼い時期からの家庭教育の重要性、子どもは必ずしも親の思い通りに育つわけではなく、育てる側の責任や問題点を反省的に吟味する必要性などが意識され始めます。さらに17世紀半ばからは、村全体として子どもを教育するシステムである寺子屋が整えられていくようになります。

こうしたわが家の子・わが村の子を大切に育てるといった時流は、幼児をていねいに養育する必要性や捨て子など十分な養育を受けられない幼児への支援的対応にも影響を与えていきます。

たとえば、貝原益軒の弟子である医師香月牛山*は、その著書『増補絵入小児必用記』の中で、幼児の養育・幼児の病気の治療・幼児の教育のあり方に関して総合的に考察していますが[5]、そのなかで、幼児に対する教育は、単に家の問題（後継者の養育）にとどまらず、将来の社会に有用な人材育成という点からも大変に意義のある営みであると説いています。こうした考え方から派生して、幼児保護という思想が出現して

補足

太閤検地
1582〜1598年、豊臣秀吉が順次全国の土地を対象に実施した土地の測量調査。これにより、全国共通の基準で正確・平等な年貢を算出できるようになったと言われる。

人物

貝原益軒
1630〜1714年
江戸時代前期（1600年代後半から1700年代初め）に活躍した本草学者・儒学者。心身の健全さを保つための心得『養生訓』を83歳のときに書いたことで有名。

出典

[4] 中村学園大学・中村学園短期大学部図書館 貝原益軒アーカイブ
http://www.nakamura-u.ac.jp/library/kaibara/archive04/pdf/c01.pdf

人物

香月牛山
1656〜1740年
江戸時代中期（1600年代後半から1700年代初め）に活躍した医師。筑前国（福岡県）生まれ。豊前国・中津藩で藩医を務めたのち、京都に出て開業。

出典

[5] 東京学芸大学リポジトリ『増補絵入小児必用記巻六』
http://ir.u-gakugei.ac.jp/images/19602491/kmview.html

きます。たとえば、佐藤信淵(さとうのぶひろ)*は1830年代に「5・6歳までの幼児を持つ女性が農業に専念できるよう救済すべき」であり、その方法として「貧民の乳児を養育する施設」と「4・5歳から7歳くらいまでの幼児を遊ばせる施設」の創設を提言しています。これは、現代の乳幼児保育や幼児教育のしくみに通じています。

また、1680年代には、捨て子に限らず病人や病牛馬などの遺棄を禁じる一連の法令が幕府から出されています（生類あわれみの令）。ここから、当時、生類の遺棄が不道徳な行為であるとみなされていたことがわかります。柴田[†6]によると、この時期、行旅難渋者(こうりょなんじゅうしゃ)対策（難渋者の遺棄禁止）が若干先行するものの、ほぼ軌を一にして、捨て子対策が幕府や諸藩においてしだいに整備されていったといいます。捨て子を行う者を厳罰に処する、捨て子を養育する者に養育費を支給する、捨て子を子どものいない中間層家庭の養子にするなど、藩によって具体的な方法は異なるものの、現在の社会的養護に通じる子どもの保護という観念が、この時期以降近代まで、民衆のなかに社会的な意識として徐々に定着していったと考えられます。

4．近代の子ども観と子どもの福祉

大政奉還(たいせいほうかん)*と王政復古の大号令(おうせいふっこのだいごうれい)*によって江戸幕府は終焉を迎え、新たに明治政府が1868年に誕生します。倒幕運動に始まり、国家行政・地方行政のしくみ、法制度や身分制度、さらには金融・流通・産業・経済・文化・教育・外交・宗教・思想政策など、広範囲にわたる一連の改革を明治維新と呼んでいますが、子どもに関わる特筆すべき改革は、1872（明治5）年に公布された学制にもとづく学校の開設です。すでに述べた寺子屋は、明治期に入っても民間教育機関（私塾）として残ってはいましたが、公共教育の場としての学校は、子どもの日常生活にきわめて大きな変化をもたらしたと考えられます。

たとえば、学制公布の翌年には「小学生徒心得」が定められますが、そこに記された規則は、生活全体を学校のタイムスケジュールに合わせるといった内容となっており、それを各家庭が遵守(じゅんしゅ)するようにとの強い要請がなされました。また、旧暦によって実施されてきた地域行事の日程を考慮せず、新暦に従った学校行事の日程が設定されました。こうした政府の姿勢は学校と地域との齟齬(そご)につながり、民衆による反発・抵抗は根強いものがありましたが、国が主導する就学奨励（たとえば、1886

人物
佐藤信淵
1769～1850年
江戸時代後期（1700年代終わりから1800年代中期）に活躍した思想家・経世家・農学者・兵学者。出羽国（秋田県）生まれ。幼少期から父親と各地を旅行して見聞を広め、のちに江戸に出て多様な学問を修める。

出典
†6　柴田純「行旅難渋者救済システムについて――法的整備を中心にして」『史窓』第58号、『史窓』編集委員会編　2001年、53-66頁

補足
行旅難渋者
参詣や湯治、出稼ぎなどの旅の途中、病気などの不測の事態によって困窮した旅人のこと。

用語解説
大政奉還
1867年に、徳川慶喜(よしのぶ)が政権を朝廷に返還した事実を指す。

王政復古の大号令
1868年に、今後は天皇中心の政治体制に切り替えるとした宣言。

〔明治19〕年の「小学校令|)」が奏功・浸透して、全国の小学校就学率は、1909（明治42）年に98パーセントを超えました。また、文明開化期に重視されていた欧米思想に代わり、欧米列強に対抗する復古的な思想、すなわち儒教主義的皇国思想が重視されるようになり、それが、全国の学校教育を統一・画一化するという政策に結びついたといわれています。

　こうした流れは、当時の子どもたちに対する教育内容にも反映されていきます。1890（明治23）年には「小学校令」が改正され、小学校の配置がすべての自治体に義務づけられ、学校の管理・教育課程に関する規則も定められるとともに、「**教育勅語**[*]」が発布されます。また、翌年には、「小学校教則大綱」によって、修身科の時間数も増加します。こうした一連の政策によって、忠孝思想や天皇崇拝を中心とした教育内容が子どもたちに浸透しました。さらに、これを補完・強化するように、1888（明治21）年に『少年園』という雑誌が創刊されたことを皮切りに、子ども向け雑誌が次々と創刊されます。それ以後、こうした雑誌を通しても、軍国主義や戦争肯定観が子どもたちに浸透していったと考えられます。この時代、子どもたちは、武力によって国威を発揚し周辺国家をコントロールすることを是とする大人になることを期待されていたのです。事実、1894（明治37）年には日清戦争が、1904（明治37）年には日露戦争が勃発しています。

　一方で、こうした子どもを**少国民**[*]とみなすこととは別の子ども観も、明治時代から大正時代にかけて確認することができます。この点に関して、野上^{†7}は、植木枝盛、若松賤子、久津見蕨村、下中彌三郎による子ども観やプロレタリア児童観を紹介しています。

　植木枝盛[*]は、1886（明治19）年に、親子のあり方に関するみずからの考えを、自由民権運動の機関紙『土佐新聞』に「親子論」として連載しています。そのなかで、彼は、親の権益を子どもより上に見る旧来の親子関係を否定し、子どもの独自性を重視し、子どもの権利を正当に認めるべきであると説き、その手段として、子どもが親と別居して親から独立することの必要性を強調しました。

　若松賤子[*]は、翻訳本『小公子』の前編自序や雑誌『女学雑誌』の連載のなかで、それまでの「子どもは不完全で端たもの」というとらえ方を真っ向から否定し、子どもを禁圧的に導くのではなく、その意思を尊重することを説くと同時に、放任主義に走ることを戒めています。子どもを独自の人格を有した存在ととらえ、その発達段階に即した対応を強調しました。ここにも、子どもの人権を認めようという観念の萌芽がみ

✺ 用語解説

教育勅語

正式名称は、「教育ニ関スル勅語」。明治天皇による国民に対する意思表示の言葉で、国民道徳の基本と教育の根本理念が謳われている。

少国民

軍国主義の時代に、銃後に位置する子どものことを指す言葉。少国民は、基礎的な軍事訓練を受けるなど、戦争に向けた教育を受けていた。

▶ 出典

†7　野上暁『子ども学 その源流へ——日本人の子ども観はどう変わったか』大月書店、2008年、123-157頁

👤 人物

植木枝盛

1857～1892年

土佐藩の下級士族の家に生まれ、19歳で上京し、自由民権運動の指導者として活躍。

若松賤子

1864～1896年

翻訳家。会津藩士の長女として生まれ、13歳の時に洗礼を受けクリスチャンとなる。バーネット著『小公子』の翻訳で有名な啓蒙思想家。

第1章　子どもの福祉と保育の心理学

👤人物
久津見蕨村
1860〜1925年
江戸生まれ。明治・大正時代に活躍した自由主義の思想家でありジャーナリスト。『東京曙新聞』『日本絵入新聞』『万朝報』などの記者として活躍。

👤人物
下中彌三郎
1878〜1961年
兵庫県生まれ。神戸市の小学校教員を経て上京し、『児童新聞』を創設。『婦人新聞』の記者を兼ねる。その後、平凡社を創業。

👤人物
鈴木三重吉
1882〜1936年
夏目漱石の門下生の一人で小説家。童話童謡雑誌『赤い鳥』の創始者。

✳用語解説
プロレタリア
資本家・有産者であるブルジョアに対して賃金労働者階級や無産者階級を指す言葉。

られます。

　久津見蕨村*は、1901（明治34）年に刊行した『家庭教育　子どものしつけ』のなかで、家族から子どもを解放することや子どもを社会的な存在として認めることの意義を主張しています。彼は、「親および社会には子どもを育み・子どもに教育を受けさせる義務・責任があり、子どもは親および社会から育てられ・教育を受ける権利を有している」と説き、さらに、「親および社会は人間社会の相続者としての子どもを育成する義務・責任も負っている」と述べました。子どもは健全に育つ権利や十分な教育を受ける権利を有する（子どもは、社会的な存在として、発達段階に即して教育を受ける必要がある）ことを明確に記述しています。

　以上のように、忠孝イデオロギーが鼓舞され、軍国主義的傾向が強くなっていくという趨勢の陰で、すでに、現代の子ども観や社会教育・市民教育の理念に通じる考え方をする論者がいたのですが、こうした考え方は、**下中彌三郎***による「子供至上主義」といういささか強烈な子ども観に引き継がれていくことになります。下中は、週間婦人紙『婦人新聞』に連載した「子供至上論」のなかで、徹底した子どもへの賛美を行います。すなわち、子どもは「美」「真」「善」なる存在、大人のように嘘をつかず恐れを抱かないなどと述べています。さらに、「子どもは一切の主権者である」とし、子どもを尊重しない社会は改善されず、人々の生活も進歩しないと断じています。こうした思想は、大正時代の童心主義思想や昭和初期のプロレタリア児童文学・教育運動にみられる子ども観につながっていきます。

　1918（大正7）年に、**鈴木三重吉***は、当時の子どもたちが親しんでいた読み物を俗悪で貧弱、低劣と批判し、子どもの純生を守り・開発するために、無邪気で純朴な文章を載せた芸術的に価値の高い童話と童謡を創作する運動を起こすとして、『赤い鳥』という雑誌を創刊しました。これを機に、数多くの童話雑誌が創刊され、大正時代はまさに童話の時代となりました。こうした子どもを天使のように称賛する童心主義は、大正末期から昭和にかけての農民運動や労働運動の高まりにともなって、批判を受けることになります。

　当時、階級の違いによって広がっていった生活面での大きな格差に対する異議申し立ての機運が、マルクス・レーニン思想の影響と昭和初期の経済恐慌を背景に高まりました。そして、農民争議（農民運動）や労働争議（労働運動）の激化の中で、**プロレタリア***童謡・童話の必要性が指摘され、プロレタリア児童文学運動に結びつきました。この運動では、子どもは、大人と同様に階級的な存在であり、自分たちがプロレタ

リアートであるとの自覚をもたせるべき存在（思想教育の対象）として位置づけられています。これには、子どももある階級に属するということを明確化した点に意義はあるものの、子どもを階級闘争の道具として利用しようとしたこと、ある階級に属することが子どもの成長・発達に関してどんな影響を及ぼすか、また子ども自身の選択を尊重するといった視点がみられないことなどは、現代の子ども観に照らせば、違和感があるといえるでしょう。

大正末期から昭和にかけては、織田小星・作、東風人・画による4コママンガ「正チャンのばうけん」が大人気を博したことを契機に、マンガが、子どもたちの間に急速に浸透していきました。しかし、戦時体制とそれに伴う**さまざまな統制**が徐々に強まってきていた1938（昭和13）年、内務省警保局図書課から「児童読物改善ニ関スル指示要綱」が発表され、児童図書の出版社や関係者に対して、児童図書の浄化改善を目指した指導が徹底されました。マンガも含めた子ども向け雑誌や児童文学書などが統制の対象となり、それらは、第2次世界大戦が終わるまで、子どもたちの戦意高揚の道具として利用されました。国に対する批判は一切許されない時期でしたので、子どもの意見や希望、子ども自身の選択などはまったく顧みられることはありませんでした。

➕ 補足

さまざまな統制
1938年には国家総動員法が公布・施行され、1940年には大政翼賛会が結成されている。

5. 現代の子ども観と子どもの福祉

第1節～第4節では、遺跡・遺構、古い文献資料、制度・政策の変化、子ども文学など多様な観点から、わが国の子ども観の変遷を概観してきました。ここからは、第2次世界大戦後の子ども観を、主に子どもの福祉という観点から検討してみたいと思います。なぜなら、この戦争によって「保護者を失った数多くの子ども（浮浪児や戦争孤児など）の命・健康・安全な生活をいかにして守るか」という社会問題の解決、すなわち、現代の児童福祉事業に通底する取り組みが展開されたからです。これには、現代に通じる子ども観が関係していることはいうまでもありません。

1 ▶ 戦後の戦災孤児対策と児童福祉法の原理

まずは、逸見の論文[8]を参考にしながら、第2次世界大戦後の孤児の様子や対策を整理します。

浮浪児・戦争孤児に関する対策は、敗戦以前から始まっていますが、

▶ 出典

[8] 逸見勝亮「第二次世界大戦後の日本における浮浪児・戦争孤児の歴史」『日本の教育史学：教育史学会紀要』第37集、1994年、99-113頁

第1章　子どもの福祉と保育の心理学

厚生省の主導でまとめられた「戦災遺児保護対策要綱（1945［昭和20］年6月28日）」には、「戦災ニ依リ親権者其ノ他ノ直接保護者ヲ失ヒタル乳幼児・学童及青少年ニ対シ国家ニ於テ之ガ保護育成ノ方途ヲ講ジ殉国者ノ遺児タルノ衿持ヲ永遠ニ保持セシムルト共ニ宿敵撃滅ヘノ旺盛ナル闘魂ヲ不断ニ油養シ強ク正シク之力育成ヲ図リ以テ子女ヲ有スル父兄ヲシテ後顧ノ憂ナク安ンジテ本土決戦ニ敢翻セシメントス」と記されています。前半部分は「親権者や保護者を失った乳幼児・学童・青年への保護育成策」を講じるとされていますが、後半は「宿敵撃滅に向けて旺盛な闘魂を育成するなど」の表現となっており、この要綱が戦意高揚策でもあったと考えられます。

　敗戦後、浮浪児や戦争孤児がどのくらい存在したのか、**その正確な数**を把握することは難しいようですが、彼らに対する保護育成策は、国レベルや地方レベルでさまざまに講じられています。政府による戦後初の戦争孤児対策は、文部省が1945（昭和20）年9月15日に通知した「戦災孤児等集団合宿教育ニ関スル件」であり、戦災孤児等集団合宿教育所の設置を希望する自治体（県レベル）は10月15日までに申請するよう指示しています。この通知に添付されていた「戦災孤児等集団合宿教育所ニ関スル要項」「戦災孤児等集団合宿教育施設基準経費調」には、以下のような事項が記載されていました。

- 対象は集団疎開児童で戦争孤児となった者、疎開から引揚困難な者、身体虚弱その他の理由で合宿教育所に収容することを適当と認めた者である。将来その範囲を拡大する。
- 当該戦災都市町村国民学校の分教場とし、定員は250人とする。
- 当該都道府県内に適当な施設場所がないときは他府県に設置してもよい。
- 児童の勤労教育と食料自給自足のために必ず附属農場を設けること。
- 都道府県市町村に対する国庫補助は所要経費の8割とする。
- 職員は教員10人、寮母12人、作業員10人とする。

　この政策により、少なくとも全国で17か所の戦災孤児合宿教育所が設置されたと推測されています。こうした孤児に対する施策が進行していた一方で、浮浪児や戦争孤児の取り締まりが進められました。

　1946（昭和21）年4月15日付の厚生省による通知「浮浪児その他の

◆ 補足

浮浪児・戦争孤児の数

厚生省児童局企画課の「全国孤児一斉調査結果（1948年2月1日現在）」によれば、孤児の総数は123,511人であったとされる。

児童保護等の応急措置実施に関する件」の趣旨は、戦災孤児やその他であって、停車場や公園などに浮浪する者に対して応急保護対策を講ずることにありました。この「応急保護対策」とは、社会事業関係者・警察官が「浮浪児の徘徊する場所を随時巡回して浮浪児等の発見に努め……保護者に引渡し又は児童保護施設に収容する」ことでした。政府としては，浮浪児に対する無責任な同情から、浮浪児にものを与えたり浮浪児からものを買ったりすることを防ぐ目的、あるいは浮浪児が犯罪に手を染めることを防ぐ目的があったようですが、実態としては「狩り込み」に近い状況であったといいます。

こうした国レベルの対策が効果的であったかどうかの判断は下し難いものの、**恩賜財団同胞援護会**[*]による「全国所在地別引揚戦災孤児収容施設数及収容中ノ引揚戦災孤児調」および「全国所在地別引揚戦災孤児収容施設一覧」によれば、全国280か所の戦争孤児施設のうち、国公立施設は24都道府県で40か所、恩賜財団同胞援護会の施設は21か所となっており、それらを除いた219の施設は、民間の経営によっていたということになります。ここから、多くの浮浪児・戦争孤児が「個人の善意と援助のなかで生きてきた」と逸見は結論づけています。

現在、さまざまな理由から、保護者によって養育を受けることのできない**児童**には「乳児院または児童養護施設で育つ」「自治体から委託を受けた里親のもとで暮らす」などの選択肢がありますが、現在の乳児院あるいは児童養護施設の原点が、上述した戦後の引揚戦災孤児収容施設であったと考えられます。山口[†9]の研究によると、地方の自治体が収容施設を開設したケースに加えて、個人的な動機から個人として子どもの救済に当たったケース、あるいは、寺院やキリスト教の関係者が中心となって子どもたちの救済に当たったケースがあり、これらの多くが、1947（昭和22）年12月に成立し翌年1月より施行された「児童福祉法」により、**養護施設**となっています。

この法律は「すべての児童が、心身ともに健やかに生まれ育成されること、等しくその生活を保障され愛護されることを児童福祉の原理と定め、その実現は、児童の保護者と国・地方公共団体の責任である」と定めています。この原理は、第2次世界大戦によって生じた戦災孤児の悲惨な状況に対する反省のみから導かれたものではありませんが、これが重要な一因となっていることは否めないでしょう。そして、この原理自体が、戦後の子ども観の中核を形成していると考えられます。

✴ 用語解説
恩賜財団同胞援護会
引揚者や戦災者に対する生活相談などを中心に、東京都民の物心両面にわたる援護を中心とした諸事業を展開した社会福祉法人。

✚ 補足
児童
ここで言う「児童」は、児童福祉法による「0歳〜18歳未満の子ども・青年」を指す。

▶ 出典
†9 山口春子「戦後混乱期の養護施設」『人文学報 社会福祉学』1、1985年、231-250頁

✚ 補足
養護施設
児童福祉法の成立によって、戦前からの育児施設（貧児・孤児・棄児対象）、戦争孤児等合宿教習所、その他の浮浪児・戦争孤児などの収容施設などが「養護施設（現在の児童養護施設）」となった。乳児院は乳児院のままであった。

第1章　子どもの福祉と保育の心理学

2　子どもの福祉を実現させるしくみ

　第2次世界大戦後、子どもの福祉に対する関心が高まり、それが、すでに述べた「児童福祉法」として結実しました。戦後約70年が経過した現在、子どもの福祉は、子どもの最善の利益を保障するという理念を有するまでに進歩するとともに、権利の主体者として子どもをとらえるといった子ども観も生まれています。しかし、現実には、大人による不適切な養育による子どもの発育・発達のゆがみ、貧困の世代間連鎖によって子どもが受ける不利益、障害のある子どもが受ける排除などによる2次障害など、子どもの福祉を脅かす状況は多く存在します。こうした状況を克服すべく、国などは、さまざまな施策を講じてきています。

　ここでは、現行の「児童福祉法」（2016〔平成28〕年最終改正）に定められている、子どもの福祉を守り・高めていくためのしくみについて、

図表 1-1　主な児童福祉施策の概要

施策名称	施設等	内容
要保護児童施策（児童自立支援施策、相談援助事業等も含む）	乳児院	入院する乳児が養育を受ける★
	児童養護施設	保護者のいない児童、虐待を受けた児童などが入所し養護を受ける★
	里親（家庭）	保護者のいない児童、保護者に養育させることが不適当な児童が養育を受ける
	児童自立支援施設	不良行為をした・するおそれのある児童、環境上の理由から生活指導などを要する児童が入所し（または通所し）、自立に向けた指導を受ける★
	児童家庭支援センター	児童、家庭、地域住民等からの相談に応じて、必要な助言・指導を行う／児童相談所や児童福祉施設等との連絡調整も行う
	助産施設	経済的理由で、入院助産を受けられない妊産婦が入院し、助産を受ける
児童健全育成施策	児童厚生施設	児童遊園・児童館などで児童が健全に遊ぶことで、健康を増進し、情操を豊かにする
保育施策	保育所	保護者の委託を受け、保育に欠ける乳幼児が保育を受ける／必要に応じて保護者の委託を受け、小学生以上も保育を受ける
母子保健施策	保健所、保健センター、母子保健センター等	母子保健に関する各種の相談ができる／母性ならびに乳幼児および幼児の保健指導を受けられ、それに加えて妊産の支援も必要に応じて受けられる
母子・寡婦福祉施策	母子生活支援施設	配偶者がいない、または、これに準ずる事情にある女性とその児童が入所し、保護を受けながら自立にむけた生活の支援を受ける★
障害児（者）施策	知的障害児施設	知的障害のある児童が入所し、保護・治療を受けるとともに、独立した自活に必要な知識・技能を得る
	知的障害児通園施設	知的障害のある児童が通所し、保護を受けるとともに、独立した自活に必要な知識・技能を得る
	盲ろうあ児施設	盲児またはろうあ児が入所し、独立した自活に必要な指導または援助を受ける
	肢体不自由児施設	肢体に障害のある児童が治療を受けるとともに、独立した自活に必要な知識・技能を得る
	重症心身障害児施設	重度の知的障害と重度の肢体不自由を併せ持つ児童が入所し、保護を受けるとともに、治療と日常生活の指導を受ける
	児童心理治療施設	軽度の情緒障害のある児童が、短期間、入所または通所し、その障害について治療を受ける★

注：★は、「退院・退所後にも、相談およびその他の援助を受けられること」を示す。また、この図表は、主な施策の「概要」であり、このほかにもさまざまな施策（事業）が行われている。
出典：内閣府共生社会政策統括官「平成19年度ユースアドバイザー養成プログラム（平成22年6月改訂）」内の第4章第1節5「児童福祉施策の概要（表4-3）」を一部改変

レッスン1 子ども観の変遷と子どもの福祉

日本子ども家庭総合研究所研究員・有村大士氏による整理を参考にしながら解説します[10]。

　図表1-1は、児童福祉法に記載されている主な児童福祉施策の内容（概要）を、それが実施されている施設などとともに示したものです。

　この図表を見ると、日本の児童福祉のしくみが、児童健全育成支援施策、保育施策、母子保健施策など、すべての子どもとその家庭が利用できるサービス（ユニバーサル支援）と、要保護児童施策、障害児施策、母子・父子・寡婦福祉施策など特別なニーズをもつ子どもや家庭が利用できるサービス（ターゲット支援）とで構成されていることがわかります。

　本レッスンでは、日本の子ども観の変遷を歴史的に概観してきました。その中で捨て子を禁じ養子を推進する（**幼い命の尊重**）、子どもを自ら育つ存在であり、子どもの考えを尊重すべきであるという考え方（**権利の主体としての子ども**）など、現代の子ども観や児童福祉の根幹につながるものが確認できました。しかし、ほとんどの時代において、子どもは大人や社会の犠牲になってきました。いい換えれば、子どもの福祉は、その時々の社会の流れに翻弄されてきたといえます。

　現在、確かに、子ども観や児童福祉の理念は、これまでのどの時代よりも子どもの立場や子どもの声を大切にしようとするすぐれたものとなっています。しかし、これらの理念が現実には十分に実現されておらず、子どもの福祉を脅かすさまざまな課題が山積しています。「生まれ・成長する子どもの立場」から「成長・発達する主体としての子どもの意思」を大切にするという当事者性に焦点を当て、子どもの価値と存在意義を問いながら、児童福祉の内実を高めていくことが、私たち国民に強く求められているとともに、それは保育に携わる者の責務でもあります。

▶ **出典**

[10] 内閣府ホームページ ユースアドバイザー養成プログラム「児童福祉の仕組み」
http://www8.cao.go.jp/youth/kenkyu/h19-2/html/4_1_5.html

| 演 | 習 | 課 | 題 |

①古代から現在までの「子ども観」の特徴をまとめてみましょう。

②「大人（保護者など）から子どもに対する不適切な養育」とは、何を指しているでしょうか。グループで話し合ってみましょう。

③子どもに関わるあらゆる相談に対応する場として「児童相談所」がありますが、ここでは、実際にどのような業務が行われているのか調べてみましょう。

レッスン**2**

子どもの発達と家庭・地域における保育

「保育」という言葉を聞くと、保育所における保育を思い浮かべる人が多いと思いますが、実際には、保育はさまざまな場でなされています。このレッスンでは、広い意味での保育の場として、家庭（家庭的保育事業）と地域（地域子育て支援拠点事業）を取り上げ、そこでの保育者の役割と子どもの発達（親の発達も含めて）との関係を学びます。

1．保育の場と保育士の役割

　本節では、「保育」という言葉の意味を学んだうえで、保育という営みがなされている場とはどこなのか、保育士はどのような場でどのような役割を果たしているのかを確認します。

　保育とは、文字通り、「保護し」「育てる」ことです。その対象として、一般的には乳幼児が想定されています。また、乳幼児の健やかな心身の発達のために、専門職が教育・保育施設などで、**養護と教育を一体的に行う**ことが保育の大きな特性です。まずは、この意味での保育について理解をするために、「保育所保育指針[1]」（平成29年3月改正・翌年4月より適用、以下「指針」）の第3章「保育の内容」に記載されている「養護」のねらいと「教育」のねらいを見ていきます。

1 養護に関するねらい

　「指針」の第1章の2「養護に関する基本的事項」には、「（1）養護の理念」として「子どもの生命の保持及び情緒の安定を図るために保育士等が行う援助や関わり」であるとしています。以下は、この理念を具体化したねらい（「（2）養護に関わるねらい及び内容」）を整理したものです。

・**生命の保持**：一人ひとりの子どもが、快適に生活し、健康で安全に過ごし、その生理的欲求が十分に満たされ、その健康増進が積極的に図られるようにする。

・**情緒の安定**：一人ひとりの子どもが、安定感をもって過ごせ、自分の気持ちを安心して表すことができ、周囲から受け止められ主体として育ち、自分を肯定する気持ちが育まれ、心身の疲れが癒されるようにする。

➕ 補足

養護と教育の一体化
「保育所保育指針」の第1章（総則）の「1 保育所保育に関する基本原則」のなかに「保育に関する専門性を有する職員が、家庭との緊密な連携の下に、子どもの状況や発達過程を踏まえ、保育所における環境を通して、養護及び教育を一体的に行うことを特性としている」と記されている。

▶ 出典

[1] 厚生労働省「保育所保育指針」2017年

レッスン2　子どもの発達と家庭・地域における保育

2　教育に関するねらい

　「指針」では、第1章の4「幼児教育を行う施設として共有すべき事項」として、「(1) 育みたい資質・能力」と「(2) 幼児期の終わりまでに育ってほしい姿」をあげています。これらはいずれも、「指針」の第2章で示されている「ねらい及び内容」に基づき、保育活動全体によって育むものと記されていますが、特に後者については、小学校就学時の具体的な姿として保育士が指導にあたって考慮すべきとされています。以下、これらについてまとめてみます。

　育みたい資質・能力とは、生涯にわたる生きる力の基礎であると位置づけられ、具体的には「知識及び技能の基礎（体験を通して、感じたり、気づいたり、わかったり、できるようになったりすること）」「思考力、判断力、表現力等の基礎（知識や技能を用いて、考えたり、試したり、工夫したり、表現したりすること）」「学びに向かう力、人間性等（心情、意欲、態度が育っていく中で、より良い生活を営もうとすること）」という3つに整理されています。

　これに対し、幼児期の終わりまでに育ってほしい姿は、「健康な心と体」「自立心」「協同性」「道徳性・規範意識の芽生え」「社会生活との関わり」「思考力の芽生え」「自然との関わり・生命尊重」「数量や図形、標識や文字などへの関心・感覚」「言葉による伝え合い」「豊かな感性と表現」という**10観点**によって整理されています。

　さらに、先に述べた「指針」の第2章「ねらい及び内容」を見てみますと、「1　乳児保育に関わるねらい及び内容」「2　1歳以上3歳未満児の保育に関わるねらい及び内容」「3　3歳以上児の保育に関するねらい及び内容」と、子どもの年齢別に記載されています。ここでは、教育に関する**大きなねらい**に着目して、整理していきます。

　まず、乳児保育における教育に関する大きなねらいは、「健やかに伸び伸びと育つ」「身近な人と気持ちが通じ合う」「身近なものと関わり感性が育つ」の3点にまとめられています。これに対し、1歳以上3歳未満児および3歳以上児における教育に関する**大きなねらいは共通**しており、「健康」「人間関係」「環境」「言葉」「表現」という5領域で整理されています。具体的には順に、「健康な心と体を育て、自ら健康で安全な世界をつくり出す力を養う」「他の人々と親しみ、支え合って生活するために、自立心を育て、人と関わる力を養う」「周囲の様々な環境に好奇心や探求心をもって関わり、それらを生活に取り入れていこうとする力を養う」「経験したことや考えたことなどを自分なりの言葉で表現し、相手の話す言葉を聞こうとする意欲や態度を育て、言葉に対する感

【参照】

幼児期の終わりまでに育ってほしい姿（10観点）
→レッスン12

◆補足

教育に関するねらい及び内容
細分化されたねらいやその具体的内容等については、平成29年3月告示の「保育所保育指針」17-47頁を参照。

細分化されたねらい
大きなねらいは共通しているが、細分化されたねらいは異なっているので、留意が必要。

15

覚や言葉で表現する力を養う」「感じたことや考えたことを自分なりに
表現することを通して、豊かな感性や表現する力を養い、創造性を豊か
にする」というねらいです。

■3 子どもが生活する空間すべてが保育の場である

　まず、養護に関するねらいについて考えてみます。この内容は、保育
所だけで保障されるべきものなのでしょうか。乳幼児は、終日どこにい
ても、その生命の保持・情緒の安定が保障されなくてはなりません。つ
まり、家庭や地域（近隣）においても、周囲の人々はこれらのねらい
を念頭に置いて──専門職ほど意識的ではないにせよ──乳幼児と関
わっているでしょうし、そうあるべきだと思われます。

　では、教育に関するねらいについてはどうでしょうか。5つの領域に
系統的に分けられてはいますが、保育所での生活の中では、これらが小
学校の教科のように独立して扱われたり、特定の活動と結びつけられて
いるわけではなく、保育士が子どもの育ちをとらえる視点として示され
ています。つまり、子どもが経験を積み重ねていく姿を様々な側面から
とらえ、総合的に保育していくために教育に関するねらいが設定されて
いるのです。言い換えれば、これらのねらいは相互に重なりながら達成
されるべき事柄と考えてよいと思われます。

　あなたは、幼いとき、歯磨きの習慣をつけるよう、また、近所の人に
あいさつをするように教えられたことでしょう。近所の公園に行って、
走ったり遊具で遊んだりしませんでしたか。秋には、ドングリや落ち葉
を拾って、その個数や枚数を数えたのではないでしょうか。毎日、家族
と楽しく会話をしてきたことでしょう。買ってもらった絵本を家庭で読
んでもらいましたか。クレヨンや色鉛筆で絵を描いたり、おもちゃの太
鼓を叩いたりしませんでしたか。これらはすべて、教育のねらいに合致
しています。つまり、子どもは、家庭や近隣地域においても、保育所で
の学びと本質的には同じ経験を積み重ねて成長・発達していくのです。
この意味では、保護者も近隣の大人も、子どもの保育という役割を担う
重要なエージェントなのです。

　ここまでの論点をまとめますと、保育所のような乳幼児の教育・保育
施設だけではなく、家庭や近隣地域など、**子どもが暮らすあらゆる生活
空間が保育の場**であり、子どもを取り巻くあらゆる大人や年長者は、子
どもの保育を担うべき存在であるということです。では、保育士は一般
の大人や年長者と同じ役割しか果たしていないのでしょうか。また、保
育士は、乳幼児の教育・保育施設でしか働いていないのでしょうか。い

レッスン2　子どもの発達と家庭・地域における保育

ずれの問いについても、その答えは「ノー」です。

　保育士は、子どもが健全に安全に成長・発達するために必要な専門的な知識や技能をもち、子どもが積極的に外界や他者と関わりながら自己形成を成し遂げていくのを意識的・組織的に支援することができる**専門職**です。この意味では、健全に、あるいは、安全に成長・発達することが保障されない状況にいる（いた）子どもの養護と教育を行う場にも、保育士は必要となります。たとえば、長期の入院をよぎなくされている子どものための病院内保育所、虐待やネグレクトを受けた子どもが入所している乳児院や児童養護施設などでも保育士は活躍しています。

　そこで、保育士がさまざまな場で必要とされていることを示すために、「児童福祉法」を探ってみると、以下のような児童福祉施設で**保育士が働いている**ことがわかります。それらは、保育所（保育園）、乳児院、児童厚生施設（児童館・児童遊園）、児童養護施設、児童家庭支援センター、児童自立支援施設、助産施設、母子生活支援施設、障害児入所施設（福祉型と医療型）、児童発達支援センター（福祉型と医療型）、児童心理治療施設です。また、こうした児童福祉施設以外でも、2015（平成27）年度から始まった「子ども・子育て支援新制度」によって認可事業となった「小規模保育事業」に位置づけられている保育の場（3歳未満の乳幼児を保育する小規模保育、保育者の自宅で乳幼児を保育する家庭的保育、保育者が保育を必要とする家庭に出向く居宅訪問型保育、先に述べた病院内保育所などの事業所内保育）、さらに、認証保育所、認可外保育所、ベビーシッターなど民間が行う保育事業でも、保育士は活躍しています。

---

2. 家庭的保育事業と子どもの発達

　本レッスンでは、家庭と地域における保育について、子どもの発達と関わらせながら学ぶことを目的としています。すでに述べたように、一般の家庭でも、保護者から子どもへの保育的な働きかけが日常的になされていますが、家庭によってその内実は多様です。そこで、本節では、家庭に最も近い環境にある家庭的保育事業（すでに述べた小規模保育事業のなかでも、最も規模が小さいC型）を取り上げ、そこで保育者が果たす役割が子どもの発達とどう結びついているのかを、家庭的保育研究会が編集しているテキスト[2]およびNPO法人家庭的保育全国連絡協議会[3]のホームページを参考にしながら解説していきます。

◆ **補足**

保育士が働く場所
保育士の多くは、「児童福祉法」で定められている児童福祉施設で働いている。

◆ **補足**

小規模保育事業の3類型
小規模保育事業については、その規模によりA型（分園型）、B型（中間型）、C型（グループ型）があり、C型の規模が最も小さい。

▶ **出典**

[2]　家庭的保育研究所編『家庭的保育の基本と実践（第2版）』福村出版、2015年、7-19頁

▶ **出典**

[3]　NPO法人家庭的保育全国連絡協議会ホームページ「家庭的保育とは」http://www.familyhoiku.org/about/

17

第1章　子どもの福祉と保育の心理学

1 ▶ 家庭的保育事業の概要

　この事業は、児童福祉法に基づき市町村が認可する公的な保育サービスです。サービス提供主体は**家庭的保育事業者**（個人事業主、保育所を運営する法人、NPO法人などが運営）と呼びます。実際に毎日の保育を行う者は保育士を基本としますが、保育士の資格がない者が保育を行おうとする場合、その人は、講義と実習で構成される研修を終えて市町村長から保育士と同等以上の知識や技術を持っていると認定を受けることが必要です。保育の対象は、3歳未満の子どもであり、保護者は、保育の必要があることを市町村に申請して認められること（いわゆる「3号認定」）が必要です。

　保育が行われる保育室は、家庭的保育者の居宅内、あるいは、家庭的保育者が保育を行うために確保した場所（たとえば、マンションの一室を借りる）です。いずれも、十分な保育が可能なように、子どもの人数に応じた床面積の広さなどを定めた**最低基準**に従って整備されています。家庭的保育者が1名の場合子どもは3名まで、これに家庭的保育補助者を加えて配置する場合は子どもは5名まで保育することが可能となっています。

2 ▶ 家庭的保育における保育者の役割と子どもの発達

　家庭的保育の特徴は、なんといっても、保育を受ける子どもが少人数である点です。保育を受ける子どもたちの年齢が、ほぼ同じというケースもありえますが、一般には異年齢の子どもたちが、まるで本当のきょうだいのように家庭的な部屋の中で過ごします。きょうだいのような関係なので、けんかも起きますが、年長の子どもが年少の子どもを気づかったり、年少の子どもが年長の子どもに甘えたり憧れたりします。つまり、年長の子どもについては、共感性や向社会性が育まれる一方で、年少の子どもについては、同一視や模倣による学習が促されます。

　また、一般的な教育・保育施設では、担当（担任）は決まってはいるものの、ローテーションに基づいて複数の保育者が数多くの子どもを保育しているのに対して、家庭的保育では、**同一の保育者が一貫して少数の子どもに関わる**という点も大きな特徴です。子ども一人ひとりの発達の状況、興味や関心、体質・体調などにきめ細やかに対応します。自宅に帰ってからの生活も含めて、一人ひとりの子どもの24時間の生活リズムを尊重しながら、養護と教育を展開することが可能です。このような対応は、特に乳児期の子どもが何らかの要求やサインを表出した際に、それに対してタイミングよく適切に応答が返ってくるという経験を積む

✚ 補足
家庭的保育事業の最低基準
この最低基準は、政令である「家庭的保育事業等の設備及び運営に関する基準」に定められている。

レッスン2 子どもの発達と家庭・地域における保育

ことにつながり、その結果として、父母も含めた複数の大人に対する愛着や信頼感を育むことになります。人への基本的な信頼感は、その後のスムーズな対人関係の発達にもつながっていきます。

また、この一貫して少数の子どもに関わるという特徴により、送り迎えの際には、十分な時間をかけて、保護者に1日の保育の様子を伝えたり、家庭での子どもの様子をたずねたり、保護者の育児に関する悩みや迷いなどに答えたりなどが可能となります。こうしたことを通して、保育者は、保護者との信頼関係を築きやすくなり、保護者と連携しながら保育を進めることができます。さらに、こうした信頼関係や連携を通じて、子どもたちは一貫した安全で安心できる環境のなかで育つことになり、心理的な安定を得ながら、さまざまな領域において健やかに発達していくことができます。

一方、ほとんどの家庭的保育事業では、事業所内に十分な子どもの遊び場が確保できず、その代替として、公園、空き地、寺社境内など事業所外の空間を活用することが多くなります。しかし、このことが、近隣地域との関係性を深められるという利点につながっています。つまり、公園などの場所で、子どもと保育者は、地域のさまざまな世代の人々と交流ができるのです。これにより、地域の人々は子どもたちの存在を知り、子どもは地域の人々に対する信頼感や地域で暮らすことの安心感を高めます。つまり、地域においても、子どもたちは一貫した安全で安心できる環境のなかで育つことになり、心理的な安定を得ながら地域住民の一人として、将来の社会参加にむけた意識を育むことができます。それとともに、保育者は、公園などで出会う地域の親子の相談に応じるなども可能となり、それが地域の子育て支援に貢献する機会にもなります。

3. 地域子育て支援拠点事業と親子の発達

第2節では、家庭における保育とその形態が類似する家庭的保育事業を取り上げ、そこでの保育者の役割と子どもの発達について学びました。引き続き、本節では、地域における保育の場として、地域子育支援拠点事業を取り上げ、そこでの支援者の役割と親と子の発達を解説します。

1 地域子育て支援拠点事業の概要

地縁が薄くなったといわれる現在、子育て家庭は、子どもどうしの関係をとおして互いの交流を深めていくことが多いのですが、そうした交

第1章　子どもの福祉と保育の心理学

流が始まるのは、ほとんどの場合、幼児教育・保育施設に子どもが通い始めるときです。したがって、就園・就所前の子どもとその保護者が、こうした地域交流の機会を得にくいことになります。そうした親子の居場所となっているのが、**地域子育て支援拠点**です。

　今から約四半世紀前の1992（平成4）年11月、武蔵野市内に「子育て広場0123吉祥寺」が発足しました。この子育て支援施設は、その名称からもわかるように、就園・就所前の乳幼児とその親が、各家庭の親子の生活リズムに合わせて自由につどうことができる子育てのための「ひろば」です。ここで最も大切にされているのは「自由に、何を、いつまでしてもいい」という理念です[†4]。つまり、主たる利用者を就園・就所前の乳幼児とその親と想定し、「自分の家庭のペースやニーズに合わせて主体的に拠点を活用する」ことを重視している点が大きな特徴となっています。

　これが始まりとなって、子育ての当事者や当事者に近い立場の人々が中心となって、「むくどりホーム・ふれあいの会（1995年開設・札幌市）」「ひだまりサロン（1998年開設・福岡市）」「おやこの広場・びーのびーの（2000年開設・横浜市）」などの子育てひろばが順次開設されていきました。どの施設も「常設（行きたいと思った時にいつでも利用できること）」にこだわった拠点でした。常設の利点は「自分がいつ・どのように拠点で過ごすかを自己決定できるという環境が、保護者のエンパワメントやレジリエンスを高める」ところにあると考えられます。

　こうした常設のひろばを標榜（ひょうぼう）する拠点事業に先行して、保育所が中核となって地域の子育て家庭を支援する事業が、地域子育て支援センター事業 として1995（平成7）年に制度化・実施されましたし、さらにこの前身としては、1993（平成5）年からの保育所地域子育てモデル事業があります。また、地域の児童館においても、就学前の子どもと親を対象としたプログラムや子育て相談など、子育て支援に関する事業が展開されていきました。

　こうした、それぞれのきっかけが異なる多様な取り組みを、2007（平成19）年に一本化したものが、現在の「地域子育て支援拠点事業」です。このとき、この事業は「センター型」「ひろば型」「児童館型」に類型化され、国事業として運営主体に対して**補助金が交付されるしくみ**とされました。そして、現在は「ひろば型」と「センター型」は統合されて「一般型」に、「児童館型」は「連携型」として再類型化（2013〔平成25〕年度以降）されていますが、その実質にはほとんど変化はありません。

　こうした拠点に勤務する人は、現在、必ずしも保育士資格をもってい

▶ 出典

[†4]　柏木惠子・森下久美子編著『子育て広場武蔵野市立0123吉祥寺──地域子育て支援への挑戦』ミネルヴァ書房、1997年、146頁

◆ 補足

補助金の交付対象

補助金の交付対象となるためには、「子育て親子の交流の場の提供と交流の促進」「子育て等に関する相談、援助の実施」「地域の子育て関連情報の提供「子育て及び子育て支援に関する講習等の実施（月1回以上）」という基本事業を実施することが条件となっている。

なくてもよいのですが、もともと保育所などに附置されていた「センター型」の拠点では「保育士2名以上」という条件が当時は設定されていました。したがって、そうした拠点は、今でも「地域子育て支援センター」と呼ばれ、数多くの保育士が活躍しています。また、「ひろば型」や「児童館型」と呼ばれていた拠点にも、保育士、臨床心理士、教諭、看護師、保健師、助産師などの有資格者が、子どもと家庭を多様な観点から支援できる人材として現在も勤務しています。

2 地域子育て支援拠点の機能と特徴

すでに述べたように、もともと異なる背景をもった子育て支援の取り組み（センター、ひろば、児童館）が、ひとつの事業として統合されたものが、この地域子育て支援拠点事業ですので、現在でも、それぞれに特徴的な支援が展開されています。

「センター型」であった拠点は、その名称からもわかるように、保育士がその育児に関する専門性を生かして、地域の子育て支援情報の収集・提供や子育て全般に関する専門的な支援を行う拠点として機能するとともに、地域の関係機関や子育て支援活動を行う団体などと連携して、地域に出向く地域支援活動を実施しています。たとえば、保護者が主体的に集まって交流している育児サークルにアウトリーチして、親子遊びを提供したり、子育て相談に応じたりするといった活動を主に保育士が行っています。つまり、子どもや保護者のもとに「**支援を届ける**」といった特徴があるといえます。

これに対し、「ひろば型」であった拠点は、親子が気軽につどい、うち解けた雰囲気のなかで語り合い、相互に交流を図れるよう、常設のつどいの広場を提供することをとおして、地域の子育て支援機能の充実を図る取り組みを実施しています。保護者どうし・子どもどうしが好きな時間帯にやってきて、自由な活動を楽しむことで、保護者が育児を楽しいものと感じたり、子どもが多様な遊び体験を積んだりすることがサービスの中心となります。また、「児童館型」であった拠点は、児童館を利用する学齢児が来館する前の時間帯（主に午前中）に、子育て中の当事者や経験者をスタッフに交えて、地域の子育て支援のための取り組みを実施しています。年齢を区切ったり、一定期間を設定し決められた曜日などに通うメンバー制を採用したりしているところが多いように思われます。センター型とは違い、ひろば型や児童館型は、自分のところに子どもや保護者が来てくれるのを「**待つ支援**」といえるかもしれません。

以上のような違いはあるものの、どの拠点にも共通しているのは、近

第1章　子どもの福祉と保育の心理学

隣に住んでいるのであれば、誰でも気軽に利用できる地域に根差したサービスを提供している点、子どもを預かって保育をするのではなく親子を同時に支援する点、保育士だけではなく専門職からボランティアまでさまざまな支援者が協力しながら親子に向き合っている点です。また、利用者である親子は、自分たちの意思に基づいて拠点を自由に選択・利用できることも共通点だといえるでしょう。

３　地域子育て支援拠点における支援者の役割と親子の発達

　では、具体的に拠点の支援者が果たしている役割と親と子の発達について、筆者が10年以上にわたって運営している「ひろば型」拠点を例にとって紹介していきます。

　地域子育て支援拠点事業は、市町村が直接に運営することも、市町村が社会福祉法人・NPO・民間事業者などに事業を委託することも可能です。ここで紹介するのは、兵庫県神戸市からの委託によって**大学がこの事業を実施**している拠点です。名称は「のびやかスペース あーち（略称「あーち」）」と言い、区役所の旧庁舎を改装し、2005（平成17）年9月から地域住民に向けたサービス提供を開始しました。その後、2007（平成19）年9月に地域子育て支援拠点の事業者として委託を受け、現在に至っています。

　この「あーち」における支援者は、大きく2つの層に分かれています。1つ目は、常設のひろば（基本事業のひとつ）にやってくる親と子を温かく迎え入れる窓口対応として大学が雇用する常勤スタッフです。利用者に対し、拠点の登録なども含めた利用の仕方を説明したり、提供されるサービスやプログラムに関する情報提供をしたりします。予約制のプログラムの場合は、その受付や人数整理なども行います。大学生がこの拠点にボランティアまたは授業（受講）の一環として関わる際には、そのコーディネートの一部を担います。また、利用者からの「あーち」に関わる質問やほかの地域資源の利用に関する相談にのることもあります。このような多様な役割を果たしている常勤スタッフですが、彼女らが利用者とどのように接するのかが、「ひろば事業」の成否を決めるといっても過言ではありません。「はじめてきた利用者（親子）に対して、どの程度歓迎の気持ちが伝えられるか」「2回目以降の利用者（親子）が、ひろばでいかに快適に過ごしてもらえるか」を常に念頭に置きながら勤務しています。また、利用者相互の情報交換や学び合いなどが生じるよう、利用者どうしを結びつけることなどをとおして交流の活性化を推進する役割も担っています。

◆補足
地域子育て支援拠点事業の委託先
全国の市町村のうち、大学に地域子育て支援拠点事業を委託するケースはきわめてまれである。

レッスン2　子どもの発達と家庭・地域における保育

　2つ目の層は、「あーち」にアウトリーチして、セミナー、育児相談、健康相談、親子遊び・親子交流プログラム、多世代交流プログラム、障害共生プログラム、グループ・トーク、読書系プログラム、音楽系プログラム、アート系プログラムなどを担当する地域の組織・団体に所属する専門職者や地域の個人（ボランティア）です。この層のスタッフを「あーち」では、**プログラムリーダー**と呼んでいます。リーダーは、特定の目的をもったプログラムの提供に責任をもち、それをとおして利用者である親子の成長・発達を促すという役割を果たします。たとえば、地域の保育士が親子遊びを提供することは、ひろばでの親子間の楽しい相互作用を促しますが、そこでの経験（覚えた遊び方）が家庭でも再現されることが期待されます。また、相談員から助言などを受けた利用者は、それを直接に育児も含んだ自分の生活に活用できますし、交流プログラムで知り合った利用者どうしが、街の中であいさつを交わすなど、**社会関係資本**[*]の充実にもつながっていくと期待できます。

　では、以上のようなスタッフの実践（サービス）の受け手である地域の親子は、それをどのように評価しているのでしょうか。開設5年が経過した時点で実施した「あーち」の利用者を対象とした**悉皆調査**の評価結果[†5]を通して、拠点利用がもたらす親子の成長・発達を紹介してみたいと思います。回答者のほとんど（約98%）は母親です。

　まず、7つの項目（①自分の友だちづくり、②親子で長時間過ごす、③親子で楽しく遊ぶ、④情報・ヒントを得る、⑤相談にのってもらう、⑥子どもの暮らしの向上、⑦社会性などの子どもの発達促進）を準備し、利用する前にどの程度期待していたか、利用後にはどの程度満足したかを4件法でたずねました。その結果、最初の3つの項目については、利用後の満足度のほうが統計的に有意に高くなっていました。友だちづくりがうまくいき、長時間にわたって親子で楽しみながら拠点で過ごせたことから、利用者どうしの交流が促され、互いの情報交換や学び合いが展開したと判断できます。

　では実際に、どのようなメリットを利用者は感じているのでしょうか。そこで、同じ調査における自由記述の分析結果から、親子の成長・発達に関連する部分（親自身に対する影響、子どもに対する影響）に焦点を当てて紹介します。

✚ 補足

プログラムリーダー
プログラムリーダーには、近隣の地域子育て支援センターおよび保育所の保育士、歯科医師会の医師、行政が雇用している地域コーディネーター、「あーち」で雇用している助産師などの相談員、大学教員など、さらに、個人としては、絵本の読み聞かせ、ベビーマッサージなどを担当する数多くの支援者がいる。

✱ 用語解説

社会関係資本
一定の集団内に見られる人々の「信頼関係」「互酬的規範意識（持ちつ持たれつ）」「ネットワーク（絆）」のあり方のこと。集団の協調性の指標とされる。

✚ 補足

悉皆調査
全数調査のこと。

▶ 出典

†5　寺村ゆかの「神戸大学サテライトで提供される地域子育て支援拠点事業の評価研究」『神戸大学大学院人間発達環境学研究科研究紀要』5（2）、2012年、119-131頁

23

【親自身に対する影響（記載の多い順）】

- 出会い・対話・交流・助言などによって、悩みが共有・解決できた
- ストレス・悩み・不安・閉塞感から解放された
- 友人・知人が獲得できた
- 低年齢の子どもを（安心して）遊ばせられる
- 連れてきやすい
- 育児法や遊ばせ方など子どもの発達に関する気づきや学び
- ゆったり落ち着く
- 楽しくリラックスできる
- 孤立が解消できた
- 活動範囲が広がった
- 相談を通して自分自身が変化した

【子どもに対する影響（記載数の多い順）】

- 子どもが（室内構造・備品や運営のしくみによって）満足して遊べる
- 子どもが多様な人と交流でき、それによって社会性が身についた
- 共生プログラムによって障害児・者と交流ができた
- おもちゃが充実していて、子どもの発達にとってよい
- 造形・絵画活動があることが、子どもの発達にとってよい
- 絵本・本が充実していて、子どもの発達にとってよい

　記述の内容は、拠点利用によって、回答者がどんな点に成長・発達を実感しているのかを具体的・直接的に示すものではないものの（唯一、「社会性」にふれた記述がみられますが）、それを推測させる記述は数多いと思われます。多くの親は、「拠点において新たに出会った知人・友人との対話・交流や相談員からの助言によって、それまで感じていたストレス・悩み・不安・閉塞感・孤立感から解放」されており、「育児の方法、子どもの遊ばせ方、子どもの発達に関する気づきや学び」を得ており、「活動範囲の広がりなど自分自身の変化」を感じていることがうかがえます。地域の拠点において、いわゆる育児不安の低減・解消を実現できた親は、育児に前向きになることによって、育児の方法や子どもの発達的変化を学ぶとともに、地域の中で自らの活動範囲を広げていけるようになったと判断できます。さらに、子どもへの影響については、

「多様な人との交流による社会性の発達」や「障害児・者との共生への気づきの萌芽」をはじめとして、「おもちゃ、造形・絵画活動、絵本や本を通して、多様な側面（たとえば、巧緻性、集中力、創造性、言葉への関心、対人関係の技能など）における発達が促された」と多くの親が評価していることがうかがえます。

　第1節から第3節までの内容から理解できるように、乳幼児の保育は、保育所などの保育・教育施設だけで行われているわけではなく、家庭に近い保育を提供してくれる環境内で、あるいは、各家庭が居住する近隣地域に密着した拠点という環境内でも提供されています。保育士の活躍の場が以前にも増して広がっていることやその役割の重要性が増していることを認識しておきましょう。

演 習 課 題

①保育士がさまざまな児童福祉関連施設で活躍していることを学びましたが、あなたが関心をもった施設を1つ選び、そこで具体的に保育士がどのような仕事をしているのかを調べてみましょう。
②小規模保育事業には、A型、B型、C型があります。それぞれの特徴などを調べて、比較してみましょう。
③地域子育て支援拠点事業について、2007年における類型化と2015年における再類型化の異同を整理してみましょう。

レッスン3

子どもの発達支援と施設における保育

レッスン2では、保育士が、保育所や認定こども園だけではなく、「児童福祉法」で定められている児童福祉施設でも働いていることを紹介しました。そこで、本レッスンでは、こうした施設における子どもの「保育」の根幹にある「子どもの発達支援」という考え方を紹介したのち、学童保育所と児童養護施設における子どもの発達支援のあり方を学びます。

1. 子どもの発達支援とは

　本節では、「子どもの発達を支援する」とは、どのようなことかを、児童福祉の観点から考えてみたいと思います。

　私たち人間の発達は、受精・着床に始まる胎児期から始まっています。このことは、母体を通し有害な物質を摂取してしまうと、胎児の正常な発達が妨げられるという事実からも理解できます。また、**遺伝子の影響**により、胎児の時期にすでに障害のある状態が確認できる場合もあります。つまり、すべての子どもが、出生の段階で同じ発達のスタートラインに立っているとは限らないのです。

　では、出生後についてはどうでしょうか。子どもは、親を選んで生まれてくることはできません。また、自分が成長する環境を選ぶこともできません。したがって、生まれてきた環境の違いに応じて、健やかに発達する場合もあれば、残念ながらそれが期待できない場合もあります。後者としてあげられるのは、生まれた家庭が非常に貧しい場合、家庭のなかで暴力や不適切な養育が生じる場合、親の心身の状態が不安定な場合などです。

　こうした前提から出発すると、子どもに対して**自己責任論**[*]を押し付けることはできません。むしろ、私たち（人類全体）が、すべての子どもの発達に目をむけ、必要な場合には支援の方法を考え、それを実行すべきなのです。こうした支援には、法律を定めて行政の施策として実施されるものもありますし、子どもの状況を心配して近隣の人々が援助の手を差し伸べることもありえます。つまり、健全に発達できない・していない状態にある子ども自身とその保護者も含めた子どもを取り巻く育児環境に対して、こうした公的サービスや私的援助を行うということが「**子どもの発達支援**」なのです。

⊕ 補足

発達の制限

遺伝子の影響による発達の制限としては、染色体の異常（21番目の染色体が2本ではなく3本で形成される）によって生じるダウン症候群がよく知られている。

✳ 用語解説

自己責任論

自分の行為の結果によって何らかの危機を招いた場合、それは自分に責任があるので、その危機から脱却するために、他者や社会に頼るべきではないとする考え方。

⊕ 補足

子どもの発達支援

発達障害児に対する支援を（児童）発達支援と呼ぶ場合もあるが、ここでは、さまざまな障害も含め、貧困、虐待・ネグレクト、病気などによって困難さを抱えている子どもとその家族・環境も対象とした広い意味での支援を考えている。

レッスン 3　子どもの発達支援と施設における保育

　子どもの発達支援が人類全体の責任であることを国際的に規定するものには、「児童権利宣言（1959年11月20日に国際連合総会で採択）」や「児童の権利に関する条約（1989年11月20日に国際連合総会で採択。日本は1994年に批准）」があります。また、わが国でも、第2次世界大戦後に制定された日本国憲法の精神にのっとって制定された「児童憲章（1951年5月5日に児童憲章制定会議で採択）」が、子どもの発達支援が社会全体の責務であることを明確に示しています。以下、この児童憲章で定められている条文を見ながら、子どもの発達支援（「まもられる」「はぐくまれる」「みちびかれる」などの表現によって、私たちの責務が示されています）の具体的なあり方・内容を確認してみましょう。

> **▶ 出典**
> †1　文部科学省「児童憲章」

　「児童憲章」全文[†1]

　われらは、日本国憲法の精神にしたがい、児童に対する正しい観念を確立し、すべての児童の幸福をはかるために、この憲章を定める。

児童は、人として尊ばれる。

児童は、社会の一員として重んぜられる。

児童は、よい環境の中で育てられる。

一　すべての児童は、心身ともに健やかにうまれ、育てられ、その生活を保障される。

二　すべての児童は、家庭で、正しい愛情と知識と技術をもって育てられ、家庭に恵まれない児童には、これにかわる環境が与えられる。

三　すべての児童は、適当な栄養と住居と被服が与えられ、また、疾病と災害からまもられる。

四　すべての児童は、個性と能力に応じて教育され、社会の一員としての責任を自主的に果たすように、みちびかれる。

五　すべての児童は、自然を愛し、科学と芸術を尊ぶように、みちびかれ、また、道徳的心情がつちかわれる。

六　すべての児童は、就学のみちを確保され、また、十分に整つた教育の施設を用意される。

七　すべての児童は、職業指導を受ける機会が与えられる。

八　すべての児童は、その労働において、心身の発育が阻害されず、教育を受ける機会が失われず、また、児童としての生活がさまたげられないように、十分に保護される。

27

> 九　すべての児童は、よい遊び場と文化財を用意され、悪い環
> 　境からまもられる。
> 十　すべての児童は、虐待・酷使・放任その他不当な取扱から
> 　まもられる。あやまちをおかした児童は、適切に保護指導さ
> 　れる。
> 十一　すべての児童は、身体が不自由な場合、または精神の機
> 　能が不充分な場合に、適切な治療と教育と保護が与えられる。
> 十二　すべての児童は、愛とまことによって結ばれ、よい国民
> 　として人類の平和と文化に貢献するように、みちびかれる。

　この憲章では、まず、すべての子どもが幸福に生きていくためには、彼らが「人として尊ばれ」「社会の一員として重んじられ」「よい環境の中で育てられる」べきであるという基本理念が述べられています。そして、12項目にわたって、その具体的な発達の姿と社会の責務が記されています。たとえば、「一」では、子どもが健康な状態で生まれて健全に育っていくこと、さらに、安定した生活を送ることが「発達の姿」であると同時に、私たちがそれを保障すべきであるという「社会の責務」の表現になっています。最終的に目指されている子どもの発達の姿は、「十二」に示されているように、日本国民として人類の平和・文化に貢献できる大人になることであり、そのような大人へと子どもを導くことが、日本社会全体の責務と解釈できます。

　こうした子どもの健やかな発達の姿とそれを保障する社会の責務は、英国政府が定めた「**Every Child Matters**」[2]という政策提言書（「緑書」と呼ばれています）にも、よりシンプルに記されています。これは、子どもと青年の**ウェルビーイング***（幸福・福祉・健康）を実現するために真に必要な5つの姿（目標）として合意されたものであり、以下のように記載されています（和訳は筆者による）。

▶出典
†2　Every Child Matters（2003）https://www.gov.uk/government/uploads/system/uploads/attachment_data/file/272064/5860.pdf、13-14頁

✴用語解説
ウェルビーイング
直訳すれば「良い状態」であるが、市民一人ひとりが心身ともに健康で、その権利が守られ、自己実現ができる状態を指す。すべての人々がこうした状態で暮らせることは、社会福祉の目標でもある。

> ### 子どもと若者に関する目標
> 　この緑書は、学力が低いままの子ども、病気で苦しむ子ども、十代で妊娠した子ども、虐待・ネグレクトを受けている子ども、犯罪や反社会的行為に巻き込まれている子どもの数を減らすための政策を示すものである。
> 　子ども、若者、その家族といった当事者からの意見では、社会全体として私たちが子ども・青年のために実現するべき目標を、ポジティブな観点から定めてほしいということであった。

レッスン3 子どもの発達支援と施設における保育

すなわち、危機や失敗の時点で介入するというアプローチではなく、すべての子どもがその潜在能力を発揮できるようなアプローチを求めていた。さらに、狭い目標や互いに矛盾するような目標ではなく、子ども、家族、地域、公的サービスが共有する目標に向かって協働できるアプローチを求めていた。

それを受けて議論した結果、私たちは、以下の5つの目標（5つの成果）を追求することが、子ども・若者のウェルビーイングにとって真に重要であることに合意した。

・健康であること：健やかな心身の健康を享受し健康的な生活を送る
・安全であること：危害やネグレクトから保護され、自立生活ができるように成長する
・楽しく達成すること：生活を充実させながら、大人にむけて、広い範囲の資質・能力を発達させる
・ポジティヴな貢献をすること：反社会的行為や犯罪行為に巻き込まれることなく、地域や社会に対して貢献する
・経済的に満たされること：社会での経済的不利を克服し、自分の可能性を十全に発揮しながら生活する

わが国の「児童憲章」と英国の「Every Child Matters」を比べてみると、項目の数こそ違ってはいますが、書き記されている事項は本質的に同じであることが理解できます。ここで示した「子どもの発達支援」は、すべての国民・大人の責務ですが、特に児童福祉に関わる職についている者にとっては、常に意識しておくべき考え方であり、自らの業務の中に反映させていかなくてはなりません。

2. 学童保育所における子どもの発達支援

本節では、「放課後に適切な遊びや生活の場を与えて、児童の健全な育成を図る保育事業」である学童保育所（放課後児童健全育成事業）における子どもの発達支援のあり方を学びます。

1 学童保育の概要

まずは、学童保育の概要を、全国学童保育協議会が2016（平成28）年

第1章　子どもの福祉と保育の心理学

> ▶ **出典**
> †3　全国学童保育連絡協議会報道関係者向け発表資料（2016年9月2日付）

> ◆ **補足**
> **運営主体**
> 法人等とは、幼稚園などの学校法人、保育所その他の社会福祉法人、保護者等がつくっているNPO法人、民間企業など。地域運営委員会とは、地域の役職者（学校長、自治会長、民生・児童委員など）と父母会の代表などで結成される（日常の運営は父母会・保護者会が行っているところが多い）。

> **指導員の資格**
> 2015年3月までは、指導員に特別な資格は不要だった。なお、放課後児童支援員の研修を受けられるのは、保育士資格、社会福祉士、高卒で2年以上児童福祉事業に従事した者、幼・小・中・高・中等教育の教員資格保持者などの条件がある。

5月に実施した調査結果†3を参考にしながら見てみましょう。学童保育所数は2万7,638か所であり、そこを利用している小学生は107万6,571人となっています。前年度に比べると、学童保育所数は2,097か所増、利用者数は5万9,142人増となっており、ここ数年は大きく増加しています。その理由は、「児童福祉法」の改正（2012〔平成24〕年8月改正）によって、それまで10歳までを目安としていた学童保育対象児童の年齢が、小学6年生までに拡張された（2015年4月より施行）ことにあります。

　学童保育の**運営主体**は、公立公営が35.8%、法人等30.7%、地域運営委員会が16.4%、社会福祉協議会が11.5%、父母会・保護者会が5.6%となっています。また、学童保育が実施されている場所については、学校施設内が54.7%、児童館内が12.2%、その他の公的施設が7.9%、学童保育専用施設が6.8%、法人等の施設が6.5%、民家・アパートが6.0%、その他が5.8%となっています。

　学童保育の指導員になるためには、2015年4月以降（「子ども・子育て支援新制度」施行以降）は、**「放課後児童支援員」**の資格が必要となりました。この資格は、一定の条件を満たす人が、都道府県知事が実施する研修を受講・修了することによって取得できます。

2　学童保育における発達支援のあり方

　学童保育を利用できる小学生は、共働きやひとり親家庭などの子どもたちです。かつては、「帰宅しても保護者がいない子どもにさびしい思いをさせない、放課後を安心・安全な環境内で過ごす」という目的で始められた学童保育ですが、現在では、これらの目的に加えて、家庭のワークライフバランスを支援するという側面も重視されてきています。

　利用登録をした子どもたちは、平日の放課後と、土曜日および夏休みなどの長期休暇には午前中から夕刻まで、「家庭に代わる毎日の生活の場」である学童保育所で過ごします。近年では、帰宅時刻が遅くなる保護者が増加しており、その影響によって、学童保育の開設時間も長くなっています。つまり、学年によっては、学校で過ごす時間と学童保育で過ごす時間がほとんど同じという状況が起きており、子どもたちが安全に安心感のもてる家庭的な環境のなかで、楽しくて伸びやかな生活を送ることを保障する指導員の役割や責任は、以前にも増して大きくなっているといえます。

　学童保育所を利用できる小学生が、1年生から6年生までと年齢幅が広くなったことはすでに述べました。ここから、指導員は子どもたちの年齢ごとの発達段階に合わせた支援がこれまでにも増して求められます。

レッスン3　子どもの発達支援と施設における保育

生活の場を保障するという観点からは、特に「きょうだい」のような関係性が異年齢の子どもたちの間に生まれるような支援が求められます。また、同年齢・異年齢を問わず、日々の生活のなかでは、自分たちの要求をぶつけ合って、言い争いやけんかなどが生じます。こうした葛藤場面では、子どもたちが自分たちでそれを解決できるよう導いていくのも、指導員の重要な役割です。さらに、遊びを通した子どもの健全育成という観点からは、発達段階に応じた「遊具・玩具の準備」「環境の構成」「遊び方」などに関する知識や技能を身につけ、その場・そのときの状況に合わせて柔軟に、子どもたちの遊びが充実するような支援を展開することも求められます。

　ここまでは学童保育所内における子どもに対する支援のあり方を述べてきましたが、すでに述べたように、子どもを取り巻く育児環境に働きかけることも、子どもの発達支援です。子どもの生活は、家庭や学校においても営まれています。したがって、指導員は必要に応じて、学校での子どもの様子や家庭での子どもの過ごし方に関する情報収集に基づき、教師や保護者との連携をとおした子どもの発達支援を担うことも視野に入れておく必要があります。元気がない子ども、急に乱暴になった子ども、誰とも話さなくなった子ども、大人に対する甘えが強くなった子どもなど、それまでとは異なる姿、気になる姿を認めたときは、それが子どもからのSOSだととらえ、指導員自らが積極的に教師や保護者と連携し、子どものニーズや家庭のニーズに対応していくことが求められます。

　近年、一般の学童保育所においても、障害児の受け入れが進んでいます。全国学童保育連絡協議会による調査[4]によると（掲載されているデータは2012年度の数値）、障害児を受け入れている学童保育所のある市町村は全体の73.1%、障害児を受け入れている学童保育所数は全体の49.1%となっており、約半数の学童保育所では、何らかの障害がある小学生が通っていることがわかります。

　伊藤による神戸市内の学童保育所を対象とした悉皆調査[5]（177か所）によると、受け入れている障害児のうち49.3%は普通学校の普通学級、45.9%は普通学校の特別支援学級、4.8%が特別支援学校に通っています。また、受け入れている子どもの障害種別については、発達障害（自閉症スペクトラム障害、AD/HD、学習障害）が49.6%と最も多く、知的障害（18.7%）、ダウン症（10.8%）と続いています。

　さらに、この調査によると、障害児を受け入れたことによってもたらされたポジティブな変化は、「健常児の心の成長や健常児の障害児に対

▶出典
†4　†3と同じ

▶出典
†5　伊藤篤「障害児の放課後保障に関する一考察——神戸市学童保育における障害児受け入れ実態調査から」『子ども家庭福祉学』（9）、2010年、49-53頁

31

第 1 章　子どもの福祉と保育の心理学

する思いやり」「障害の有無にかかわらず子どもたちが互いに受け入れ合う」「障害児の成長・発達や生き生きとした姿」「指導員の成長や指導員どうしの関係性の深まり」などとなっており、地域の子どもたちにとって、学童保育所がインクルーシブな生活の場になっているとともに、指導員自身の成長の機会にもなっていることがうかがえます。

　こうした事実を踏まえると、学童保育所および指導員には、積極的に障害児を受け入れることが求められますが、そのためには、スタッフ（指導員やボランティア）の増加や施設・設備の改善を実現するための援助を行政に求めていくとともに、自らも研修等に参加する、学校・医療機関・発達支援センターとの連携・協働を進めるなどの努力が求められます。こうしたことも、当然ですが、子どもの発達支援に相当します。

3．児童養護施設における子どもの発達支援

　本節では、「保護者のない児童、虐待されている児童その他環境上養護を要する児童を入所させて、これを養護し、あわせて退所した者に対する相談その他の自立のための援助を行うことを目的とする施設（児童福祉法・第41条）」である児童養護施設における子どもの発達支援のあり方を学びます。

1　児童養護施設の概要

　本節の冒頭で示されている、保護者がいない・成育する環境が望ましくないという理由で、子どもを保護者に代わって養育する公的サービスのことを「**社会的養護**」といいます。社会的養護が必要であると判断される状況は、「保護者が死亡・疾病・離別したなどの理由から、子どもを養育する保護者がいない、あるいは、養育できない」「保護者自身が抱える生活上の課題や養育の意思・能力の低下によって、あるいは、養育環境の問題によって適切な養育を行うことができない」「子ども自身の行動上の問題や疾病・障害などによって、家庭が適切に対応することができない」などです。

　社会的養護が必要だと判断された子どもは、里親（養親）によってケアを受けたり、施設に入所してケアを受けたりすることになります。**こうした施設**のひとつが児童養護施設ですが、施設に子どもが入所するかどうかを決定するのは、都道府県知事の役割です。ただし、この決定を行う前に、児童相談所において養育環境などに関する調査などが実施さ

◆補足

虐待・ネグレクトを理由とした入所
社会的養護の対象となるのは、虐待・ネグレクトを受けている子どもだけとは限らないが、近年、この理由で入所する子どもの割合は増加している。

子どもの入所先
社会的養護の対象となった子どもが入所するのは、児童養護施設のほかに、乳児院、児童心理治療施設、児童自立支援施設、母子生活支援施設、自立援助ホームなどがある。

れ（この間、保護が必要だとされた子どもは一時保護施設に入所します）、その上で、入所の必要性・妥当性を児童相談所長が決定することになっています。調査結果によっては、保護者の下に戻って、経過を観察するという決定が下されることもあります。

　2017（平成29）年7月に公表された厚生労働省の資料「社会的養護の現状について」[6]によると、全国の児童養護施設数は603か所あり、定員3万2,613人中、2万7,288人の子どもが入所しています。ちなみに、主に2歳未満の乳幼児が入所する乳児院は、全国に136か所あり、定員3,877人中、2,901人が入所しています（図表3-1）。

　近年、保護者から虐待やネグレクトを受けている可能性があるとして、児童相談所に通告がなされたり相談が持ちかけられたりし、それに対して、相談所が何らかの指導・措置といった対応を行ったケース（児童相談所での児童虐待相談対応件数）は、増加の一途をたどっています。厚生労働省のホームページ[7]によると、平成27年度の児童虐待相談対応件数は12万2,578件（速報値）となり、この統計をとり始めた1990（平成2）年の1,101件の約110倍となっています（図表3-2）。

　こうした背景があるため、児童養護施設の入所児に占める虐待・ネグレクトを主たる事由とする入所児の比率も高くなっています。厚生労働省が2015（平成27）年1月に公表している「児童養護施設入所児童等調査の結果」[8]によると、平成26年度中の新規措置児童の入所理由のうち、父母の放任・怠惰が14.7％、父母の虐待が18.1％、棄児が0.4％、養育拒否が4.8％となっており、これらを合わせると38.0％となります。さらに、同調査では、児童養護施設入所児のうち59.5％が被虐待経験をもっていることが示されています。つまり、児童養護施設に入所する子どもの半数以上が、保護者などからの不適切な養育の結果として、児童養護施設で社会的養護を受けていることになります。

２　児童養護施設における子どもの発達支援のあり方

　先に紹介した平成26年度中の新規措置児童の入所理由を改めて整理すると、次のようになります。「父母の要因」としては、死亡・行方不明・離婚・不和・拘禁・入院・就労・精神障害があり、「父母と子どもとの関係性」としては、放任怠惰・虐待・棄児・養育拒否があり、「児童自身の要因」としては、児童の監護困難があります。これ以外には、破産など経済的理由とその他があります。児童の監護困難をのぞけば、いずれの理由も、子ども自身に原因があるわけではないし、子どもが自分でコントロールできる状況でもありませんので、入所児の多くは、無力感

▶ **出典**
[6]　厚生労働省「社会的養護の現状について（平成29年7月版）」2017年
http://www.mhlw.go.jp/file/06-Seisakujouhou-11900000-Koyoukintoujidoukateikyoku/0000172986.pdf

▶ **出典**
[7]　厚生労働省ホームページ報道発表資料「子ども虐待による死亡事例等の検証結果等について（第13次報告）及び児童相談所での児童虐待相談対応件数」2017年
http://www.mhlw.go.jp/stf/houdou/0000173365.html

▶ **出典**
[8]　厚生労働省ホームページ「児童養護施設入所児童等調査の結果（平成25年2月1日現在）」2015年
http://www.mhlw.go.jp/stf/houdou/0000071187.html

図表 3-1 社会的養護の現状（施設数、里親数、児童数等）

里親	家庭における養育を里親に委託		登録里親数	委託里親数	委託児童数	ファミリーホーム	養育者の住居において家庭養護を行う（定員5～6名）	
			10,679世帯	3,817世帯	4,973人		ホーム数	287か所
	区分（里親）	養育里親	8,445世帯	3,043世帯	3,824人			
		専門里親	684世帯	176世帯	215人		委託児童数	1,261人
		養子縁組里親	3,450世帯	233世帯	222人			
		親族里親	505世帯	495世帯	712人			

施設	乳児院	児童養護施設	児童心理治療施設	児童自立支援施設	母子生活支援施設	自立援助ホーム
対象児童	乳児（特に必要な場合は、幼児を含む）	保護者のない児童、虐待されている児童その他環境上養護を要する児童（特に必要な場合は、乳児を含む）	家庭環境、学校における交友関係その他の環境上の理由により社会生活への適応が困難となった児童	不良行為をなし、又はなすおそれのある児童及び家庭環境その他の環境上の理由により生活指導等を要する児童	配偶者のない女子又はこれに準ずる事情にある女子及びその者の監護すべき児童	義務教育を終了した児童であって、児童養護施設等を退所した児童等
施設数	136か所	603か所	46か所	58か所	232か所	143か所
定員	3,877人	32,613人	2,049人	3,686人	4,740世帯	934人
現員	2,901人	27,288人	1,399人	1,395人	3,330世帯 児童5,479人	516人
職員総数	4,661人	17,046人	1,024人	1,847人	2,051人	604人

小規模グループケア	1,341か所
地域小規模児童養護施設	354か所

注：里親数、ファミリーホーム数、委託児童数は福祉行政報告例（平成28年3月末現在）
　　施設数、ホーム数（ファミリーホームを除く）、定員、現員、小規模グループケア、地域小規模児童養護施設のか所数は家庭福祉課調べ（平成28年10月1日現在）
　　職員数（自立援助ホーム除く）は、社会福祉施設等調査報告（平成27年10月1日現在）
　　自立援助ホームの職員数は家庭福祉課調べ（平成28年3月1日現在）
　　児童自立支援施設は、国立2施設を含む
出典：厚生労働省「社会的養護の現状について（平成29年7月版）」2017年を一部改変

図表 3-2 児童相談所における虐待相談対応件数の推移

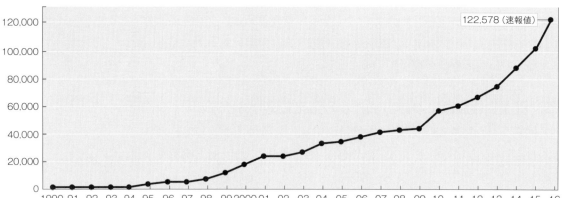

注：2010年度の件数は、東日本大震災の影響により、福島県を除いて集計した数値。また2015年度の数値は速報値である。
出典：厚生労働省「平成28年度児童相談所での児童虐待相談対応件数（速報値）」2017年をもとに作成

をかかえていると考えられます。また、理由によっては「自分は親から見捨てられた価値のない存在」であるという自己否定的な気持ちをもち

続けることになります。

　こうしたきわめてつらくて困難な状況を経験した場合、それが「心的外傷（トラウマ）」となって、経験者のその後の身体症状や行動などにネガティブな影響を与え、適応的な生活を妨げることがあります。こうしたネガティブな影響による不適応状態を「PTSD（Post Traumatic Stress Disorder：外傷後ストレス障害）」と呼びます。これを踏まえると、児童養護施設に入所している子どもたちの多くが、心的外傷に苦しみ、外傷後ストレス障害に相当する症状を呈する可能性があります。したがって、発達支援という観点からは、これに対応することが、児童養護施設のスタッフにとっては、最も重要な役割だといえるでしょう。

　文部科学省のホームページ[†9]によると、子どものトラウマ反応には、身体症状、過度の緊張（過覚醒）、再体験、感情の麻痺（解離状態）、精神的混乱、喪失や体験の否定、過度の無気力、強い罪悪感、激しい怒り、著しい退行現象があると整理されています。たとえば、トラウマを抱えた子どもは、あるとき急に表情が乏しくなってボーッとしてしまったり、いきいきとした現実感が得られていない様子を示したりすることがありますが、これは「解離（状態）」と呼ばれ、虐待など不適切な養育を受けた子どもが示す特徴のひとつです。では、このような入所児（以下、被虐待児と称する）にどのように対応したらよいのでしょう。その基本的な姿勢について、小野寺[†10]を参照しながら整理してみます。

　入所したばかりの被虐待児の多くは、それまでの対人関係が信頼感で支えられてはおらず、自分がどこでも・いつでも安全で安心していられるという心理的な安定感も持ち得ていないため、他者に対する不信感と生きていくことへの不安感を抱えています。入所することによって、客観的には、それまでの不信感・不安感から解放されたようにみえるのですが、入所後すぐにそのように認識することは、彼らにとっては難しいようです。被虐待児は、自分の中で生じる多様な感情をありのままに自分で受け入れることが難しく、喜怒哀楽を表出せず、無表情であり、めったに笑わないのに加えて、他者の怒りや嫌悪感を引き出すような言動や攻撃性を示すこともあります。

　そこで、**施設のスタッフ**としては、じっくりと時間をかけて、ここ（施設）は安心・安全な場所であることを被虐待児が実感できるような関係性をつくっていくこと、いいかえれば、施設で生活をともにすることをとおして、被虐待児が自分たちとの間に愛着関係を形成できるような働きかけをすることが求められます。また、被虐待児の自己否定的な感情ないしは低い自尊心に関しては、さまざまな活動を一緒に行いながら、

▶ **出典**

†9　文部科学省ホームページ　在外教育施設安全対策資料【心のケア編】第2章「心のケア各論」Ⅲ「外傷体験とは」http://www.mext.go.jp/a_menu/shotou/clarinet/002/003/010/005.htm

▶ **出典**

†10　小野寺利律子「第10章　特別に配慮の必要な家庭の支援」小野澤昇・田中利則・大塚良一 編著『子どもの生活を支える家庭支援論』ミネルヴァ書房、2013年、252-254頁

◆ **補足**
施設のスタッフ
児童養護施設のスタッフは、児童指導員・保育士、家庭支援専門相談員、里親支援専門相談員、個別対応職員、心理療法担当職員、職業指導員、栄養士、調理員、嘱託医、事務員など。本文中で示す発達支援は心理的な課題への対応が中心だが、これは決して心理療法担当職員だけの業務ではなく、職員全体が連携して取り組むことが必要である。

35

第 1 章　子どもの福祉と保育の心理学

人物

エリクソン
(Erikson, E. H.)
1902～1994年
ドイツ生まれの精神分析学者。フロイトに師事したのち、ナチスの迫害を逃れてアメリカに移住後、発達心理学も専門とする。自我同一性や基本的信頼感の概念で有名である。

出典

†11　谷口純子「第4章第5節 社会的養護」佐々木政人・澁谷昌氏編著『子ども家庭福祉』光生館、2011年、113頁

補足

あらゆる児童福祉関連施設
乳児院、児童厚生施設、児童養護施設、児童家庭支援センター、児童自立支援施設、助産施設、母子生活支援施設、障害児入所施設、児童発達センター、児童心理治療施設など。

少しずつ成功体験を積み重ねられていることが実感できるような働きかけをする必要があります。「自分にもできることがある」という経験の積み重ねによって、徐々に被虐待児は自信を得るようになり、自己肯定的になり、自尊心を高めていけると期待できます。

　児童養護施設における発達支援は、**エリクソン**[*]の心理社会的発達論（ライフサイクル論）を援用するならば、乳児期から児童期にかけての発達課題を被虐待児が順次クリアしていけるように働きかけるという時間を要する支援だといえるでしょう（彼の理論によると、乳児期は「基本的信頼感」、幼児期前期は「自律性」、幼児期後期は「積極性」、児童期は「勤勉性」を獲得することがのちのスムーズな発達にとって肝要とされています）。

　ここまでは、児童養護施設に入所している子どもの発達に関わって、最も重要だと考えられる支援のあり方を中心に述べてきましたが、すべての入所児が18歳（20歳）になるまでずっと施設で暮らすことが、必ずしも望ましいとは限りません。谷口[†11]が「施設に入所している子どもに対しては、可能な限り家族の再統合への調整を、不可能ならば家庭支援とともにその子どもが安心できる環境での積極的な自立支援をとおして、退所後の生活遂行上の困難度をできる限り軽減しておく必要がある。さらに、退所後の子どもや家庭への支援を行うことも重要である」と述べているように、入所児が再び家族（保護者等）と一緒に暮らせる可能性を探りながら、入所児の保護者への支援と入所児への支援を並行して継続すること、青年期の子どもに対しては、退所後の充実した生活を見通しながら、エリクソンが示した青年期の課題である「自我同一性の獲得」を達成できるように支援すること、さらには退所後も支援を続けることが、児童養護施設のスタッフに求められる重要な役割なのです。

4．おわりに

　本レッスンでは、保育所（保育園）以外の場においても、広い意味での「保育」が行われている施設などでの「子どもの発達支援」のあり方を検討することが目的でした。**あらゆる児童福祉関連施設**を取り上げるべきですが、紙幅の関係でそれはかなわず、児童館などの学童保育と児童養護施設のみを取り上げざるをえませんでした。そこで、本レッスンの最後に、どのような施設においても等しく必要な「子どもの発達支援」のあり方を述べておきたいと思います。それは、子ども・青年一人

36

ひとりに対して個別的にアプローチするという姿勢です。各種の施設には、それぞれが提供すべき独自のサービスがあり、それに合致したニーズをもつ子どもが利用していることは確かです。その意味では、各施設内においては類似のニーズをもった子どもたちへの支援が展開されることになるので、基本的に同じアプローチを採用することになります。

しかし、施設を利用するに至るまでの育ちの経緯は、一人ひとり異なっています。個々の子どもの成長のプロセスを十分に見つめ、現在の心身の状況を保護者・きょうだい・親戚あるいは地域との関係性のなかで正確にとらえ、一人ひとりに合わせたきめ細かい支援を計画し実行していくことが、子ども・青年の発達支援、ひいては彼らのウェルビーイングにつながっていきます。

演 習 課 題

①イギリスの子ども・青年に対する支援施策の基礎となる5つの目標を紹介しましたが、それぞれの目標に対応する日本で実施されている施策（取り組み）にはどのようなものがあるでしょうか。できるだけたくさんあげてみましょう。

②障害児が一般の学童保育所に通っていることを紹介しましたが、一般の学童保育所以外に、彼らはどのような場所で、どのような放課後のサービスを受けているのかを調べてみましょう。

③本文内では、子どもの示すトラウマ反応を列挙していますが、それぞれの具体的な症状はどのようなものかを調べてみましょう。

参考文献……………………………………………………………………………………

レッスン1

太田素子 『近世の「家」と家族——子育てをめぐる社会史』 角川学芸出版 2011年

柴田純 『日本幼児史——子どもへのまなざし』 吉川弘文館 2013年

野上暁 『子ども学 その源流へ——日本人の子ども観はどう変わったか』 大月書店 2008年

おすすめの1冊

齋藤純一 『不平等を考える——政治理論入門』 筑摩書房 2017年

日本が格差の大きい国であるという認識が広まってきた現存、その原因である不平等な状態をどのように捉え、どのような対策が必要なのかを論理的に説いてくれる良書。

コラム

学童保育を発展的に考える

　本章のレッスン2で、地域における保育事業の事例として「学童保育」を取り上げました。そこでも学んだように、この事業は、共働きやひとり親の家庭で育つ小学生が、放課後に安全・安心な場で家庭と同じように生活できる環境を保障する取り組みであるとともに、こうした家庭のワークライフバランス——仕事と子育ての両立——を支援する取り組みです。また、利用する子どもたちは、互いにきょうだいのような親密な関係性や、指導員という信頼できる大人から見守られるという関係性を、長期にわたって安定的に築くことができるという点でも、この学童保育は意義深い事業です。

　しかし、学童保育の時間中に、子どもたちが実際に経験する内容は、静養や昼寝をする、おやつを食べる、宿題などの勉強をする、友だちや指導員と遊ぶ（保育所内か近くの公園などで）などに限られています。せっかく、たくさんの異年齢の仲間がいて指導員もいるのですから、放課後が子どもたちにとってもっと多様な活動を経験できる機会になっても良いのではないかと思います。そこで、フランスの「余暇センター（日本の学童保育所とほぼ対応します）」を、「パコモ」という子どもの放課後を支える団体のホームページを参考にしながら紹介してみたいと思います。

　フランスでは、放課後は「余暇」であり、この時間を存分に楽しみ有意義に過ごすことは、子どもに平等に与えられるべき「権利」ととらえられています。国家資格をもつ専門指導職員「アニマトゥール」が、学校で学習した内容をストーリーテリングや演劇活動などで再現する、ゲームなど遊びのアプローチによってテーマ学習をする、世界中の物語・演劇などに触れる、美術館へ出かける、異文化を学ぶなどの活動をプログラム化しています。さらに、学校や地域の多様な人々と一緒になって、子どもが自分たちの生活や地域との関係を考えたり、社会参加できたりする機会も豊富に準備されています。くわしいことは、ぜひ、以下のキーワードで検索して読んでいただきたいと思います。

　子どもたちが安全に安心して過ごせることは非常に大切なことだと思いますが、「多様な経験を通して地域社会のなかで楽しく学ぶ、主体的な参加を通して学ぶことこそが子どもたちの権利である」という視点から、日本の子どもの放課後の過ごし方、楽しみ方を、もっと発展的に考えていくことが大切だと思っています。

※検索キーワード：パコモ　コラム　フランス

第2章

多様な側面における子どもの発達

本章では、多様な側面における子どもの発達を、心理学的な観点から学びます。著しい発達的変化がみられる乳幼児期を中心に、発達と環境との関係、さらに、感情・自己意識や身体・運動、言語・コミュニケーションといった側面の発達過程を理解しましょう。

レッスン4　発達と環境との関係

レッスン5　感情・自己意識の発達

レッスン6　身体・運動機能の発達

レッスン7　知覚・認知の発達

レッスン8　言語・コミュニケーションの発達

レッスン4

発達と環境との関係

本レッスンでは、子どもの発達にとって、子どもを取り巻く環境——人的環境、社会的環境、物理的環境など——を整えることがいかに重要であるかを、保育を担う者にとって有用と思われる研究や知見に基づいて解説していきます。

👤人物
バルテス
(Baltes, P.)
1939～2006年
ドイツ出身の心理学者。サクセスフル・エイジング（幸福に年齢を重ねていくこと）を目指した「生涯発達心理学」という分野の開拓者。

◆補足
「選択的最適化とそれによる補償」理論
老年期は、加齢にともないさまざまな資源が減退するため、資源をいかに選択的に有効活用して減衰する資源を補償するかにより発達の適応度が決まるという考え方。

▷出典
†1　三宅和夫『子どもの個性——生後2年間を中心に』東京大学出版会、1990年、35-37頁

✴用語解説
新生児の気質
トマスとチェスが見いだした発達初期から顕在化する行動スタイルにおける個人差のこと。活動水準、周期の規則性、接近／回避、順応性など、9種の指標からアプローチされる。扱いやすい子、扱いにくい子、平均的な子、順応に時間のかかる子、といった分類がなされる。

1. 発達に影響する遺伝と環境

人間の発達とは、受胎から始まる心身の機能（それを支える構造も含まれます）の変化のことであり、この発達は死ぬまで続くと考えられています。出生時ではなく受胎時を始期とする理由は、胎児であっても、母体内という環境の影響や母体を介した外的な環境（たとえば、レントゲンによる放射線の被ばく）の影響を受けるからです。また、発達を死期まで含めてとらえる理由は、老化にともなう何らかの側面における減衰・低下にともなって、それを補償するべくほかの側面が選択され熟達していくからです（たとえば、**バルテス**[*]による「**選択的最適化とそれによる補償」理論**）。

いずれにしても、心身の構造がより複雑な方向に、心身の機能が分化し高度化していくという発達過程に関与する要因として、「遺伝」と「環境」とをあげることができます。一般的に、背の高い親から生まれた子どもは、同じように背が高いといわれています。しかし、幼い時期から十分な栄養を与えられなかった子どもは、身長の成長が一時的に止まってしまうこともあります。ここからもわかるように、ある「遺伝要因」が、それにふさわしい「環境要因」と出会うことで、発達は促されると考えることができます。こうしたとらえ方は、**遺伝と環境の相互作用説**と呼ばれています。

こうした相互作用説について、保育という観点から見て有用なモデルは、三宅[†1]が提示した「母子相互作用モデル」と呼ばれるものです。これは、**新生児の気質**[*]（生まれもった子どもの個性）の違いによって生じる母子間の相互作用の差異が、母親の育児に対する態度形成などに影響を及ぼすと同時に、こうして形成された母親の育児に対する態度が、母子間の相互作用や子どもの気質の方向性に影響を与えるというように、

母子間に双方向的な循環が起きるという考え方です。つまり、新生児の生得的な特徴の違いが、異なった経験を引き寄せ、その特徴をより強めるという考え方です。

たとえば、扱いやすい子はふだんから機嫌がよく生活リズムも規則的なので、親は子どもの状態を理解・予測しやすく、育児に充実感や効力感をもちやすくなります。したがって、この子どもは一貫した安定的な養育を受けることになり、さらに扱いやすいという気質が強化されます。これとは反対に、扱いにくい子はふだんから機嫌が悪く生活リズムが不規則になりやすいので、親はいらだつことが多くなり、育児に不安や自信のなさを感じやすくなります。その結果、この子どもは不安定な養育を受けやすくなり、さらに扱いにくいという気質が強化されてしまうのです。

このモデルは、発達上のよい循環や悪い循環を合理的に説明していますが、それだけではなく、特に悪循環が生じやすいと予測できるケースに対して、保育者や保護者は生得的ないしは遺伝的に備わった子どもの気質に惑わされることなく予防的に養育していくことが可能となる点で大変有用です。こうした相互作用説は、子どもの養育や発達に関わる他の状況においても応用可能でしょう。

2. 環境要因を重視した発達モデル

人間の発達にとって、生得的に備わった遺伝要因を軽視することはできませんが、その現れ方や方向性は環境要因によって影響を受けることを第 1 節で説明しました。つまり、私たちを取り巻く環境は、発達にとっての枠組みないしは文脈になっています。本節では、こうした発達に関わる環境要因のとらえ方を、**ブロンフェンブレナー**[*]の「生態システム理論」を例にとって説明します[†2]。

彼は、環境を 4 つの層に分け、それらが直接的あるいは間接的に子どもの発達に影響を及ぼすシステムであると考えました。それらは、「マイクロシステム」「メゾシステム」「エクソシステム」「マクロシステム」です(図表 4-1)。マイクロシステムは、人を直接取り巻いている環境で、家族、友だち、保育所や幼稚園などを指します。メゾシステムは、マイクロシステム内の人間関係・相互関係を指します。これら 2 つは、発達に直接に影響する要因です。エクソシステムは、地域の教育環境、地域の子育て支援、保護者の職場・労働環境、マスメディア、家族の会社や

👤人物
ブロンフェンブレナー
(Bronfenbrenner, U.)
1917〜2005 年
ソビエト連邦出身、アメリカ合衆国で活躍した発達心理学者。子どもの発達に関する生態システム理論(数多くの社会的環境からの影響を考慮に入れた発達理論)で有名。

▶出典
†2 首藤敏元「第 1 章 発達とは何か」櫻井茂男・佐藤有耕編『スタンダード発達心理学』サイエンス社、2013 年、23 頁

第 2 章　多様な側面における子どもの発達

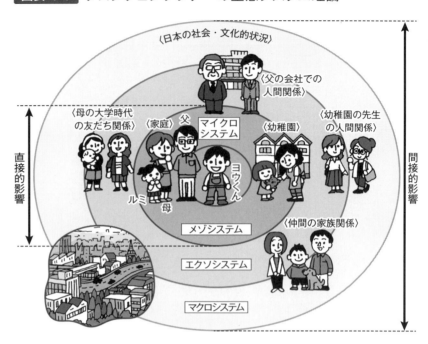

図表 4-1　ブロンフェンブレナーの生態システム理論

出典：岡本依子・菅野幸恵・塚田-城みちる『エピソードで学ぶ乳幼児の発達心理学』新曜社、2004年、19頁をもとに作成

地域での人間関係、医療制度など、子どもが直接に関わっているわけではないけれども、それに間接的に影響する要因を指します。さらに、それに影響を与える大きな枠組みとして、文化に固有の価値観・信念体系、政治思想、経済システム、社会状況（戦争や自然災害）などのマクロシステムが想定されています。また、年齢（発達段階）に応じて、より上位のシステム要素を生活空間に組み込んでいく（生態学的移行と呼ばれています）ことも想定されています。

　保育に関連させて具体的な事例をあげながらこの理論を理解してみましょう。保育の場における「ある子どもが集団内でわがままな行為を示すこと（自己抑制を育てるという発達課題につながります）」は、本人と友だちや家族との関係というマイクロシステムと、家庭と保育所との関係や地域と保育所との関係などというメゾシステムによって影響を受けると考えます。次に、このメゾシステムに影響を与えるのが、保護者の職場環境や行政の保育担当の窓口などの環境（エクソシステム）です。さらに、それに影響を与えるのが、女性の社会進出などというマクロシステムです。これらの重層的システムすべてが、この子どもが自己抑制の力を育てていけるかどうかに関連してくると考えられます。また、この生態システム論には、クロノシステムという時間の位置（ないしは時

レッスン4　発達と環境との関係

代）の影響も考慮に入れることもあります。

　保育に携わる者にとって、この発達モデルの有用さは、複数のシステム（多重な環境という枠組み）を同時に検討することによって、子どもの発達を望ましい方向に導くことが可能となる点です。ここまでは、子どもの発達と遺伝および環境との関係について総論を展開してきました。第3節以下では、いくつかの環境を具体的に取り上げて、それが子どもの発達にどのように関連しているのかを検討してみます。

3.　遊びの環境と子どもの発達

　親と一緒の生活空間とは切り離されたところで展開される子どもの遊びは、互いに誘い合う、遊びの内容を決める、年少児にも配慮する、遊ぶ場所・範囲・ルールを決めるなどの行為を通じて、社会性、共感性、養護性、道徳性、知恵など多様な側面にわたる発達を促します。南[3]は、自宅を中心とした一定の地理的範囲のなかで、同年齢や異年齢の仲間と営まれる戸外の子どもの遊びについて、その空間的特徴をいくつかの先行研究を参照しながら、おおむね次のように整理しています。

▶出典

[3]　南博文「第1章　子どもたちの生活空間の変容」　無藤隆ほか企画・編集『子ども時代を生きる──幼児から児童へ（講座 生涯発達心理学3）』金子書房、1995年、11頁

　　子どもが自由に動き回る範囲には、年齢差・性差があるが、その範囲を規定する共通の要素として、子どもの内的な力と外的な力とがある。前者は探索への好奇心とその逆関数である未知の領域への恐れの感情である。年長になるほど、恐怖に打ち勝って、より先の領域を探索しようとし、遊び空間が拡張されるが、それに抗う外的な力として、物理的な障壁（人工あるいは自然の地理的な境界線）と親や大人からの禁止（交通事故、溺水、転落などの防止）がある。

　こうした社会的な制約のなかで、子どもは、どの場所までなら行っても大丈夫なのか、どんな遊び方ならけがをしないのかについて、自分たちの探求心・好奇心との兼ね合いのなかで、非常に高度な判断力を発達させています。さらに、年齢の上昇、友だち関係の広がり、親からの許容範囲の広がりにともなって、「特に、仲間集団を形成し始めた子どもたちは、遊び仲間と探検を行ったり、秘密基地をつくったりして、親や大人の監視を越えたところで、子どもたち独自の遊びの世界を創造していく」[4]のです。

▶出典

[4]　[3]と同じ、11-12頁

43

第2章　多様な側面における子どもの発達

　大人や親からの管理の目から解放され、自分たちで形成した仲間集団のなかで、心の底からわき上がってくる冒険心・探求心のままに、自分たち独自の遊びを創造し、時間を忘れて夢中で楽しむという経験は、子どもの発達を包括的に促す機会となっています。残念ながら、現代の子どもたちには、こうしたぜいたくな機会がなかなか保障されていないようです。保育者として、こうした「夢中になって遊ぶ経験」が子どもに与える意義に目をむけ、それを実現させるために必要な環境のあり方を、今の時代に合わせたかたちで再考する必要があると考えます。

4．学びの環境と子どもの発達

　日本の幼児教育は、遊びが子どもの自主性や主体性を育み、学びの基礎となっていることを重視しています。保育者は、こうした遊びをとおした学びが深まるような工夫をさまざまに凝らして、子どもたちの日々の生活を組み立てています。また、本レッスンの第3節で学んだように、「自ら仲間集団を形成し、大人の保護に頼らず、戸外で自由に遊ぶことができる」という環境がさまざまな学びの機会を提供し、それによって、子どもが多様な側面の発達を遂げていくことも事実です。つまり、幼児期・学齢期には、遊ぶことが学ぶことと混然一体となって、子どもの発達が促されていたのです。

　しかし、高度経済成長期の後半、おおむね1970年代以降になると、青年だけではなく、幼少期・学齢期の子どもにとっても、遊びと学びの境界線が明確になってきました。それは、高学歴者となった数多くの親が、わが子の教育（学びのあり方）に対して、強い関心や期待をもつようになったからだと分析されています。それに応じるように、公教育以外の学習の場が増加し、親がそれらを積極的に選択するようになったのです。子どもたちが、幼少期から、学習塾や稽古事、あるいはスポーツクラブなどに通うことは当たり前になりました。こうした状況は現在も続いています。

　また、自分たちが獲得した地位や経済力を維持・向上させ、それをわが子に引き継がせたいと強く願う階層は、これからの社会で生きていくために求められる資質、すなわち、創造力、知識を活用して問題を解決する力、人とつながったり議論したりする力などを、子どもがいかに獲得していくかについても敏感です。つまり、一定水準の階層にある親は、学力に加えて、さまざまな資質・能力の獲得や向上をわが子に期待する

レッスン4 発達と環境との関係

ようになったのです。本田[†5]は、こうした現代社会の特徴を「ハイパー・メリトクラシー化」と名づけました。

　以上のような学びの環境の変化は、確かに子どもたちの多様な能力を高めていると思いますが、子どもの生活時間と成長・発達との関連性という観点からは、問題点が指摘されています[†6]。そこでは、子どもの生活時間が分断化されている現状からの転換を図る必要性が指摘されていますが、その**具体的な提言内容**を以下にそのまま引用します。

（1）生活時間の分断化からの転換（総務省・文部科学省・厚生労働省）

　子どもはゆっくりとまとまった時間の中で集中して行動し、それを通して様々な物や事を学習していく。我が国の子どもは幼稚園、小学校の段階からテレビ視聴や様々な稽古事、塾等によって、生活時間が分断化される傾向が強い。子どもの生活時間を、もっとゆったりとした体験ができる時間として確保できるようにすべきである。

①外で過ごす時間の確保（総務省・文部科学省・厚生労働省）

　我が国の子どもの外遊び時間は1965年頃を境に内遊びよりも少なくなった。現在では小学生で一日平均14分といわれている。遊びを通じて身体性、社会性、感性、創造性の開発のチャンスを失っている。もっと外で過ごす時間、外遊びの時間を確保できるよう、学校でも家庭でも生活指導がなされるべきである。

②健全な生活時間を（文部科学省・厚生労働省）

　子どもの睡眠時間が短くなっている。5、6歳の子どもで10時間前後の睡眠が必要といわれている。睡眠時間と自律神経機能とは関係があり、少ない睡眠時間は自律神経機能を低下させる。睡眠時間が短く、かつ夜型になっていることは、子どもの体内時計との関係から見ても、極めて深刻な問題である。

　この提言からもうかがえるように、子どもの生活時間のうち、戸外で過ごす（遊ぶ）時間と睡眠時間が、塾や稽古事など多様な学習の場で長時間過ごすこと（および長時間のテレビ視聴など）によって、十分に確保されていないという環境が、子どもの健全な成育（発達）の機会を奪っ

▶ 出典

†5 本田由紀『多元化する「能力」と日本社会──ハイパー・メリトクラシー化のなかで』NTT出版、2005年、7-39頁

▶ 出典

†6 日本学術会議心理学・教育学委員会・臨床医学委員会・健康・生活科学委員会・環境学委員会・土木工学・建築学委員会合同 子どもの成育環境分科会「提言 我が国の子どもの成育環境の改善に向けて──成育時間の課題と提言」2013年、19頁
http://www.scj.go.jp/ja/info/kohyo/pdf/kohyo-22-t169-3.pdf

◆ 補足

提言内容
ここで紹介する提言は、学習塾や稽古事、スポーツクラブに通うことだけでなく、テレビ視聴などの影響も含めた問題点に対する識者集団による具体的な対策である。

ているといえるでしょう。これが、ハイパー・メリトクラシー時代の大きな課題です。保育者としては、自分が関わる子どもの生活時間がどのような状態にあるのかを把握すること、そしてそれが分断化されていると思われる子どもの親に対して適切なアドバイスをすることが必要です。

5. 社会的排除という環境と子どもの発達

　第4節で述べたように、裕福な家庭や、わが子の教育を重視する家庭の子どもは、多様な学びの機会を得ることで、現在および将来にむけての**有能さを獲得する**ことが期待できます。これに対し、さまざまな理由から（たとえば、親がわが子の成長・発達に関心をもたない、家計に余裕がない、学ぶ機会・場所の情報が得られにくいなど）、多様な学びの経験とは縁遠い子どももいます。子どもは、生まれてくる親や家庭を選ぶことはできませんから、家庭状況によって自分の能力や資質を高める機会を奪われることは、子どもの責任とはいえません。本節では、貧困とそれに大きく関連する社会的排除という家庭環境にある子どもたちの発達について考えてみます。

　私たちは、他者との交流も含め、社会との接点をもつことによって暮らしを豊かなものにしています。社会のなかで、自分を受け入れてくれる居場所がある状態を「**社会的包摂**」とするならば、その対概念である「**社会的排除**」とは、「人々が社会に参加することを可能ならしめるさまざまな条件（具体的には、雇用、住居、諸制度へのアクセス、文化資本、社会的ネットワークなど）を前提としつつ、それらの条件の欠如が人生の早期から蓄積することによって、それらの人々の社会参加が阻害されていく過程[7]」です。いいかえれば、金銭面や物質面が不足・欠如しているという貧困状態が、社会保険や町内会などといった社会的な制度・仕組みから外れること、近隣や職場における人間関係が希薄になって社会の一員としての存在価値を奪われることにつながっていくことが「社会的排除」です。そして、そうした人々の存在を、その人々の自己責任だとして原因帰属することなく、社会全体の課題として認識し解決していくことが求められています。

　社会的排除の状況にある人々を特定することは難しいですが、雇用と住居を失い、家族とは縁を切って暮らすホームレスを対象に実施された全国調査によると[8]、ホームレスの人たちの学歴は、中学校卒業が54.5%、高等学校卒業が31.5%、短期大学・専門学校卒業が2.9%、大学

◆補足
有能さの獲得
「有能さの獲得が期待できる」とは、すでに述べた生活時間に関する諸問題を回避できていれば、多様な学びを体験することによって、子どもは自分の将来に希望や期待をもてるという意味。

▶出典
[7] 阿部彩「現代日本の社会的排除の現状」福原宏幸編著『社会の排除／包摂と社会政策』法律文化社、2007年、131頁

▶出典
[8] 阿部彩『子どもの貧困――日本の不公平を考える』岩波書店、2008年、147-148頁

卒業5.6%となっています。対象者の平均年齢は50歳代ということですが、それを考慮に入れても、学歴の低い人たちが多くを占めています。

また、**OECD**[*]が実施している「生徒の学力到達度調査（Programme for International Student Assessment; PISA）」の結果から知ることのできる15歳の子どもの学力格差と親の学歴および親の職業との関係[†8]、を見ると、親の学歴や社会経済的地位によって子どもの学力に格差が生じており、それが拡大していること（少なくとも、2003〜2006年にかけて）が明らかになっています。

これらのデータから推測できることは、義務教育の終了段階までに、親の学歴や社会経済的地位の違いが、大きな学力格差を生み、低学力のまま義務教育を終えた子どもの一部が、将来的に社会的排除の状況に陥りやすくなるという危険性です。現実的に、学力差はすでに小学校の早い段階から生じているというのが私たちの実感ですし、高等学校に進学を希望する段階（**高等学校等就学支援金**[*]の制度は整ってきているものの）、あるいは大学などの高等教育機関に進学を希望する段階では、学費が払えないという経済的制約よりも、低学力という制約によって、進学をあきらめている青年が多い——もちろん、学力が十分に備わっており進学に熱意をもつ青年に対しては、奨学金などの制度の充実が望まれますが——ことが現状ではないかと思います。

ここまでは、貧困ないしは社会的排除は世代間で連鎖しやすいことを、学力を中心にみてきましたが、子どもへの影響は学力だけではありません。菅原[†9]による、世帯（対象数362）の収入と小学1年生の成績・問題行動・**QOL**[*]とが、どのように関連するのかを検討した調査によると、世帯年収が低い場合、それが母親の経済的困窮感や心理的QOLを経由して、養育の質の低下につながり、結果的に子どもの学業成績の低さ・問題行動の多さ・QOLの低さにつながっていること、また、世帯年収が低い場合、それが教育的・文化的投資の不十分さにつながり、結果的に学業成績の低さ・問題行動の多さにつながっていることが明らかにされました。前者の結果は「家族ストレスモデル」が当てはまること、後者の結果は「家族投資モデル」が当てはまることが立証されたのですが、家庭の貧困という環境は、子どもの学力だけでなく、子どもの問題行動（**SDQ**尺度を使用）やQOL（**小学生用QOL尺度**を使用）にもネガティブな影響を与えることがわかったのです。

保育者として、自分が関わっている子どもや家庭の経済状況を直接に支援することはできません。しかし、苦しい家計のなかで子育てをしている保護者の大変さに共感したり、その努力を承認したりすることを通

✳ 用語解説

OECD
（Organization for Economic Cooperation and Development）
経済協力開発機構の略語。ヨーロッパを中心に34の先進諸国が加盟する国際機関で、国際経済動向、貿易、開発援助に加えて、持続的開発やガバナンスに関する加盟国の分析・検討を行っている。

✳ 用語解説

高等学校等就学支援金
2014年4月入学者より適用。旧制度は、公立校では授業料不徴収制度、私立校では就学支援金制度と呼ばれていた。一定の所得に満たない世帯の高校生に対する授業料が学校設置者（都道府県や学校法人）に支給される。

▶ 出典

†9　菅原ますみ『子ども期の養育環境とQOL』金子書房、2012年、17-19頁

✳ 用語解説

QOL
Quality of Lifeの略語で、生活の質と訳されることが多い。物質的な豊かさや受けるサービスの量などとは別に、人がどの程度人間らしく・自分らしく満足しながら生きているかを示す指標。

✚ 補足

SDQ
Strength and Difficulty Questionnaireの略語で、「子どもの強さと困難さアンケート」と訳されることが多い。5つのサブスケール（行為、多動・不注意、情緒、仲間関係、向社会性）、25項目で構成されている。

第2章　多様な側面における子どもの発達

◆補足

小学生用QOL尺度
古荘純一が海外版をもとに開発した日本版の尺度で、身体的健康、情緒的ウェルビーイング、自尊感情、家族、友だち、学校生活という6側面、24項目で構成されている。

じて、また、保育の場においては、家庭で足りない可能性のある教育的・文化的資源にできる限り子どもが接することのできるような配慮など、保育者として貧困や社会的排除の連鎖を断つためにできることは、さまざまにありうると思います。関わる子どもの家庭環境にいつも敏感でいられる保育者としての成長が期待されています。

レッスン4　発達と環境との関係

演｜習｜課｜題

①生まれもった特性によって分類される気質のタイプに「扱いやすい子」「扱いにくい子」「平均的な子」「順応に時間のかかる子」がいますが、このうち「平均的な子」をのぞく3タイプの乳児にはどのような特徴があるでしょうか。調べてみましょう。

②貧困の状況を示す指標として「絶対的貧困」と「相対的貧困」とがあります。両者の違いが明確に説明できるよう調べてみましょう。

③貧困による不利益が蓄積する様相を説明する「家族ストレスモデル」と「家族投資モデル」について具体的に調べてみましょう。

レッスン**5**

感情・自己意識の発達

乳児は生後しばらく、感情と呼べる反応を示しませんが、やがてそれは多様で複雑な感情に分化していきます。また、自分が感じ取る刺激に反応しているうちに、自他の区別すなわち自己意識も芽生えてきます。本レッスンでは、子ども期における感情および自己意識に関する先行研究のうち、保育を担う者にとって参考となるものを選んで提示します。

1. 刺激の受容と反射的な応答

　人間は、誕生直後から、外界からの多様な物理的刺激を感受できるよう、感覚器官がある程度機能する状態で生まれてきます。また、自ら外界の対象に向けて働きかけられるよう、運動器官もある程度機能する状態で生まれてきます。つまり、胎児期の間に感覚器官も運動器官も、出生直後からの発達に役立つような準備状態にあります。

　たとえば、人間の感覚器官のなかで特に重要な「聴覚」と「視覚」についてみてみましょう。聴覚については、胎齢20週ごろには、母体内の血流音や心音を、28週を過ぎる頃には腹壁越しに外界の音も聞くことができるようになります。視覚については、胎齢30週ごろには網膜に血管が形成され、35週ごろには新生児とほとんど変わらない視力が備わっていることが知られています。

　また、運動器官については、そのほとんどが**原始反射***と呼ばれる特定の刺激に対する定型的応答パターンが生得的に備わっています。たとえば、新生児が自分の生命を維持していくうえできわめて重要な母乳や人工ミルクを飲むために必要な吸啜反射がありますが、これは、口唇部に何らかのものが触れるとそれを吸おうとする応答のことです。こうしたいくつかの「刺激→応答」という組み合わせが基礎となって、新生児は、外界に適応しながら自らの生命を維持し、その成長を確かなものにしているといえます。

2. 原初的情動と感情の芽生え・分化

　第1節で、授乳を受ける際に乳児が示す「刺激の受容と反射的な応答」

⊛ **用語解説**
原始反射
生得的に身についている「特定の刺激（身体の姿勢に関する情報も含む）に対する反応」である。授乳に関する一連の原始反射をあげれば、探索反射、補足反射、吸啜反射、嚥下反射となる。このほかに、把握反射や歩行反射などがある。

について説明をしました。これは、一過性のものではなく、乳児は空腹という「不快」の状態になれば泣くことでそれを周囲の大人に訴え、授乳を受けて「快」の状態になれば満足して眠るという繰り返される行動パターンです。こうした乳児の内面に生じていると推測される「不快」や「快」といった状態は、何らかの生理的な状態と密接に結びついており、感情の原初的形態ととらえることができるという意味から、自分で意識できる「感情」ではなく「**情動**」と呼ばれています。いずれにしても、この原初的情動を出発点として──外見的にとらえることのできる表情や行動の変化などをとおして──感情の生起およびその分化が観察できるようになっていきます。

　ところで、授乳の際、親（多くの場合、母親）は、じっと乳児の顔を見つめたり、**マザリーズ**[*]と呼ばれる語りかけをしたりしています。つまり、授乳の際に生じているのは、単に乳房・乳首あるいはミルクびんが乳児の皮膚に触れるという「刺激」に対する一連の「反射」だけではなく、親の姿や親の声に関する視覚・聴覚をとおした「随伴的な認識」なのです。

　このように、授乳を受けるという文脈内で、「不快 → 快」という移行を経験する際、自分が認識する外的な対象を乳幼児が記憶していくとすれば、こうした「好ましい」移行を可能にしてくれる対象者に対して「好き」ないしは「うれしい」という感情を抱くようになると思われます。たしかに、**社会的微笑**が生後2か月〜3か月ごろからみられますが、これが「快」ないしはそこから生じた「喜び」「好き」といった感情によるものかどうかの判断は難しいと思われます。なぜなら、この社会的微笑は、あやされたり抱っこされたりという周囲からの刺激に対する反応であることは間違いないのですが、特定の人でなくても（誰からアプローチされても）引き起こされるからです。もちろん、これは、赤ちゃんのなかに社会性が芽生えていることを示すものですが、少なくとも特定の人物を認知して「うれしい」「好き」を感じるのは、人見知り（分離不安）が始まるころを待つことになります。

　こうした感情（情緒）の発達過程を、表情の分析研究によって明らかにした**スルーフ**[*]の成果を、坂上[†1]の紹介を参考にしながら整理してみます。

　スルーフは、喜び・恐れ・怒りなどの生後半年ごろになってみられるいわゆる感情らしい感情（彼は、これを「真の成熟した情動」と呼びます）に先行するものとして、「前情動的反応」と「先駆情動」を想定しています。新生児期において、外的・内的諸事象が生理的な変化を引き起こ

✳ 用語解説

マザリーズ

IDS（Infant-Directed Speech）とも呼ばれ、乳幼児に対して大人から自然に発せられる語りかけ方。普段より速度が遅い・ピッチが高い・抑揚が大きいという特徴があり、言語圏・文化圏を超えて共通している（児玉珠美「0歳児におけるマザリーズの効果に関する一考察」『名古屋女子大学紀要（人文・社会編）』(61)、2015年、261-263頁）。

✚ 補足

社会的微笑

誰に対してもむけられていた社会的微笑が、親しい人に対してのみ選択的にむけられるようになるのは生後5〜6か月以降である。

👤 人物

スルーフ
(Sroufe, L.A.)
米国ウィスコンシン大学で1967年に博士号を取得。同大学の名誉教授。現在、ミネソタ大学「子どもの発達研究所（Institute of Child Development）」に所属。

▶ 出典

†1 坂上裕子「乳幼児におけるフラストレーション／怒りの発達過程の検討──児の縦断的自然観察から」『青山学院大学教育人間科学部紀要』1、2010年、219-241頁

図表5-1 スルーフによる感情の分化過程①

し、興奮や緊張状態が導かれますが、これが前情動的反応です。この反応は、事象の内容や意味に関する認知的評価を経ることなく、単に刺激の物理的・量的特徴によって生じるため、情動とはいえないとされています。生後3か月ごろになると、刺激の内容に対応する反応としての先駆情動がみられるようになります。この段階は、事象を認知的に評価している点では情動といえますが、事物の一般的な意味（個人にとっての主観的な意味でなく）に基づいて生じ、反応が生じるまでに刺激の反復やある程度の時間を要するという点で、成熟した情動ではないとされています。そして、生後6か月を過ぎると、記憶力の発達ともあいまって、事象に対する予期が形成され、過去の経験に照らして事象の意味が主観的に評価されたうえでの反応、すなわち真の成熟した情動（喜び、恐れ、怒り）が生じるようになるとされています（図表5-1）。

では、具体的にいつごろ、どのような感情がどのように**分化**していくのかを、3歳くらいまでを見通して、以下に整理してみます。

まず、誕生直後から「満足」「苦痛」「興味」といった3種類の**感情の萌芽**（前情動的反応）がみられます。生後2～3か月になると先駆情動としての「喜び」「悲しみ」「怒り」、4～5か月で「嫌悪」といった先駆情動も現れます。6～7か月で真の感情としての「喜び」が、9か月ごろに真の感情としての母親への「愛着（愛情または喜び）」と見知らぬ人への「恐れ」が現れます。生後1年になると、「すねる」「不安」「得意」といった感情も出現してきます。1～2歳では、自己意識が芽生え、「恥」や「愛情」「嫉妬」といった感情が、2歳になると社会のルールを内在化できるようになり、「恥」「罪悪感」や「誇り」といった感情が、そして、3歳になると、大人が示すほぼすべての感情が出そろうとされています（図表5-2）。

◆補足
感情の萌芽（＝系統）
スルーフは、誕生直後の感情の萌芽を「系統」として扱っている。すなわち、満足を「楽しさ・喜び系」、苦痛を「用心・恐れ系」、興味を「フラストレーション・怒り系」と呼んでいる。

図表 5-2 スルーフによる感情の分化過程②

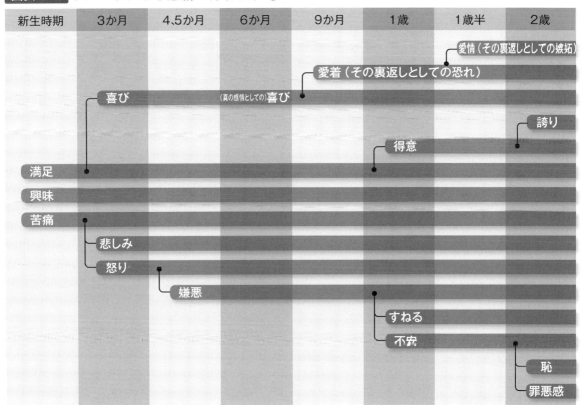

　以上から、まず、見知らぬ人への「恐れ」は特定の大人に対する「愛着」の裏返しですので、これについては、心配するよりもむしろ正常な発達の現れであることをしっかりと心にきざみこんでおきましょう。次に、どの子どもも自分の周囲で起きている事象が、自分にとってどのような意味をもっているのかを正しく把握・解釈できることが、十分な感情の発達を導くと解釈できます。たとえば、褒められているのにそのことに気づきにくい子どもは、「誇り」の感情が育たない可能性があります。褒められていることがしっかり伝わる工夫、褒められていることを素直に受容できるようになる工夫を重ねる必要があるでしょう。つまり、保育者としては、事象の把握・解釈がうまくできない子どもに対しては、それが十分にできるよう支援することが求められます。最後に、「楽しさ・喜び系」の感情を発達させることは重要ですが、人は常に成功したり適切に行動したりできるとは限りません。失敗や逸脱から学んでいくことも多く、それらも重要な経験です。この点を踏まえるならば、「恥」や「罪悪感」といった感情の効用も視野に入れながら、子どもの保育を進めていく必要があります。

第2章 多様な側面における子どもの発達

3. 感情のコントロールと自己調整機能

1 感情のコントロールの発達

　第2節では、感情が分化していく発達過程を学びましたが、本節では、幼い時期に自分の感情をストレートに表出していた子どもが、成長にともなってそれを自分の意思でコントロールしていく姿を追ってみたいと思います。

　発達の初期に、乳児は、体をのけ反らす、顔を紅潮させる、大泣きをするなど、自分の怒りの感情をそのままさまざまな姿で表出します。ところが、1歳を過ぎるころになると、たとえば、遊んでいるおもちゃなどを人から「ちょうだい」といわれた場合、すぐに「イヤだ」と拒否することは減ってきます。むしろ、ものを媒介にした他者とのやりとりを楽しむ姿さえみられるようになります。これが、感情のコントロールといえるかどうかの判断は難しいところですが、少なくとも、「ちょうだい」「もってきて」「どうぞ」「ありがとう」といった言語をとおした意思の疎通に喜びを感じていることは間違いありません。

　ところが、2歳前後からは、こうした「自分は他者と意思疎通できる」という自信が自我の芽生えにつながり、たとえば、外出の時間になって、遊びを中断させられたり、おもちゃなどを片づけるようにいわれたりすると、かたくなに抵抗・反抗するなどといったことが増えてきます。こうした時期は**第一次反抗期**（イヤイヤ期）と呼ばれますが、この時期を迎えた保護者は、感情のコントロールができないわが子に翻弄されてしまいます。特に、3歳のころは、自分の持ち物、自分の空間、自分なりの手順、自分のテンポ・ペースに大きなこだわりをもつようになるので、保育所などの集団内では、友だちとのトラブルは必然的に起こります。こうした様子は、おおむね4歳くらいまで続きます。

　ところが、4歳以降になると、子どもは自分の意思によって感情をコントロールできるようになります。これは、主に相手の気持ちを推し量る能力である「**心の理論**[*]」の発達によるものだと考えられています。

　ここで、コールという研究者による有名な実験[2]を紹介します。

> 　3〜4歳の女児たちが、別々に、自分が本当は欲しくなかった贈り物をほかの人からもらったとき、どのような表情や言葉を示すのかが観察されました。一人で贈り物の包装を開ける条件では、多くの女児は、年齢に関係なく、素直にがっかりした

◆ 補足

第一次反抗期

第一次反抗期は、幼児期（2歳前後から4歳前後）に、周囲への反抗的態度・行動が頻繁に示される時期のこと。これに対し、第二次反抗期は、青年期になって周囲への反抗的態度・行動が頻繁に示される時期のこと。いずれも、順調な発達の一指標と考えられている。

✖ 用語解説

心の理論

相手の行動を、〜をしようとしている（意図）、〜をしたいと思っている（欲求・願望）、〜なはずだと思っている（信念）、〜を知っている（知識）といった心の状態の観点から、理解しようとする体系のことを指す（林創『子どもの社会的な心の発達──コミュニケーションのめばえと深まり』金子書房、2016年、3頁）。

▶ 出典

†2 Cole, P. M. (1986). Children's Spontaneous Control of Facial Expression. *Child Development,* 57, 1309-1321

表情を示しました。ところが、贈り物をくれた人がまだ目の前にいて、贈り物の包装を開ける条件では、多くの3歳児はがっかりした表情を示したのに対して、多くの4歳児はがっかりした表情を示すことはなく（感情をコントロールして）、なかには、ほほえんで「ありがとう」とお礼をいう子もみられました。

　この実験は、個人差はあるものの、おおむね4歳ごろから、自分の感情を調整できるようになってくることを示しています。つまり、「せっかく贈り物をしてくれたのだから、失望の表情を示してしまっては、相手を傷つけてしまうだろう」という他者の気持ちを推測する力、すなわち心の理論が発達していることがうかがえます。

　保育者としては、感情のコントロールが難しい時期に、幼児が保育者も含めた周囲の人々との葛藤を多様に経験することで、徐々に相手の意図や欲求を察するようになっていくという発達の道筋をしっかりと覚えておく必要があります。たとえば、ある子どもが危険な行為に関心をもっているときは、どうしてもそれを中断させる必要があります。こうした保育者としては絶対に譲れない葛藤場面では、「なぜ制止させられるのか、その理由をきちんと子どもに説明する」などの関わりは重要となってきます。

2　自己調整機能の発達

　本節の第1項で述べた、4歳児以降の子どもが明確に示すようになる自分の感情を調整する力は、自己調整機能という枠組みからもアプローチされています。この自己調整機能は、**自己主張**と**自己抑制**によって説明されます。たとえば、自分のほしいものがあるとき、自分の使いたいものがあるとき、はっきりと相手にそのように伝えることは「自己主張」、相手にほしいものがあるとき、相手の使いたいものがあるとき、はっきりと「どうぞ」と、それを譲ったり渡したりできるのは「自己抑制」です。

　伊藤[3]は、自己主張を「相手から適切な態度や行動を引き出すという目的をもって、正当な理由に基づいて自分の立場や考えをはっきりと相手に伝えること」、自己抑制を「相手と自分の立場や関係性を判断したうえで、納得して自分の欲求を抑えること」と定義しています。いずれも、社会的に望ましい行動としてとらえられていることに留意する必要があります。つまり、「自己主張」は「大声や大げさなパフォーマンスでめだったり我を通したりすることではない」し、自己抑制は「不満やしこりや反感が心のなかに残っているような我慢とは異なる」のです。

◆ 補足

自己主張と自己抑制
この2つは、日常的には、「自己主張が激しくて困る」「自己抑制が強くておとなしすぎる」など、どちらもネガティブなニュアンスで使用されることも多く、学問的な定義をきちんと踏まえておくことが大切である。

▶ 出典

†3　伊藤篤「幼稚園児の自己主張・自己抑制の発達的変化（2）——横断データと縦断データの比較」神戸大学発達科学部人間科学研究センター編『人間科学研究』10、2002年、37-48頁

両者の関係については、かつては、「自己主張が強い子どもは自己抑制が弱い（あるいは、その逆）」といったように、一次元的な（トレードオフの）関係としてとらえられていましたが、近年では、両者はそれぞれ独立した能力であり、それぞれがバランスよく発達していくことが望ましいと考えられるようになってきました。

　この自己調整機能の発達的変化に関する研究の多くは、幼児期の子どもを対象に、他者評定による尺度得点の変化を用いて実施されています。そして、こうした研究の多くから、自己主張得点と自己抑制得点は、4歳児から5歳児にかけてではどちらも明確に伸びていく一方で、5歳児から6歳児にかけては、あまり明確に伸びていかないということが知られています。

　保育者としては、上記のような変化の全体傾向を頭に入れて子どもたちに対応する一方で、個別的な子どもの理解も求められます。「この子の自己調整機能は十分に育っているのだろうか」「育っていないとしたら、それは主張の側面なのか、それとも抑制の側面なのか」「就学後、今と同じように極端に主張が弱いと、この子にとってどんな不利益が生じるだろうか」など、子どもの将来も見据えながら、一人ひとりの自己調整機能の発達を促すことも、保育者の重要な役割です。

4. 自己意識の発達的変化

1 幼少期の自己意識

　人がその人らしく成長・発達していくことの重要性に異を唱える人は、ほとんどいないと思います。「その人らしさ」は、その人の行為、言葉遣い、考え方、感情の表し方などをとおして推測することができます。こうした、ある人物に一貫したまとまりを与えているものを、心理学では「パーソナリティー」と呼んでいます。このパーソナリティーは、加齢とともに徐々に形成されていくと考えられますが、その発達の中心的なテーマになるのが、人が自分自身をどのようにとらえるかという「自己意識」です。

　速水[4]に従って、乳児期から児童期にかけての「身体」「鏡像」「名前」をとおした自己意識の発達過程を整理すると、以下のようになります。

▶出典
†4　速水敏彦「4章 パーソナリティの発達」小島秀夫・速水敏彦編『子どもの発達を探る（Introduction to Psychology 3）』福村出版、1990年、93-96頁

レッスン5 感情・自己意識の発達

【感覚をとおした身体的自己意識の発達】

生後3か月ごろまで：自分の体の一部（手や足など）が自分に属するという認識がない状態（たとえば、自分の手や足を外界の事物のひとつとして誤ってかんで泣くこともある）から、主にハンドリガード*といった行動によって、外界の事物と自分の身体とを区別できるようになる。

【鏡像をとおした自己意識の発達】

生後4か月ごろ：母親が鏡に映れば、それを母親と認識できるが、自分の鏡像には反応しない。その後、自分の鏡像にも反応し始めるが、遊び仲間のようにとらえている（話しかける、ふれてみようとするなど）。

生後6～7か月ごろ：自分の体と鏡像とを比較し始める（ある動作を繰り返して鏡像の変化を確かめようとする）。

生後12～16か月ごろ：鏡に映った自己を避けるような行動がみられるようになる。マークテスト*では、生後12か月くらいまでは、鼻先のマークを取ろうとはしない（鏡像が自分だとは認識できていない）。

生後21か月以降：マークテストを実施すると、鼻先のマークを取ろうとする行動が頻繁にみられるようになる（鏡像が自分だと認識できている）。

【自分の名前に対する反応から見た自己意識の発達】

生後12か月前後：1歳前後までは、誰の名前で呼ばれても、笑い返すだけであり、それ以後は、誰の名前で呼ばれても「はい」という言葉を返してしまうこともある。

生後18～20か月ごろ：1歳半ごろには、自分のことを自分の名前で呼ぶようになる。また、20か月ごろから、「○○ちゃんはどこ？」といわれると自分を指すことができるようになる。友だちの名前を聞くと、自分の名前を呼ばれたときよりも正確にその友達を指し示すことができる。

2～3歳ごろ：会話のなかで、自分の名前の代わりに一人称代名詞の「私」を使う頻度が高くなる（自分の意思を主張できることであり、他者と区別された自己に気づいている証拠）。

✳ 用語解説
ハンドリガード
視覚とともに口唇の感覚も敏感な乳児は、なめることで手の形やかたさを脳に伝え、手からはなめられたときの感触が脳に伝わる。このように、眺めたりなめたりして、自分の手を確認する行動をハンドリガードと呼ぶ。

✳ 用語解説
マークテスト
子どもに気づかれないように、頬や鼻など自分では見ることのできない部位に口紅やシールなどをつけておき、子どもが鏡に映った自分を見たとき、それを取りのぞこうとする行動がみられたら、自己の認識があると判断する実験課題のこと。ルージュテストとも呼ばれる。

以上のように、身体が外界から区別され自分に属するものであるという自己認識から始まり、鏡に映った自己像や自分の名前を呼ばれる経験

第2章　多様な側面における子どもの発達

などをとおして、社会的な関係のなかに自己の存在があることを知り、さらに自己の存在を主張できるようになるまでには、約3年を要することがわかります。2～3歳ころは、第一次反抗期のところでも述べたように、「自分の所有物」など、「自分なりの～」に強いこだわりをもつ時期に入ります。したがって、自分を表現するときにも、たとえば、「プラモデルをたくさんもっているボク」のように、自分の所有物を利用することが多いという特徴がみられます。

2　就学以後の自己意識——外面から内面へ

　学校に通い始めてからの子どもの自己意識は、どのように変化していくのでしょうか。渡辺[5]が興味深いとして紹介しているモンテメイヤーらの調査研究をみてみましょう。

　調査の対象は10～18歳の青少年で、20答法と呼ばれる文章完成法が使われました。つまり、自分の特徴や属性を「私は……です」という文章内の「……」にあたる部分に書き記すという方法です。多様な回答を、「身体的特徴」「持ち物」「対人関係様式」「独自の存在」「職業的役割」「思想や理念」というカテゴリに分けて、その出現比率を年齢別（10歳・12歳・14歳・16歳・18歳）に分析しています。

　カテゴリごとに、それらの出現率を10歳から18歳にかけて拾ってみると、身体的特徴は90%弱から20%弱に、持ち物は50%強から10%弱に減っているのに対し、対人関係様式は約45%から約90%に、独自の存在は0%から50%強に、職業的役割は約5%から約40%に、思想や理念は約5%から40%弱に増えています。ここから、児童期後期では身体特徴や持ち物などの具体的な言葉によって自己を記述するが、青年期前期以降になると、より抽象的で主観的な記述によって自己を記述することが多くなるといえます。いいかえると、自己概念の内容が、外面的なものから内面的なものへ、具体的なものから抽象的なものへと、豊かになっていることが明らかにされています。

　以上のように、就学後の自己意識の発達は、思春期のころに始まる急激な身体・性的な発育、抽象的思考能力の発達、社会的対人関係の拡大などが、大きな原因となっています。児童期から青年期にある青少年に関わる保育者にとって、こうした一般的な傾向を踏まえた対応が求められるとともに、一人ひとりの自己概念がどのように形成されているのか——たとえば、本レッスンで扱うことができなかった「自尊感情」「コンピテンス」「ジェンダー観」も含めて——をていねいに読み取り、彼らの自己意識が豊かになっていくような支援を継続することが大切に

▶出典
[5]　渡辺弥生『子どもの「10歳の壁」とは何か？——乗り越えるための発達心理学』光文社新書、2011年、67-68頁

なってきます。

演 習 課 題

①心の理論の発達を調べるために、「誤信念課題」という研究方法を使うことがあります。この課題についてくわしく調べてみましょう。

②乳幼児期の自己意識の発達を学びましたが、実際に乳幼児を保育するにあたって、この自己意識の発達とかかわらせて、どのような点に留意したらよいでしょうか。グループで話し合ってみましょう。

③児童期から青年期にかけての「自尊感情」「コンピテンス」「ジェンダー観」の発達過程について調べてみましょう。

レッスン**6**

身体・運動機能の発達

人間の発達は、受胎から始まります。本レッスンでは、これを出発点として、胎児の身体と運動機能がどのように発達していくのかを学びます。さらに、出生後の子どもの健康と安全を守るという保育者の役割に関連すると考えられる内容を選択して説明していきます。

◆ 補足
受胎
受精時を発達の始期ととらえることもありうるが、受精卵がすべて胎児になるわけではない（受精卵が子宮内に着床するのは30％程度）ので、本書では、発達の始期を受胎（着床）時としている。

▶ 出典
†1　菅野幸恵・塚田みちる・岡本依子『エピソードで学ぶ赤ちゃんの発達と子育て──いのちのリレーの心理学』新曜社、2010年、3-7頁

✳ 用語解説
妊娠週数
母親の最終月経の初日からカウントした指標。最初の1週間を0週としている。在胎週数でカウントすることもある。

1．胎児の身体・運動の発達

　本節では、**受胎**（着床）から始まる胎児期における身体の変化と胎児の運動について、菅野・塚田・岡本[†1]を参考にしながら整理していきます。

　受精卵の大きさは約0.1mmです。それが、分裂を繰り返して子宮内に着床する直前に「胎盤」と「胎児」に分かれます。この２つをつなぐのが臍帯です。胎児は胎盤をとおして、栄養と酸素を取り込み二酸化炭素と老廃物を排出します。妊娠期（胎児期）は、胎児の発達的特徴によって「妊娠初期（０〜15週）」「妊娠中期（16〜27週）」「妊娠後期（28週以降）」の３期に分けられます。ここでの週数は「**妊娠週数**[*]」です。

　妊娠初期には、顔、目、耳、腕、足のような外部の容貌・容姿が形成されますが、特に、頭部は著しく発達します。また、内臓器官も形成されます。最初に確認できる臓器は心臓で、受精から約21日目ごろに拍動を開始します。人間としての原型がほぼ出来上がる時期である15週ごろには、身長は約16cm、体重は約100gまで成長します。神経系の発達にともなって、８週ごろから、胎動（身体全体を大きく動かす、四肢を曲げ伸ばしするなど）と呼ばれる運動も開始します。

　妊娠中期には、頭部以外の身体の発育が進みます。また、胎動（四肢の運動）も活発になってきます。この時期までに、重要な発達の段階はほぼ終わり、27週ごろには、身長は約35cm、体重は約1,000gまで成長します。すでに７週以降には精巣・卵巣が分化し外性器が形成されていきますが、超音波診断によって性別が確認できるのは、妊娠中期（16週過ぎ）に入ってからです。

　妊娠後期には、出生に向けてさらに体重が増加します。脳神経の発達にともない、感覚器官が成熟します。また、出生後の生活に備えるため

の原始反射または新生児反射（たとえば、吸啜反射と呼ばれる指しゃぶり）もみられます。胎動は30週ごろに最も活発になりますが、その後回数は徐々に減っていきます。さらに、妊娠初期（12週ごろ）から始まっていた肺と横隔膜による呼吸（胎児期は羊水を吸ったり吐いたりしています）が、妊娠後期には活発になってきます。出産時には、身長は約50cm、体重は約3,000gになっています。

2．生後の子どもの身体発達

本節では、出生後の子どもが成人になるまでの「身体」の変化を、主に「**発育パターン**＊」「成長曲線」「体格指数」という3つの観点から、主に長谷川[†2]を参考にしながら整理していきます。

1　発育パターン

身体は数多くの要素から形成されていますが、それらの要素が相互に複雑に関係し合いながら発達していきます。**スキャモン**＊は、こうした大変に複雑な構造を4つの系統に分類したうえで、20歳の平均的な到達レベルを100％として、それまでの各年齢における平均的な到達レベルを比較しました（図表6-1）。

◉用語解説

発育パターン
身体の年齢的変化は一様ではなく、その系統（一般型・神経系型・生殖系型・リンパ系型）によって異なる。この異なる様相を、ここでは「発育パターン」と呼ぶことにする。

▶出典

†2　長谷川恵美子「第Ⅳ章　子どもの身体の成長」伊藤亜矢子編『エピソードでつかむ児童心理学』ミネルヴァ書房、2011年、57-59頁

👤人物

スキャモン
(Scammon, R. E.)
1883〜1952年
アメリカの医学者・人類学者。彼が1930年に発表した発育型曲線は、厳密な科学的測定に基づくものではないとの批判もあるが、成人までの発育的変化をうまく説明しているため、現在でも頻繁に引用・活用されている。

図表6-1 スキャモンの臓器別発育曲線（系統別発育パターン）

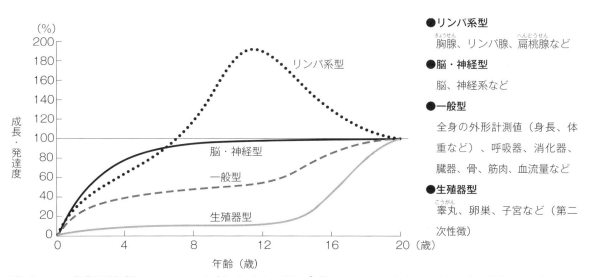

出典：Scammon R. E.(1930) "The measurement of the body in children", The measurement of man, University of Minnesota Press. をもとに作成

第2章　多様な側面における子どもの発達

　その結果、一般型（代表的指標は身長や体重）は、新生児・乳幼児期に大きく成長し、その後やや停滞し、思春期以降にふたたび大きく成長するというS字型の様相を、神経系型（頭囲に代表される脳・脊髄など）は、乳幼児期の間にほぼ成人のレベルにまで達するという様相を、生殖器系型（代表的指標は性腺）は、思春期以前までは停滞し、思春期に入ると急激に成人のレベルにむかうという様相を、そして、リンパ系型（胸腺など免疫系組織）は、思春期には成人の約2倍程度の重量にまで達し、その後徐々に成人のレベルに減少するという様相を示すことが明らかにされました。

　こうした発達の様相は、あくまで平均的な発育上の変化ですが、次に示す成長曲線や体格指数の年齢的変化も含めて、標準的変化から大きく逸脱する子どもや青年のケースに接した場合には、小児科医などの専門職に相談することをすすめるという対応が求められます。

2　成長曲線

　妊娠がわかった時点で各家庭が提出する「妊娠届」を受けて自治体が**「母子健康手帳（市区町村によって呼称が異なる場合もある）」**を保護者に対して交付します。そこには、身長・体重の発達的変化を示した図が掲載されていますが、これらが**成長曲線**の代表例です。身長や体重だけではなく、頭囲、胸囲など測定によって数値化できるものであれば、どのような指標であっても成長曲線を描くことは可能ですが、ここでは身長・体重と頭囲に焦点を当てて説明をしていきます。

　母子健康手帳（省令様式の身体発育曲線の箇所）を見ますと、生後12か月まで毎月、子どもの身長と体重を記入できるグラフ（男児用・女児用、図表6-2）、1歳から6歳まで毎年、子どもの身長と体重を記入できるグラフ（男児用・女児用、図表6-3）、生後12か月までの毎月と1歳から6歳までの毎年の頭囲を記入できるグラフ（男児用・女児用、図表6-4）が載っています。いずれのグラフにも、**一定の範囲**（97と3という他に囲まれた部分）が帯状に彩色されています。これはたとえば、子どもが100人いたとした場合、発育の数値が最も小さい子ども3人とそれが最も大きい子ども3人が帯の外に入るという意味です（厚生労働省「平成22年乳幼児身体発育調査報告」）。

✛補足

一定の範囲
97は97パーセンタイルを示し、3は3パーセンタイルを示す。97パーセンタイルとは小さい方から98番目の子どもを指し、3パーセンタイルとは、小さい方から4番目の子どもを指すので、この範囲外に入る子どもは100人中6人となる。

レッスン6 身体・運動機能の発達

図表6-2 身体発育曲線（生後12か月まで）

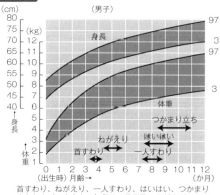
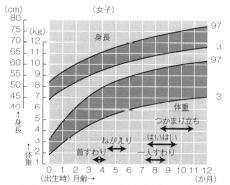

首すわり、ねがえり、一人すわり、はいはい、つかまり立ちおよび一人歩きの矢印は、約半数の子どもができるようになる月・年齢から、約9割の子どもができるようになる月・年齢までの目安を表したものである。

首すわり、ねがえり、一人すわり、はいはい、つかまり立ちおよび一人歩きの矢印は、約半数の子どもができるようになる月 年齢から、約9割の子どもができるようになる月・年齢までの目安を表したものである。

出典：母子健康手帳をもとに作成

図表6-3 身体発育曲線（1〜6歳）

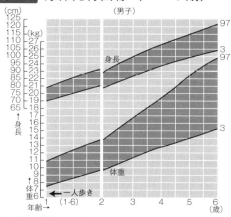
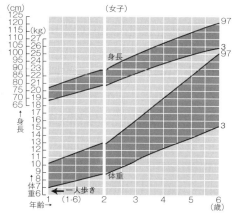

出典：母子健康手帳をもとに作成

図表6-4 頭囲

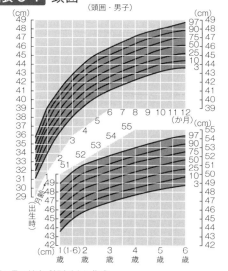
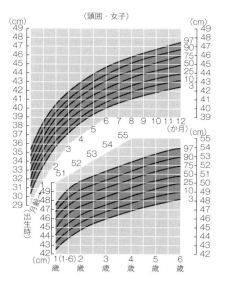

出典：母子健康手帳をもとに作成

63

第 2 章　多様な側面における子どもの発達

図表 6-5　身長体重曲線

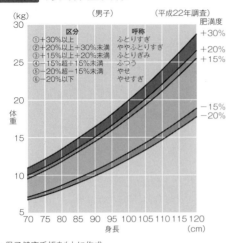
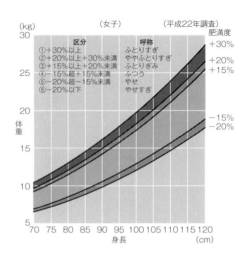

出典：母子健康手帳をもとに作成

◆ 補足

成長障害
この原因のひとつとして、親などから精神的・身体的な虐待やネグレクトを受けることがあげられる。そうしたケースは「愛情遮断症候群」と呼ばれている。

▶ 出典

†3　日本学校保健会ホームページ「特集第1回『成長曲線』——学校での成長曲線の活用」
http://www.gakkohoken.jp/special/archives/199

　この帯の範囲に沿って身長と体重が増加していくことが成長の目安となりますが、この範囲から外れていたとしても、このラインに沿って一貫して成長していればあまり問題はありません。むしろ、帯の内側にあっても帯の外側にあっても、途中から急激に上昇したり下降したりした場合（これを「**成長障害**」と呼ぶこともあります）に留意が必要だといわれています。さらに母子健康手帳には、身長体重曲線と題して、身長の値と体重の値とが交差する点を記入できるグラフ（男児用・女児用、図表6-5）が載っています。図表6-5は「太りすぎ、やせすぎ」の目安となる指標です。

　日本学校保健会†3によると、成長曲線を描くことには、「成長障害の早期発見、早期治療につなげられる」「その時点まで成長が適正であることの保証ができる」という2つの意味があるとのことです。前者の成長障害の原因は、成長ホルモンや甲状腺ホルモンの不足、軟骨の形成に関わる病気、染色体の問題などであり、その多くは早期に見つかれば対処できます。後者は文字通り、今後のことは別として、現時点まで、子どもは健やかに成長しているという判断、つまり安心の根拠です。

　発育は、以上のような遺伝も含めた身体内部からの要因だけではなく、環境要因にも大きく影響を受けます。親子の生活リズム・生活スタイル、周囲の自然環境、家庭環境（虐待やネグレクトの可能性も含む）などが複雑にからみあって子どもの成長に影響します。たとえば、極端な栄養不足によって、ある子どもの発達（身長や体重の発育）がひどく妨げられた場合、その原因としては、家庭環境としての「ネグレクト」が考えられますが、「貧困」もありえます。また、ある時期から急激に体重が

レッスン6　身体・運動機能の発達

増加した場合は、親子の不規則な生活リズムや間食が多いといった生活スタイルが影響しているといえるでしょう。

　肥満の防止、思春期やせ症の防止も含めて、幼少期からの生活習慣は、子どもの心身の成長・発達にさまざまな影響を及ぼすということを念頭において、保育者は保護者や子どもへの支援を考えることが重要です。

３　体格指数

　体が大きいとか、体つきがしっかりしているなど、身体の外見的特徴を一般的には「**体格**」と呼びます。また、学術的には、骨格・筋肉・皮下脂肪などで構成される身体全体の形態学的・数量的特徴を「体格」と呼んでいます。体格が幼少期から順調に発達していくことは非常に重要ですが、すでに述べたように、太りすぎ・やせすぎを正しくとらえて、それらを防いだり・治したりするためにも、「体格」に関する指標である「体格指数」を活用することは重要です。ほとんどの体格指数は、身長と体重をもとに算出されています。

　大人の肥満・やせなどを判断するためには**BMI**[*]という体格指数を利用することが多く、その算出法は「体重kg÷（身長m）^{2}」です。この指数によって、図表6-6に示すように、痩せ・標準・肥満の区別および肥満の程度が判断できるようになっています。

　これに対し、子どもについてのやせ・肥満などの判断は、子どもが発育の途上であることを考慮し、乳幼児（3か月〜5歳児）については「**カウプ指数**」が、学童期（小学生・中学生）については「**ローレル指数**」が使われます。また、この2つの指数は年齢の影響を受けやすいため、子どものやせ・肥満を判断するための別の指標として「肥満度」も利用されます。これらの体格指数について、その算出法と判定基準を整理しました（図表6-7）。

⊠ **用語解説**
BMI
Body Mass Index の略語。世界保健機関や日本肥満学会では、肥満・痩せを判定するために、この指数を採用している。

◆ **補足**
BMIとカウプ指数
BMIとカウプ指数の算出法をよく比較すればわかるが、単位（kgとg、mとcm）が異なっているだけで、実際には同じ計算によっている。異なるのは、得られた数値と判定基準との対応である。

図表6-6 BMIの指数（値）と「痩せ」「肥満」の判定基準

指数の値	判定基準
18.5未満	低体重（やせ型）
18.5〜25未満	普通体重
25〜30未満	肥満（1度）
30〜35未満	肥満（2度）
35〜40未満	肥満（3度）
40以上	肥満（4度）

出典：日本肥満学会「肥満症診療ガイドライン2016」2016年

第2章　多様な側面における子どもの発達

■ 補足
カウプ指数の判定基準
カウプ指数の判定基準は、年齢別に細かく示されているものもある。

図表6-7 カウプ指数・ローレル指数・肥満度の算出法と判定基準

指数（対象）	算出法	判定基準
カウプ指数 （乳幼児）	〔体重g÷（身長cm）^{2}〕×10	22以上：太りすぎ 19以上22未満：優良または肥満傾向 15以上19未満：標準 13以上15未満：やせ 10以上13未満：栄養失調 10未満：消耗症
ローレル指数 （小・中学生）	〔体重g÷（身長cm）^{3}〕×10^4	160以上：肥満 140以上160未満：肥満傾向 120以上140未満：標準 100以上120未満：やせ 100未満：やせすぎ
肥満度〔%〕 （乳幼児および 小・中学生）	〔（実測体重kg－標準体重kg）÷ 標準体重kg〕×100	＋30%以上：太りすぎ ＋20%以上＋30%未満：やや太りすぎ ＋15%以上＋20%未満：太りぎみ ＋15%以上－15%未満：ふつう －15%以下－20%未満：やせ －20%以下：やせすぎ

出典：大西文子編『子どもの保健演習』中山書店、2012年、44頁を一部改変

　保育者としては、自分が関わる子どもや青年の体格にも日ごろから気を配り、学校などで実施される健康診断の結果から得られる指標も活用しながら、やせすぎや太りすぎのケースに接した場合は、次の節で示すような支援を展開することが求められます。

3.　子ども・青年の肥満と痩身

　肥満は、体脂肪が過剰に蓄積された状態であり、一般に、体重の増加や、本レッスンの第2節で述べた指数などによって判断することができます。肥満には、何らかの原因となる疾患がある「症候性肥満」と特別な疾患がみられず過食や運動不足による「単純性肥満」に大別されます。
　子どもの肥満に関する統計は、文部科学省による「学校保健統計調査」（2012年）によって知ることができます。この結果の概要によると、1977（昭和52）年度以降、肥満傾向児は男女ともに増加傾向にありましたが、2003（平成15）年度あたりから減少傾向になったとされています。
　次に、2016（平成28）年の「学校保健統計」を見てみます。ここには、肥満傾向児と痩身傾向児の出現率（%）が、男女別、年齢別（幼稚園：5歳〜高校3年生：17歳）に集計されています（図表6-8）。これを見ますと、肥満傾向児の出現率については、男女ともに、年齢が上がるにつれて高くなっています。男女ともに、5歳は2%台、6歳は3〜4%台、7歳は5%台、8歳は6〜7%台となっています。それ以上の年齢（9

レッスン6　身体・運動機能の発達

図表6-8 肥満傾向児と痩身傾向児の出現率の推移
(%)

区分		肥満傾向児					
		男子			女子		
		平成28年度 A	27年度 B	前年度差 A－B	平成28年度 A	27年度 B	前年度差 A－B
幼稚園	5歳	2.68	2.34	0.34	2.44	2.24	0.20
小学校	6歳	4.35	3.74	0.61	4.24	3.93	0.31
	7歳	5.74	5.24	0.50	5.18	5.00	0.18
	8歳	7.65	6.70	0.95	6.63	6.31	0.32
	9歳	9.41	8.93	0.48	7.17	6.99	0.18
	10歳	10.01	9.77	0.24	7.86	7.42	0.44
	11歳	10.08	9.87	0.21	8.31	7.92	0.39
中学校	12歳	10.42	9.87	0.55	8.57	8.36	0.21
	13歳	8.28	8.37	△0.09	7.46	7.69	△0.23
	14歳	8.04	7.94	0.10	7.70	7.14	0.56
高等学校	15歳	10.95	11.34	△0.39	8.46	7.82	0.64
	16歳	9.43	9.21	0.22	7.36	7.48	△0.12
	17歳	10.64	10.22	0.42	7.95	7.75	0.20

区分		痩身傾向児					
		男子			女子		
		平成28年度 A	27年度 B	前年度差 A－B	平成28年度 A	27年度 B	前年度差 A－B
幼稚園	5歳	0.24	0.40	△0.16	0.44	0.47	△0.03
小学校	6歳	0.45	0.41	0.04	0.40	0.48	△0.08
	7歳	0.41	0.47	△0.06	0.64	0.53	0.11
	8歳	1.16	0.79	0.37	1.07	0.98	0.09
	9歳	1.48	1.60	△0.12	1.86	2.02	△0.16
	10歳	2.49	2.81	△0.32	2.99	2.71	0.28
	11歳	2.94	3.18	△0.24	2.99	2.97	0.02
中学校	12歳	2.75	2.72	0.03	4.29	4.33	△0.04
	13歳	2.04	1.80	0.24	3.47	3.49	△0.02
	14歳	1.84	1.72	0.12	2.67	2.93	△0.26
高等学校	15歳	3.07	2.62	0.45	2.30	2.40	△0.10
	16歳	2.25	2.18	0.07	1.84	1.96	△0.12
	17歳	2.21	2.07	0.14	1.51	1.57	△0.06

出典：文部科学省「学校保健調査――平成28年度（確定値）の結果の概要」2017年

歳以上）になると、男子については、おおむね8%～11%台の範囲でほぼ漸進的に出現率が高くなっているのに対し、女子については、ほとんど7～8%台で出現率が横ばいとなっています。これらから、9歳（小学4年生）以降の男児の肥満に特に注意を要するといえます。

痩身傾向児については、5歳から11歳までは、若干女子の出現率が高い状態のまま、5歳の0.4%台から11歳の約3%へと漸進的に出現率が高くなっています。特徴的なのは、12歳から14歳（中学生）の間で

第2章 多様な側面における子どもの発達

す。平成28年度に限ってみると、男子の出現率（％）は順に、2.75、2.04、1.84であるのに対し、女子の出現率（％）は順に、4.29、3.47、2.67となっています。その後（15歳〜17歳、高校生）、男子は順に、3.07、2.25、2.21であるのに対し、女子は順に、2.30、1.84、1.51と、どちらも減少に転じています。これらから、中学生女子の痩身に特に注意が必要だといえます。

以前に比べて少なくなったとはいえ、小学4年生以降、肥満傾向の子どもが7％〜10％いることがわかりましたが、長谷川は、肥満（単純性肥満）の原因とその影響を次のようにまとめています[4]。

> ▶ 出典
> †4 †2と同じ、69頁

> ✦ 補足
> **思春期の子どもの肥満の判定**
> 思春期の子どもの場合、標準体重なのに脂肪が多いケース（隠れ肥満）や脂肪分は少ないのにがっしりとした体形のケース（非肥満過体重）などがありえるので、体重増加だけでなく、体脂肪率も考慮に入れる必要がある。

原因：
- ・食生活の欧米化（肉類の摂取量の増加、魚介類の摂取量の減少、脂質の過剰摂取、糖分を含んだ清涼飲料水の過剰摂取など）
- ・遊び方の変化による運動不足
- ・夜型生活習慣と睡眠不足による日中活動性の低下
- ・朝食を食べない
- ・夜食が習慣化している

影響：
- ・生活習慣病、睡眠時無呼吸症候群、関節障害などにつながる
- ・将来の高血圧、脂質異常症、糖尿病、心筋梗塞、脳梗塞などにつながる
- ・体形と運動能力の低下から、心の問題・社会性の問題につながる（いじめを受ける、体形への劣等感、自尊心の低下、外出を避けるなど）

また、肥満傾向に比べれば出現率は低いものの、痩身傾向も子ども・青年の発達には大きな影響を与えます。特に、育ちざかりの時期にみられる極端な運動やダイエット行為は危険であるといわれています。この極端なダイエット行為の原因とその影響を、長谷川は、次のようにまとめています[5]。

> ▶ 出典
> †5 †4と同じ

原因：
- ・肥満は悪いものという考え方を過剰に取り込んでいる
- ・テレビ・雑誌などに登場する人物がモデルとなる痩身願望
- ・精神的・心理的ストレスを受けている

レッスン6　身体・運動機能の発達

影響：

・身体の問題（無月経、貧血、栄養失調など）

・神経性無食欲症（拒食症：肥満を嫌悪したり恐れたりして、著しい体重減少や無月経をともなう疾患）につながる

・神経性大食症（過食症：食べる・吐くを繰り返す疾患）につながる

　以上から、痩身の場合には、身体への影響や拒食症・過食症などの病気につながる可能性が高いこと、肥満の場合には、身体への影響や病気につながる可能性が高いことに加えて、心の問題や社会性（人間関係）の問題にもつながっていることがわかります。保育者としては、関わっている子ども・青年が、**適度な運動**を取り入れながら、規則正しい生活習慣・適切な食習慣を身につけていくことの重要性を認識しておく必要があります。次節では、この適度な運動のあり方について、運動能力の発達と関わらせながら学びます。

4.　運動能力・体力の発達

　本レッスンの第1節では、すでに、胎児期の運動能力について、主に「胎動」と「原始反射」を中心に解説しました。出生後の運動機能の発達は、中枢神経系の成熟と関係していて、発達の原則と呼ばれるもののうち、主に「順序性・方向性」の原理に従って変化していきます。順序性の典型例は、「首がすわる→ねがえりをうつ→座る→はう→つかまり立ちをする→歩く」であり、方向性については、「頭部→尾部」「中枢部→末梢部」「粗大運動→微細運動」などの法則があります。おおまかにいえば、生後1年のあいだに、寝た状態から歩けるようになり、全身を使った大きな動きしかできなかった状態から徐々に手先などを使った局所的な動きが可能になっていくことになります。

　こうした**運動能力**[*]の発達が順調であるかどうかは、ある程度の時期までは、**発達検査（発達スクリーニング検査）** によって判断することができます。国立特別支援教育総合研究所が、そのホームページ内で紹介している発達検査は、「遠城寺式・乳幼児分析的発達検査法（九大小児科改訂版）」と「改訂日本版デンバー式発達スクリーニング検査」です。

　前者の検査の適用年齢は0か月から4歳8か月で、「運動（移動運動・手の運動）」「社会性（基本的習慣・対人関係）」「言語（発話・言語理解）」

◆ 補足
適度な運動
スポーツ選手を目指した幼少期の厳しいトレーニング（運動）の継続も、成長率の低下や第二次性徴の遅延を引き起こすことに注意が必要である。

※ 用語解説
運動能力
一般的には、私たちが日常生活を送るときに必要となる基本的活動能力のことをいう。ただし、体力（筋力、持久力、柔軟性、敏捷性など）との対比で使う場合は、体力に特定の運動・スポーツに必要なスキルを加えた力（走る力、跳ぶ力、投げる力など）を運動能力と呼ぶ。

◆ 補足
発達検査
発達検査では、運動能力だけではなく、社会性や言語などの状態も調べる。

69

第2章　多様な側面における子どもの発達

✱ 用語解説

通過率
ある課題や問題に取り組んだ人のうち、それを解決したり到達できたりした人の割合（百分率）。

▶ 出典
†6　榊原洋一監修、小林美由紀『これならわかる！子どもの保健演習ノート──子育てパートナーが知っておきたいこと（改訂第2版）』診断と治療社、2012年、32-33頁

という6つの領域から子どもの発達を捉えようとするものです。すべての検査項目には年齢別の**通過率**✱が示されており、たとえば、「移動運動」のうち「2～3歩、歩く」という項目では、「2～3歩どうにか一人で歩けたら合格」となっていて、その11か月の通過率は44.2%、1歳0か月～1歳1か月では68.3%、1歳2か月～1歳3か月では89.5%、1歳4か月～1歳5か月では98.0%となっています。

　後者の検査の適用年齢は生後16日から6歳で、「個人－社会」「微細運動－適応」「言語」「粗大運動」という4つの領域から子どもの発達をとらえようとするものです。検査用紙には、特定の行動（＝各検査項目）が獲得される年齢・月齢期間（幅）が視覚的に図示されています。すなわち、検査用紙の横軸に0～6歳にわたる年齢・月齢が記されており、それに対応させる形で各領域の検査項目（幼い時期から順次できる行動）が並べられています。また、障害のない子どものうち25%、50%、75%、90%が、検査項目として記された行動ができる時期も記入されていますので、これを目安として発達の程度を判断することが可能となります。

　ここでは、運動能力の発達に焦点を当てていますので、「遠城寺式乳幼児分析的発達検査法」と「改訂日本版デンバー式発達スクリーニング検査」で示されている運動能力（前者はA.移動運動とB.手の運動／後者はC.粗大運動とD.微細運動－適応）に関する検査項目を月齢・年齢順に紹介していきます†6。

A.移動運動（1歳ごろまで）
あおむけで時々左右に首の向きを変える→腹ばいで頭をちょっと上げる→あおむけにして体を起こしたとき頭を保つ→首がすわる→横むきに寝かせるとねがえりをする→ねがえりをする→腹ばいで体を回す→一人で座って遊ぶ→ものにつかまって立つ→つかまって立ち上がる→つたい歩きする→座った位置から立ち上がる

B.手の運動（1歳ごろまで）
手にふれたものをつかむ→手を口にもっていってしゃぶる→頬にふれたものを取ろうとして手を動かす→おもちゃをつかんでいる→ガラガラを握る→手を出してものをつかむ→おもちゃを一方の手から他方の手にもちかえる→親指と人さし指でつかもうとする→おもちゃの太鼓を叩く→びんのふたを開けたり閉めたりする→おもちゃの車を走らせる→なぐりがきをする

C. 粗大運動（6歳ごろまで）

対称運動→頭を上げる→45°頭を上げる→首がすわる→90°頭を上げる→両足で体を支える→胸を上げる→ねがえり→座れる（5秒以上）→つかまり立ち（5秒以上）→一人で座る→つかまって立ち上がる→一人で立つ（2秒）→一人で立つ（10秒）→拾い上げる→上手に歩く→後退り歩き→走る→階段をのぼる→ボールをける→上手投げ→ジャンプ→幅跳び→片足立ち（1秒）→片足立ち（2秒）→けんけん→片足立ち（3秒）→片足立ち（4秒）→片足立ち（5秒）→片足立ち（6秒）→つま先かかと歩き

D. 微細運動－適応（6歳ごろまで）

正中線まで追視→正中線を越えて追視→ガラガラを握る→180°追視→両手を合わせる→レーズンを見つめる→ものに手を伸ばす→毛糸をさがす→レーズンをかき集める→積み木を渡す→積み木を2つもつ→親指とほかの指を使ってつかむ→手にもった2つの積み木を打ち合わせる→カップに積み木を入れる→なぐりがきをする→（手本を見せられて）袋をひっくり返してレーズンを出す→2個の積み木の塔→4個の積み木の塔→6個の積み木の塔→垂直線を模倣する→8個の積み木の塔→親指だけを動かす→「○」を模写→人物画（3パーツ）→「＋」を模写→長いほうの線を選ぶ→（手本を見せられて）「□」を模倣→人物画（6パーツ）→「□」を模写

◆ 補足
対称運動
両腕・両足を左右同じように動かすこと。仮に、腕や足の片側にまひや骨折があった場合、反対側の腕や足と同じような運動はできない。

◆ 補足
正中線
身体を正面から見たときに、頭頂中央から恥骨中央を通り両足の間を通る想像上の縦の線（身体の左右を分ける縦の線）。正中線を超える動き（たとえば、右手で左耳をさわる、足を交差させるなど）がスムーズに行えるためには左右の脳機能が協調性をもつことが必要となる。

　以上のように、おおむね就学前までの運動能力の発達については、どの子どももほぼ同じような経緯をたどるため、発達検査による評価が可能ですが、それ以降は、徐々に個人差も大きくなっていくため、発達検査では十分な評価ができなくなってきます。したがって、小学校以降の体力（運動をするための基礎となるもの——73頁の用語解説「運動能力」を参照）や運動能力の発達については、文部科学省が毎年実施している「体力・運動能力調査」で採用されている項目（指標）によって評価していくことになります。

　この「体力・運動能力調査」は、1964（昭和39）年以降、小・中・高校生、成人、高齢者を対象にして毎年実施されてきましたが、国民の体位の変化、スポーツ医・科学の進歩、高齢化の進展などを踏まえて、1999（平成11）年からは「新体力テスト」と呼ばれる項目が導入されています。小学生に実施される新体力テストの項目は、「握力」「上体起こし」「長

座体前屈」「反復横とび」「20mシャトルラン（往復持久走）」「50m走」「立ち幅とび」「ソフトボール投げ」です。

これらの項目の体力ないしは運動能力が、新体力テスト導入以後、どのように変化してきたのかを、青少年に絞って取り上げてみてみると（文部科学省ホームページ「平成26年度体力・運動能力調査結果の概要及び報告書について」）、次のような整理がなされています。

> ・長期的にみると、握力及び走、跳、投能力にかかる項目は、体力水準が高かった昭和60年ごろと比較すると、中学生男子の50m走、ハンドボール投げおよび高校生男子の50m走をのぞき、依然低い水準になっている。
> ・新体力テスト施行後の17年間の基礎的運動能力をみると、男子の握力およびソフトボール投げについては、低下傾向を示している。しかし、持久走、立ち幅とび、ハンドボール投げでは、一部の年代をのぞいて、横ばいまたは向上傾向がみられる。さらに、上体起こし、長座体前屈、反復横とび、20mシャトルラン、50m走ではほとんどの年代で向上傾向を示している。
> ・新体力テスト施行後の17年間の合計点の年次推移をみると、ほとんどの年代で、緩やかな向上傾向を示している。

こうした結果から、かなり多くの項目は、新体力テスト導入後には、徐々に向上傾向にあることがうかがえますが、青少年の体力水準の高かった1980年代中ごろに比べれば、近年の青少年の体格が向上していることとは裏腹に（中学生男子の50m走・ハンドボール投げ、高校生男子の50m走をのぞけば）、依然として低い水準のままです。昔のいつ・どの水準まで戻ればよいのかという絶対的基準はありませんが、体力・運動能力が世代を経て弱体化していくことは、けっして望ましいことではなく、さまざまな手段を講じて予防すべきだと思います。

すでに、本レッスン・第3節の最後にも述べたように、保育者としては、関わっている子どもが、適度な運動を取り入れながら、規則正しい生活習慣・適切な食習慣を身につけていくことの重要性を意識することが必要です。最後に、日常生活の中での適度な運動やスポーツ活動をとおして体力や運動能力を維持・向上させておくことの効用を幼児期の子どもを中心に整理して[7]、本レッスンを終えたいと思います。

▶出典
†7 文部科学省幼児期運動指針策定委員会「幼児期運動指針」2012年

・幼児が友だちと一緒にのびのびと体を使って遊ぶ（運動する）ことは、社会性を育む機会（たとえば、自己調整する、コミュニケーションをとる、ルールを守るなど）、自尊感情を高める機会（たとえば、成功体験による意欲や有能感など）、創造性をはぐくむ機会（たとえば、ルールを新たに変える、遊びを質的に変化させるなど）につながる。

・幼児期に顕著に伸びる「自分の体の動きを調整する能力（たとえば、タイミングよく動く、力の加減を身につけるなど）」は、周りの状況に関する判断・予測に基づいて行動する能力にも関連しており、けがや事故を防止する能力につながる。

・幼児が運動中に鍛えられる脳の機能（たとえば、すばやい方向転換など運動の制御、状況判断、予測に基づく戦略的動き）が発達することは、認知的機能（知的能力）の発達につながる。

・幼児期から適切に運動する習慣を身につけると、諸機能のバランスがとれた丈夫な体がはぐくまれるとともに、生涯にわたる健康的で活動的な生活習慣の形成にも役立つため、肥満や瘦身の予防、成人後の生活習慣病の予防につながる。

演 習 課 題

①補足にある「愛情遮断症候群」の子どもは、発育が順調に進まないこと以外に、どのような側面で発達上の遅滞・不利益をこうむるのかを調べてみましょう。

②インターネットの関連ウェブページを検索して、実際に「母子健康手帳（省令様式）」の中に載っている身体発育曲線の図を確認しながら、本文の内容を理解してみましょう。

③運動能力の発達に関する「遠城寺式・乳幼児分析的発達検査法」の項目を、本文では1歳ごろまでしか紹介していません。1歳以降4歳8か月までの運動能力に関する項目を調べてみましょう。

レッスン**7**
....

知覚・認知の発達

....

レッスン6ですでに学んだように、人間の発達は胎児期から始まります。本レッスンでも、ここを出発点として、知覚機能の発達やそれを基盤として獲得されていく認知機能の発達について、特に、出生後の子どもの知的側面の発達を促すという保育者の役割に関連すると考えられる研究内容を参照しながら説明していきます。

◆補足
知覚機能・認知機能
知覚機能とは、感覚器官をとおして外界の情報を取り入れる働き、認知機能とは、取り入れた情報を内部で処理する働き。内部で処理された情報の多くは、表情、身体の動き、言語、文字など何らかの形で表出される。なお、広い意味では、情報の取り込み・処理・表出をすべて含めて認知機能（認知能力）とされることもある。

▶出典
†1 開一夫『赤ちゃんの不思議』岩波新書、2011年、7-17頁

▶出典
†2 DeCasper, A. J. & Fifer, W. P. (1980). Of human bonding : Newborns prefer their mothers' voices. *Science*, 208, 1174-1176.

◆補足
胎児期の聴覚に関する実験
この研究では、装置を速く吸うと母の声、ゆっくり吸うと別の女性の声が流れるという設定と、その逆のパターンの設定がされていた。

1. 胎児期・新生児期の知覚と認知

胎児期の知覚の発達については、聴覚および視覚を中心に、すでに説明していますが、ここで改めて紹介します。聴覚については、胎齢20週ごろには母体内の血流音や心音を聞くことができ、胎齢28週を過ぎるころには腹壁越しに外界の音も聞くことができるとされています。また、視覚については、胎齢30週ごろには網膜に血管が形成され、胎齢35週ごろには新生児とほとんど変わらない視力が備わるとされます。

こうした、自分を取り巻く「ひと・もの・こと」で構成される外界を知覚する能力をもって生まれてくる新生児には、数多くの認知能力が備わっていることが、これまでのさまざまな研究によって明らかにされています。それらについて、本節では、関[†1]を参考にしながら整理していきます。

まず、胎児期における聴覚をとおした経験が、新生児期の認知に影響することを示した研究をみてみましょう。特殊な「おしゃぶり装置」を使って、聞こえてくる音を切り替えられる状況に置かれた新生児は、録音された「母親の声」と「知らない女性の声」とを区別し、母親の声のほうを長く聞いたという研究報告[†2]があります。

また、母親が妊娠中にほぼ毎日視聴していたテレビドラマのテーマソングを、新生児（生後2日から4日の赤ちゃん）に聞かせると、それをじっと聞き入ったり、泣いていてもすぐに泣きやんだりしたことが報告されています。もちろん、誕生後、実験の日までこのテーマソングは一度も聞かされていません。対照実験として、同じ赤ちゃんに別の音楽を聞かせても、それに聞き入ることはないし、そのドラマを見ていなかった母親から生まれた赤ちゃんは、ドラマのテーマソングを聞いても、聞き入ることも泣きやむこともなかったとのことです。これらの結果は、

母親が妊娠中にリラックスするために見ていたドラマのテーマソングが胎児の認知に影響したと解釈できます。

このように、胎児期における聴覚をとおした経験が、新生児の認知に影響を与えることが知られている一方で、次に紹介する「新生児模倣」は、胎児期に自分の顔や他者の顔を見たことがないにもかかわらず、相手の顔のどの部分が変わったかを認識し、さらに、それに対応する（自分の顔の）部分を同定し、それをどのようにコントロールすればよいかがわかっているという点で、大変に興味深い現象です。メルツォフとムーア[3]は、生まれて数日の新生児は、「口の開け閉め」「唇の突き出し」「舌の突き出し」という顔の動きを呈示されると、それらと同じ顔の動きを示すことを発見しました（図表7-1）。これが、「新生児模倣」です。**この実験**では、どのような顔が新生児に示されたかをまったく知らない人物が、ビデオテープに録画された新生児の顔の動きを評定するという方法がとられています。

▶ 出典
[3] Meltzof, A. N. & Moore, M. K. (1977). Imitation of facial and manual gestures by human neonates. *Science*, 198, 75-78.

◆ 補足
新生児模倣に関する実験
この実験では、顔の動きだけでなく、手の開閉という動作も含まれているが、ここでは顔の動きだけを扱って説明している。

図表 7-1 メルツォフとムーアの実験（新生児模倣）

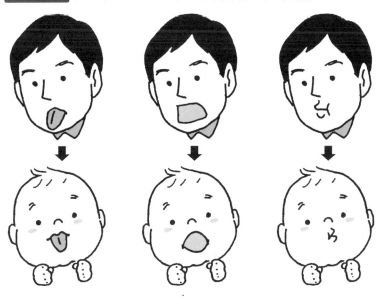

同じように、胎児期の経験からだけでは説明できない行動として挙げられるのは、新生児の「顔刺激に対する選好」です。ジョンソンとモートン[4]は、人間の顔を描いた刺激を新生児の目の前でゆっくり動かすと、新生児はそれをじっと目で追うことを発見しました。さらに、顔のパーツ（目、眉、鼻、口）は同じでも、それらを「福笑い」のようにランダムに配置した刺激を呈示したときには、先の顔の絵ほど追視することはありませんでした。この結果から、新生児は顔のような刺激をほか

▶ 出典
[4] Johnson, M. H. & Morton, J. (1991). *Biology and cognitive development: The case of face recognition*. Oxford: Blackwell.

第2章 多様な側面における子どもの発達

の刺激とは弁別して知覚する能力を（その視力が0.01〜0.02程度であるにもかかわらず）生得的に備えた状態で生まれてくると彼らは結論づけています。

　ここまで紹介してきた母の声と他者の声を弁別できること、胎内で聞いたテーマソングによって泣きやむこと、あるいは新生児模倣や顔刺激への選好は、必ずしも生後の経験や学習を必要としない認知能力の存在を示唆しています。次の節では、乳児期に焦点を当てて、この時期の赤ちゃんが示す高度な認知能力をみていきます。

2．乳児期の認知能力

　乳児のもつ高度な認知能力として、ここでは、物理的法則の理解と道徳的な判断について、ふたたび開[†5]を参考にしながら紹介します。

1 物理法則の理解について

　バヤジョーンら[†6]は、生後5か月の乳児を対象に、次のような、馴化−脱馴化法*を使用した実験を行いました。テーブルの上に四角い板が載っており、それが跳ね橋のように持ち上がって反対側（板の裏が表になります）に倒れます。次にそれが元の位置に、同じような動きで戻ります。つまり、板が同じ場所で180°行ったり来たりする様子を繰り返し見せます。それに見飽きると、乳児は、それを見なくなります。これを馴化段階と呼びます。次に、脱馴化段階として、物理法則に即した板の動き（可能な現象）と物理法則に反する板の動き（不可能な現象）を交互に見せます。可能な現象とは、板が片側から動き始め、120°の位置（傾き始めたところ）に置いてある障害物（塀のような形状の細長いブロック）に当たって止まるというものです。不可能な現象とは、板が片側から動き始め、障害物をすり抜けて180°回転して反対側に倒れるというものです。いずれも、乳児にとってこれらは、馴化段階の現象とは違う新奇な刺激ですが、ある個体が別の個体をすり抜けることはないという「個体性の原理」を乳児が知っているのであれば、不可能な現象のほうが、より新奇で不思議と感じられるはずです。結果は明確で、乳児は不可能な現象のほうを長く注視しました。ここから、生後5か月にして、すでに特定の物理法則に関する認知が成立していることがうかがえます。

▶ **出典**

†5　†1と同じ、25-28頁、34-38頁

†6　Baillargeon, R., Spike, E. S. & Wasserman, S. (1985). Object permanence in five-month-old in-fants. *Cognition*, 20, 191-208.

✴ **用語解説**

馴化−脱馴化法
ある現象を繰り返してみると、それに慣れたり飽きたりして、凝視しなくなるが、それが、新奇で不思議だと判断する現象に変化すると再び、それを凝視するという傾向を利用した実験法。

2 道徳的な判断について

さらに、乳児には、「どんな行為が利他的なのか」に関する道徳的な判断を行うことが可能なことを示す研究[7]もあります。対象は、6か月児と10か月児です。それぞれに目が描かれた**円形、三角形、四角形の積み木**が演じる2種類のシーンを乳児に見せます。ひとつは「円い積み木が坂道をのぼろうとするけれども、なかなかのぼれないところに、三角の積み木が来て、円い積み木を後ろから押し上げます。円い積み木は無事に坂をのぼり切ります。もうひとつのシーンは、同じように円い積み木が坂を登ろうとしていると、四角の積み木が来て、上から邪魔をして円い積み木を下に落としてしまいます。これら2つのシーンは、乳児が見飽きるまで繰り返し呈示されました。その後、乳児に対して、2種類の方法でテストが実施されました。

> **テスト①**
> 乳児が、目の前に置かれた「親切なやつ」を演じた積み木と「意地悪なやつ」を演じた積み木のどちらに手を伸ばすか(**リーチング**)を調べるテストです。乳児が、利他的行動を行った「親切なやつ」を好むのであれば、坂をのぼるのを援助した積み木にリーチングするであろう、が仮説であり、結果としては、6か月児と10か月児のいずれにおいても、それが支持されました(図表7-2)。

▶ 出典
[7] Hamlin, J. K., Wynn, K. & Bloom, P. (2007). Social evaluation by preverbal infants. *Nature*, 450.

◆ 補足
3種の積み木
坂を上るやつ、親切なやつ、意地悪なやつを演じる積み木の形は、被調査児ごとに変えられており、形に対する好き嫌いが結果に及ぼす影響はコントロールされていた。

◆ 補足
リーチング
リーチングは、手を伸ばす対象が、好かれているか嫌われているかをとらえる直接的な指標とされている。

図表 7-2 積み木の実験(道徳的判断)

第2章　多様な側面における子どもの発達

◆補足
テスト②の実験
ここで用いられている実験法は「期待背反法」と呼ばれるもので、期待通りでない対象のほうを長時間凝視するという傾向を利用している。

テスト②
馴化段階（飽きるまで2つのシーンを交互に見る）のあと、別のシーンを、乳児に対して2種類見せるテストです。真ん中にいる「坂をのぼるやつ」が、両端にいる「意地悪なやつ」と「親切なやつ」のうち、前者に近づいて行くシーンと後者に近づいて行くシーンです。意地悪をされた相手を避けたいと考えるのが普通ですから、後者のほうが「期待」されるシーンとなります。乳児が、「坂をのぼるやつ」の気持ちを理解しているならば、前者の期待に反するシーンに対して注視時間が長くなるであろう、というのが仮説となります。結果は、10か月児では仮説どおりで、「意地悪なやつ」に近づくシーンの注視時間が「親切なやつ」のそれよりも有意に長かったのですが、6か月児では両者に対する注視時間に差はありませんでした。

　このように、乳児は、生後半年までに利他的行動が何であるのかを理解し、1歳の誕生日前には、利他的行動をとる対象に好意を抱くことが明らかにされています。つまり、非常に早い時期から道徳性が芽生えているのです。この実験では、目の前で示された事象をどの程度の時間見るのかという受動的な指標が用いられていましたが、どのくらいの時期から、赤ちゃんは、自ら利他的な行動（援助行動）を能動的に示すのでしょうか。

　これについてトマセロ[8]は、自分たちの行った一連の研究をまとめて、次のように要約しています。生後14か月と生後18か月の幼児が、はじめて会ったばかりの血縁のない大人に出会い、その大人がちょっとした問題に遭遇しているのを見ると、彼らは、その大人の問題解決を自発的に援助（手の届かないものを取ってあげる、手がふさがっているときに戸棚の扉を開けるなど）することを明らかにしています。少なくとも、1歳半前後の幼児は、自ら利他的な行動を起こすという有能さをもっていることになります。

▶出典
†8　マイケル・トマセロ／橋彌和秀訳『ヒトはなぜ協力するのか』勁草書房、2013年、14頁

3．幼児期の認知能力

■1■ 能動的な幼児の遊びと表象機能・象徴機能の発達

　第2節で紹介した、自ら他者の役に立とうとする乳児の姿から、人は

外界からの影響を一方的に受け入れながら発達するだけではなく、自ら
も外界に能動的に働きかけながら認知能力を発達させていく存在である
ことを実感します。こうした認知の発達は、すでに乳児期から始まって
いますが、1歳を過ぎた幼児期に入ると、二足歩行により移動できる範
囲が広がる、手指による対象物の操作が巧みになる、視力が0.1以上（0.1
〜0.5程度）になり周囲の多様な事物に焦点を合わせられるようになる、
言葉（単語）を表出するようになります。こうした運動面、知覚面、言
語面の発達が、「外界に働きかける→外界がわかる→外界をさらに知り
たい→外界にさらに働きかける→……」という意思・意欲の介在する能
動的連鎖を促し、これにより、認知的発達が促されると考えられます。

　これらの側面のなかで、言葉の出現は、子どもの認知に大きな変化が
起きたこと、すなわち、子どもは自分の周囲にある「ひと・もの・こと」
を心の中でイメージできるようになり、さらに、それらの対象を言葉に
置きかえることができるようになったことを示します。つまり、対象が
目の前になくても、それについて頭の中でさまざまにイメージする（考
えたり予測したりすること）が可能になるということです。

　たとえば、2歳前後の幼児は、自分がいたずらをする前にニヤッと
笑うことがありますが、これは、自分のいたずらとその後に生じる現象
という因果関係が頭の中で予測的にイメージ（**表象機能**）できていると
いう証です。これに対し、空のコップからジュースを飲むふりをすると
いった「ふり遊び」（1歳半すぎ）、段ボールで電車ごっこをするといっ
た「見立て遊び」（2歳前後）、自分以外の現実にいる誰かの役割を演じ
ると言った「ごっこ遊び」（3歳以降）などは、目の前に存在しないモ
ノや人を補うために、ほかのモノや人によって置き換える能力（**象徴機
能**）を必要とします。また、こうした象徴遊びには、「あー、おいしい」
「しゅっぱつ、しんこう！」「行ってらっしゃい、お帰りなさい」といっ
た言葉も介在します。このように、表象機能の発達と象徴機能の発達は
密接に関係しています。

　以上の点から、幼児期の子どもと関わる保育者は、幼児が日常的に「ふ
り遊び」「見立て遊び」「ごっこ遊び」を楽しめる環境づくり、それらを
楽しめる時間の保障などを心がける必要があります。また、こうした表
象機能と象徴機能の芽生えに代表される幼児期の認知能力（思考）は、
大人の認知能力（思考）と比べれば合理的なものとはいえませんが、そ
れを非合理で無意味なものととらえるのではなく、将来の合理的な思考
に発達していくために不可欠な過程であることを心にとめておくことも
大切です。

第2章　多様な側面における子どもの発達

◆補足

幼児期の認知能力
ピアジェは、まだ合理的とは言えない幼児期（2歳〜6歳）の思考段階を「前操作期」と名づけている。「操作」とは、文字や記号などの表象（情報）を頭の中で矛盾なく処理することである。

言語コード
ここで言う「言語コード」は、イギリスの社会学者・バーンスタインによるもので、「限定コード」と「精密コード」に分かれる。彼は、就学時に不利なスタートを切り、学校不適応になることで、次世代の不利益が再生産されるという悪循環を指摘した。

ハンの研究
ハンの研究内容については、櫻井茂男・佐藤有耕編『スタンダード発達心理学』サイエンス社、2013年内のコラム3.1（75-76頁）を参考にしている。

▶出典
†9 Han, W. (2005) Maternal nonstandard work schedule and child cognitive outcomes. *Child Development*, 76(1), 137-154

2　子育て環境と幼児の認知能力

　たとえば、家庭で使用される言葉の質（**言語コード**）の違いが、就学後の認知能力の発達に有利に働いたり、不利に働いたりするように（学校で主に使用されているものに近い精密コードを使っている家庭の子どものほうが有利）、子育ての環境は、幼児期の認知能力、さらには就学後の認知能力に大きな影響を与えます。そこで、子育て環境のひとつとして、保護者の就労スケジュールを取り上げてみます。

　米国・コロンビア大学のハン[9]は、母親の働き方と幼児の認知能力との関連について（15か月、24か月、36か月の3時点での知能検査）、900を超える家庭を対象にした大規模な調査データを解析しています（調査実施は、米国のNational Institute of Child Health and Human Development Study of Early Child Careによる）。この研究で着目されたのは、標準的労働群（日中の決められた時間に働く母親）と、非標準的労働群（午後から夜半にかけて働く、深夜から翌朝まで働く、ローテーションによって変則的に働く母親）が育てている子どもの認知能力の発達でした。

　分析によって、非標準的なスケジュールで働く母親をもつ子どもの知的能力が、標準的なスケジュールで働く母親をもつ子どもの知的能力に比べて全般的に低いことが明らかにされましたが、この結果は、子育ての質の違いによって説明されています。すなわち、非標準的労働群の母親は子どもの世話を父親や親戚など身近な人に頼んでいる一方、標準的労働群の母親は子どもの世話を保育所・幼稚園などの専門職に委ねており、ここから生じるケア環境の違いが、子どもの知的な能力の差に結びついているという解釈です。

　この研究から、一般的には、就学前の保育・教育サービスを利用しにくい非標準的なパターンの保護者が就労中に、その子どもをケアする可能性の高い親族や地域の人々の養育の質を高めることが必要であるともいえます。しかし、日本では、短い時間だけ子どもを預かったり、不定期に子どもを預かったりする保育者も一定数います。こうしたケースでは、能動的に外界に働きかけようとする子どもに対し、適切な刺激・豊富な刺激を与えたり、タイミングよく応答したりすることの重要性を保育者が十分に理解しておくことが大切です。

4. 児童期の認知能力

前節で述べた幼児期にみられる非合理な思考は徐々に合理的なものになっていき、児童期にはさまざまな認知能力が飛躍的に発達します。本節では、黒田[10]を参考にしながら、こうした認知能力のうち、保存、系列化とクラス包摂、メタ認知を取り上げながら、児童期における認知能力の発達を紹介していきます。

1 保存概念の発達

目の前で起きている現象について、幼児は、その見え方・見かけに影響を受け、直感的に判断・理解してしまう傾向があります。ところが、児童期になると、こうした影響を排して、目の前の現象を論理的に判断・理解できるようになります。こうした発達過程を、ピアジェは「保存課題」を用いて明らかにしています。ここでは、「A. 数の保存」概念、「B. 量の保存」概念、「C. 重さの保存」概念の発達を紹介します。

> **A. 数の保存**：色の違うおはじきを同じ数だけ用意し、それらを等間隔で平行になるように並べて子どもに示す。2つの色のおはじきの数が同じかどうかを子どもにたずねる。幼児も児童も「同じ」と回答する。次に、片方の色のおはじきの間隔を子どもの前で広げたあと、再度、2つの色のおはじきの数が同じかどうかを子どもにたずねる。幼児は、片方の色のおはじきの列が長くなったことに影響を受け、そちらを「多い」と回答するが、児童（6〜7歳ごろ以降）は、見かけに惑わされることなく「同じ」と回答する。

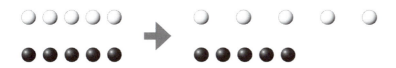

> **B. 量の保存**：同じ大きさ・形のビーカーを2つ用意し、両方に同量の水を入れて子どもに示す。2つのビーカーの水の量が同じかどうかを子どもにたずねる。幼児も児童も「同じ」と回答する。次に、片方のビーカーの水を、背の高い形のビーカーに移すところを子どもの前で見せたあと、再度、2つのビーカーの水の量が同じかどうかを子どもにたずねる。幼児は、ビ

▶ **出典**

†10 黒田祐二「第5章 児童期の知性の発達」櫻井茂男・佐藤有耕編『スタンダード発達心理学』サイエンス社、2013年、112-121頁

✳ **用語解説**

保存概念
対象物の見かけ（たとえば、長さや形）が変化しても、元の属性（たとえば、数量や重さ）は変化しないという認識のこと。ピアジェは、保存課題をとおして、保存概念が発達しているかどうかをとらえた。

ーカーの形が細長くなったことに影響を受け、そちらを「多い（または少ない）」と回答するが、児童（7〜8歳ごろ以降）は、見かけに惑わされることなく「同じ」と回答する。

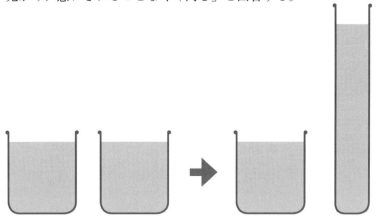

C.重さの保存：同じ大きさ・形の粘土を2つ用意し、子どもに示す。2つの粘土の重さが同じかどうかを子どもにたずねる。幼児も児童も「同じ」と回答する。次に、片方の粘土を平たくなるように変形させるところを子どもの前で見せたあと、再度、2つの粘土の重さが同じかどうかを子どもにたずねる。幼児は、粘土がぺちゃんこになったことに影響を受け、そちらを「軽い」と回答するが、児童（9〜10歳ごろ以降）は、見かけに惑わされることなく「同じ」と回答する。

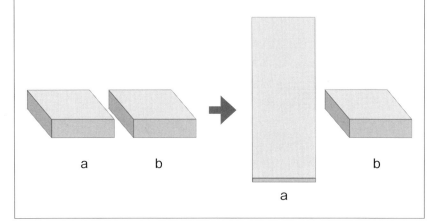

　こうした保存課題が児童期になってクリアできる背景には、「可逆性」「同一性」「相補性」という3つの論理的な概念が児童期に獲得されるためだといわれています。可逆性とは「元に戻せば同じである」という概念、同一性とは「付け加えたり取りのぞいたりしていないから同じである」という概念、相補性とは「もののある側面がほかの側面を補う（た

レッスン7 知覚・認知の発達

とえば、列が長くなったことと間隔が広くなったこととは補い合っている）」という概念であり、これらが保存という思考を可能にさせています。

2 系列化・クラス包摂

系列化とは、複数ある対象物を、特定の客観的に基準（長さ、大きさ、重さなど）に従って順番に並べる能力のことです。幼児は、この系列化を正確に行うことは難しく、児童期になるとこれが可能となります。渡辺[11]は、学校での事例を引いて、系列化を以下のように説明しています。

> 先生は「廊下に出て、背の高さの順に並びなさい」といった指示をよくしますが、こんな簡単なことが、実は、7歳ぐらいの、小学校に入ったばかりの子どもたちぐらいの段階では難しいのです。
>
> （中略）ところが、9歳、10歳になれば、誰が身長何センチかといった客観量を互いに述べて、短い時間で順番に並ぶことができるようになるのです。

このように、系列化などのような認知能力は、学校における学習などの諸活動を通して培われていくと考えてよいでしょう。

クラス包摂とは、ある対象物は、ある特定のクラスに含まれていると同時に、より上位のクラスにも含まれていることを理解していることです。たとえば、「ウグイス」は、その上位クラスである「鳥」であるし、さらにその上位クラスである「動物」でもあります。「ホトトギス」はウグイスとは違いますが、「ウグイス」と同じ「鳥」「動物」のクラスに属します。「ハチ」は、「ホトトギス」や「ウグイス」とは違いますし、「鳥」でもありませんが、同じ「動物」に含まれます。

以下に、クラス包摂の実験例を示します。子どもに3個のリンゴと7個のミカンを見せ、「リンゴとミカンとでは、どっちが多いか」とたずねます。これに対して、幼児も児童も「ミカンのほうが多い」と正答します。次に、「ミカンと果物とではどっちが多いか」とたずねます。すると、幼児は「ミカンのほう」と回答するのに対し、児童は「果物のほう」と回答します。クラス包摂が可能となるためには、身の回りの多様な具体物を、それらの共通性や類似性に基づいて同じカテゴリにまとめる能力と、それらのカテゴリの階層性（上位・下位）を理解する能力とが必要となりますが、これらが児童期に発達していくのです。

▶ **出典**

[11] 渡辺弥生『子どもの「10歳の壁」とは何か？──乗り越えるための発達心理学』光文社新書、2011年、95-96頁

✚ **補足**

クラス包摂
「クラス包摂」におけるクラスとはカテゴリ、あるいは概念と同義である。

83

3 メタ認知能力

　私たちは、ふだんから、何かを判断したり、考えたり、記憶したり、理解しようとしたりといった認知的活動を行っていますが、そうした活動をしている自分自身を常に意識しているわけではありません。しかし、時に、「このやり方でいいのだろうか」「別のよりよい判断はないのかな」「書きながら考えると思考が整理されるな」などと、自分の認知活動を意識することがあります。こうした能力のことを、メタ認知能力といいますが、これには、自分の行為をモニターするという「監視機能」と、それを適切な方向に進めていく「制御機能」とが含まれます。たとえば、学習活動中に「ちょっと待てよ、このやり方は間違っているんじゃないかな」といった気づき、「ここまでは大丈夫そうだな」といったチェック、「何がわかっていなかったんだろう」といった評価は、監視機能です。また、課題に取り組む前に「何をしなくてはならないんだろう」「どうすればうまくいくんだろう」と考えるのは、制御機能です。

　児童期の前期でも、自分で決めた目標や与えられた目標を認識しながら学習を進めたり、学習が終わったあとにその過程を振り返ったりなど、メタ認知能力は発揮されますが、これが十分に発達してくるのは、より客観的な思考が可能となる児童期の後期を待つことになります。この時期（9・10歳）になると、授業では今までよりも高次な学習言語が用いられたり、カリキュラムの中に抽象的な概念が入ってきたりしますが、これとメタ認知能力の発達は密接に関連していると考えられます。

　たとえば、「労働」という概念（言葉）は、児童にとっては、自ら経験したことのない抽象的な事項です。これを十分に理解するには、これまでの自分の知っている「働くこと」「働く人」に関わるイメージを総動員する必要があります。その際に、複数のイメージからうまく「労働」の意味を抽出できているかどうかを意識するといったメタ認知能力が求められます。

　児童福祉に関連する施設などでは、小学生・中学生の子どもと関わる保育者もいますので、児童期の後期以降になると学習につまずく子どもが増えてくることが一般的な傾向であることをまず知っておきましょう。これは、いわゆる「9・10歳の壁」ですが、この原因のひとつは、すでに述べたように学習内容の高度化・抽象化です。学習内容が難しくなるのですから、学力に関する自己評価（学業コンピテンスの自己評価）は、学年とともに低くなるのは一般的です。

　上淵・無藤・藤江[12]は、約3,800名の小学4〜6年生・中学1〜3年生を対象に、学業コンピテンスの高い子どもには学習にかかわるどんな

▶出典

†12　上淵寿・無藤隆・藤江康彦「児童・生徒の自己学習力調査の報告」『お茶の水女子大学発達教育研究センター紀要』(2)、2004年、61-73頁

レッスン7　知覚・認知の発達

力が備わっているのかを、探索的に明らかにしています。その結果、学力に関する自己評価の高い子ども（小・中学生）は、それが低い子どもよりも、将来に夢をもつ力（将来の目標をもつ力）、失敗に対する柔軟性、（正・誤にこだわらず）思考過程を重視する力、丸暗記ではなく関連づけて覚えるなど学習方法を工夫する力、モニタリング能力（メタ認知能力）、けじめをつける力、復習する力、ノートをとる力、自己評価をする力、資料を使って調べる力が高くなっていることが示されています。誰もが、これらすべての力を備えることは難しいですが、学業コンピテンスの自己評価は、それ以後の生涯にわたる人間としての学びに対する姿勢にも大きく関連してくるという意味で、その大きな低下は重大な危機ともなりえます。保育者は、自分の関わる子どもの学業コンピテンスの低下を防ぎ、その向上を促すために、子ども一人ひとりの特性を踏まえ、これら関連する力のどれを優先的に意識して伸ばしていくかを、子どもと一緒に考えていくことが求められます。

5．青年期の認知能力

　青年期を思春期（第2次性徴の出現以降）も含めて考えると、その始期は10歳ごろとなります。青年期の終期を年齢で区切ることは難しいですが、労働や生産の場に参画し、社会的・精神的に大人になるまでの移行期が青年期だと考えてよいと思います。ピアジェの認知能力の発達段階では、児童期の「具体的操作期（7〜11歳ごろ）」を終えて、「形式的操作期（11、12歳以降）」に入り、18歳前後に完成するとされる大人レベルの思考に向かって発達していきます。ここでは、楠見[13]を参考にしながら、青年期に特徴的な思考力の発達に焦点を当てて説明します。

　青年期の始まりは、形式的操作期の始まりとほぼ重なります。この時期以降、具体的な事象を超えた仮説的な思考が可能となっていきます。具体的操作期の特徴は、「今・ここ」にある具体物の操作を基礎とした思考にとどまっている点にありますが、形式的操作期になると、抽象的な表象の操作を基礎とした思考に移行します。また、**仮説演繹的思考**＊も可能となります。

　こうした抽象度の高い思考やメタ認知的（反省的）思考を、青年は、頻繁に自己の内面に向けて活用するようになり、その自己認識あるいは社会的認識を深めていきます。こうした傾向は、アイデンティティ、価

▶ 出典
[13]　楠見孝「第3章　青年期の認知発達と知識獲得、落合良行・楠見孝編著『自己への問い直し──青年期（講座生涯発達心理学4）』、金子書房、1995年、57-76頁

✳ 用語解説
仮説演繹的思考
数ある事例から、まず仮説（理由つきの因果関係で示される法則）を導いておき、それが正しいかどうかを自然観察・実験的観察・調査などを通して検討しようとする思考。

値、人生、愛、友情、道徳、宗教などの意味を問うという姿の中に認めることができます。これらに加えて、青年は、自分の行動に関して多様な見通しや計画を立てるという網羅的な可能性の考慮ができるようになります。いいかえれば、可能性に基づいた時間的展望が拡大するのです。たとえば、児童期の将来展望は、現実とは切り離された「あこがれ」に基づくものであるのに対し、青年期の将来展望は、吟味された可能性に基づく現実的なものであり、青年期の発達課題である進路・職業の選択や配偶者の選択の際に大きな役割を果たすことにもなります。

　総じていえば、青年期に入ると、徐々に思考が合理的、論理的、科学的なものになっていくのですが、個人差も大きく広がっていく時期でもあり、個々人の適性に合った領域での思考は明確に発達していくものの、すべての青年があらゆる領域において、一様に形式的操作的な思考を発達させていくわけではないことに留意する必要があります。さらに、思考だけでなく、知識についても同様であり、適性ないしは興味・関心に従って多様化・個性化していきます。

　以上から、青年に関わる保育者として重要なことは、本人の希望を尊重するとともに、その適性を十分に理解したうえで、将来の進路や職業の選択に向けたていねいな支援を心がけることになります。

レッスン7 知覚・認知の発達

演 習 課 題

①補足にある「前操作期」にある幼児が示す思考の特徴、さらに、それ以前の「感覚運動期」の特徴を調べてみましょう。

②補足で紹介されているバーンスタインが見いだした2つの言語コード（限定コードと精密コード）とは、具体的にどのような内容かを調べてみましょう。

③「9・10歳の壁」と呼ばれる現象について、テキスト内では「学習内容の高度化・抽象化による学習のつまずき」と説明されていますが、それは具体的にどのようなことを指しているでしょうか。グループで調べてみましょう。

レッスン**8**
. . . .

言語・コミュニケーションの発達

日常生活の中で、必要な情報を交換し合ったり、感情・意思・考えなどを伝え合ったりすることは重要です。コミュニケーションの手段には、表情やジェスチャーなどの非言語も使われますが、その多くは言語です。本レッスンでは、主に言語を介して展開されるコミュニケーションや思考の発達と保育者による支援のあり方を学びます。

1．乳児期・幼児期における言語発達

1 言語とコミュニケーションの準備段階

すでに、レッスン7で紹介したように、新生児は、「母親の声」と「知らない女性の声」とを区別したり、自分の母語とそうではない言語を聞き分けたりできますが、これらは、**胎児期の経験による**と考えられます。胎児は羊水の中で成長しますが、こうした水の中では、言葉そのものは明瞭に聞こえないものの、音の高低やリズムはよく伝わります。つまり、母親独特の声の特徴や母語独特の音の特徴を、すでに胎児はとらえていることになります[1]。

一方、コミュニケーションの基本的ないし原初的な形は、1対1の関係性の中で、何らかの情報を何らかの手段で互いに伝え合うことです。レッスン7で紹介した、「新生児模倣」を「大人が顔の動きを赤ちゃんに伝え、それを受けて、赤ちゃんが顔の動きを大人に伝え返す」と解釈するならば、新生児には、コミュニケーションを行うためのレディネスが備わっていることになります。さらに、新生児は、顔の動きだけでなく、笑顔や悲しい顔などの**「表情」も模倣すること**[2]が知られています。

こうした自分のなじみのある音声に選択的に注意を向けたり、周囲の人からの働きかけに対し、まねをしながら応答したりするという傾向性が、言語の獲得の発達につながっていると思われますが、早期から、やみくもに多くの言葉かけを乳児に対して行えば、言語の発達が促されるわけではありません。この点について、中川[3]は、脳の構造と機能の側面から次のように述べています。

▶**出典**
[1] 今井むつみ『ことばの発達の謎を解く』筑摩書房、2013年、17-18頁

▶**出典**
[2] Field, M. T., Woodson, R., Greenberg, R. & Cohen, D. (1982). Discrimination and imitation of facial expression by neonates. *Science*, 218, 179-181.

▶**出典**
[3] 中川信子「ことばの獲得――インタビュー」『母子保健』2016年8月号（通巻第688号）、2016年、1-2頁

> 　乳児期にはまず、その（ことばの）土台となるからだやこころの健やかな成長を支えることが大事です。ことばの発達は「大脳」の言語中枢が司っていますが、大脳はその一部に過ぎません。脳は三段重ねの鏡もちのような構造になっていて、いちばん下が「脳幹」でからだの働きを、その上の「大脳辺縁系」がこころの働きを、それぞれ担っています。この部分が十分育ってこそ、（いちばん上にある）大脳も発達します。つまり、ことばの発達には「元気なからだ」と「安定したこころ」が不可欠なのです。
>
> 　　　　　　　　　　　　　　（　）内は筆者による追記

　このように述べたうえで、中川は、**規則正しい生活**、**身体の発達に沿った十分な運動**、**情緒の発達**に留意することが、乳児期において重要であることを強調しています。さらに、日常の暮らしのなかで、親子で楽しい時間を過ごしていれば、自然にコミュニケーションへの意欲が育ち、スムーズな言語獲得につながるとしています。

2　乳幼児期における言語の発達段階

　ここでは、乳児期から幼児期にかけての言語の発達段階（9段階）を、大迫[†4]を参考にしながら整理します。

> **第 1 段階：泣き声から音声言語の出現**
> 誕生時の産声は、肺呼吸が始まったことを示す重要な表れである。この泣き声は、出生後 1 か月間は、生理的に不快な状態のときにも発せられる。生後約 1 か月を過ぎると、機嫌の良い（快状態の）ときに、クーイング（「アー」「エー」「ウー」など）がみられる。生後 3 か月ごろには、喃語（「ママ……」「ウググ……」といったリズムのある音声）を発するようになる。生後 5 〜 6 か月ごろには、反復喃語（「バブバブ」「メムメム」など）がみられるようになる。

補足
中川[†3]は、この3つの留意点を、具体的に、赤ちゃんの「健康と生命を守るために、世話をし、気を配り、手をかけ、目を離さずにいる」ことであると説明している。

出典
†4　大迫秀樹「第3章　ことばはどのように育つのか——ことばの発達」太田光洋編著『保育内容・言葉』同文書院、2006年、25-39頁

第2段階：指さしと初語

生後8か月ごろを過ぎると、指さし行動が増加する。それまでの2項関係（「自分－相手」または「自分－もの」という関係）のコミュニケーションから、興味の広がりとともに、3項関係（「自分－もの－相手」という関係）に基づくコミュニケーションが成立する。1歳前後になると、初語（初めての意味のある単語、「マンマ」「ウマウマ」など）が聞かれるようになる。

第3段階：1語文の時期

1歳～1歳半くらいまでの時期にみられる単語1語の発話を1語文と呼ぶ。わずか1語でも、さまざまな意味をともなって用いられる（「マンマ」といっても、「食べ物をちょうだい」「食べ物がなくなっちゃった」「テーブルの上に食べ物がある」「お兄ちゃんが食べ物を食べている」など）ので、そのときの状況や背景、指さしなどの身振り、顔の表情などを総合して把握・判断することが必要である。

第4段階：2語文の時期

1歳半ごろを過ぎると、たとえば、「ワンワン」と「きた」を結合（2語文）し、「ワンワンきた」と表現できるようになる。これは、文としての構造をもった発話が可能となったことを意味し、それとともに他者とのコミュニケーションも発展する。また、幼児語と**幼児音**がこの時期に特徴的である。幼児語とは、「ブーブー」（＝自動車）、「ポンポン」（＝おなか）、「クック」（＝靴）など、大人が使わない独特の言葉のことであり、幼児音とは、「かさ」のことを「かちゃ」や「たさ」などと誤って発音したり、不明瞭に発音したりすることを指す。

補足
幼児音の原因
日本人が発音する母音・子音には、幼児が調音しやすいものとしにくいものとがあり、正しく調音される時期に差が生じるためである。

第5段階：語彙の増加

2歳ごろには、2語文を盛んに話すとともに、爆発的に語彙が増加する。子どもはものの名前に興味をもち、「これは？」「あれ何？」など、身近なものや興味のあるものが何かを頻繁に質問する（第1質問期とも呼ばれる）。獲得される語彙数は、1歳前後で数語程度、2歳までに300語程度、3歳までに1,000語程度、4歳までに1,500語程度、5歳までに2,000〜2,500語程度である。

第6段階：文構造の複雑化と会話の増大

2歳後半から3歳ごろになると、1つの文が長くなり、文の構造も複雑化する。また、この時期は、「どうして？」「なんで？」などと頻繁にたずねる（第2質問期）が、第1質問期とは異なり、他者の様子を観察し、その対象に関する知識を得ようとする質問であることが特徴的である。さらに、「〜から」などの接続助詞を使って従属文を話し（たとえば、「おててきれいにするから、まってね」）、助詞の使用もほぼ完成に近づく。自我意識が発達し、自己主張が強くなるのも、この時期の特徴である。

第7段階：会話の一層の進展

4歳ごろになると、話し言葉を自由に操り、多弁になる（おしゃべりの時期）。自分の意志を言葉で表したり、大人の会話に割り込んだりもする。また、この時期、過去・現在・未来の区別が明確になり、一連の出来事を時間の流れに沿って順序立てて話せるようにもなる。

第8段階：言葉の質的な深まり
5〜6歳頃になると、コミュニケーションの道具として言葉を使用することで、会話を成立させ、互いの意思疎通を行えるようになる。こうした言語の発達は、自己統制能力（ブランコに乗りたいけど、ほかの子どもが乗っているので、順番を待とう）、論理的思考（図書館はみんなが本を読むところだから静かにする）、概念化（リンゴ、ミカン、ブドウなどを「果物」というまとまり〈＝概念〉でイメージできる）を促進する。

第9段階：書き言葉への関心
書き言葉とは、書かれた文字を読むことと、自ら文字を書くことに区分できる。読むことは、4〜5歳ごろに可能となる。絵本を見ながら文字を1つずつ拾って、「む・か・し・あ・る・と・こ・ろ・に……」と、一つひとつの文字を音声として分解・認識できるようになる。書くことは、文字を読めるようになって以後に急速に進展する。5歳ごろには、ひらがなが書けるようになる。文字を目で見て、それに手先・指先の細かな動きを協応させる能力が次第に発達する。

　以上が、就学前までの言語の発達段階です。言語が、徐々にコミュニケーション、思考、自己統制の手段として機能していく様相がよくわかります。なお、第1段階〜第9段階で示されている月齢・年齢は、おおまかな目安です。乳幼児期の言語発達（特に初期）は、個人差が非常に大きいということを心にとめておきましょう。レッスン6で、運動機能に関して、「改訂日本版デンバー式発達スクリーニング検査」の項目を紹介しましたが、この検査の言語に関する項目の一部（2語文の時期まで）とその達成率別の時期を確認すると、このことがよく理解できます（図表8-1）。たとえば、1語文のところを見ると、半数の子どもが1語文を使う時期は生後12か月、90%の子どもが1語文を使う時期は生後約18か月となっており、約半年もの開きがあります。

レッスン8　言語・コミュニケーションの発達

図表 8-1 デンバー式発達検査の項目（言語）と達成率別の時期

(単位：月齢)

項目	25％が達成	50％が達成	75％が達成	90％が達成
意味なくパパママなどという	6か月	8か月	10か月	12か月
意味ある言葉を1語いう	9.2か月	12か月	14.8か月	17.6か月
パパママ以外に2語いう	12か月	14.3か月	16.7か月	19か月
3語いう	13.2か月	16.6か月	18か月	20.4か月
6語いう	15.7か月	17.9か月	20か月	22.2か月
2語文	19.7か月	22.7か月	49か月	53か月

出典：†3、4頁を一部改変

3　乳幼児期における言葉かけの重要性

　言語の発達にとって、生後1年前後に、単語を発話し始める（**表出言語**）ことがまずはひとつの目標となりますが、その基礎として、さまざまな言葉の意味がわかっている（**理解言語**）こと、いいかえれば、さまざまな事柄を知っていることが必要です。これは、乳児期のうちに赤ちゃんがどれだけ多様な経験をするのかにかかっています。わかる事柄・わかる言葉を増やすことが、話し言葉を充実させます。この意味で、表出言語がみられない時期も、みられた後の時期も、あらゆるケアの場面で、保護者など周囲の大人が乳児に対してタイミングよく「言葉を添える」ことが必要です。これは、乳幼児に関わる保育者の役割としても重要です。以下、具体的に、どのようなアプローチ（言葉の添え方など）が望ましいのかを、再び、中川†3（3～4頁）を参考に整理してみます。

- **ミラーリング**：言葉かけではないが、3～4か月の乳児が、手足をバタバタと動かしたり、手にもったおもちゃを振ったりしたら、その動きをまねてみること。乳児は、自分と同じ動きをする人物に興味をもつ。

- **モニタリング**：機嫌のよいときに出すクーイングが聞かれたら、同じ声を返す（音を拾ってモニターする）こと。乳児は、自分が声を出したら同じ声が返ってくることを楽しみ、コミュニケーションの喜びを感じる。

- **パラレルトーク**：大人が乳児と同じ方向をむいて、行動にともなう気持ちを代弁すること（たとえば、おやつを食べながらニコニコしていたら「おいしいね」、ハイハイ中に頭を何かにぶつけたら「痛いね」）。これは、周囲の大人が自分の気持ちをわかってくれているという安心感を育てる。

- **セルフトーク**：幼児の前で、自分の行動にともなう気持ちを言葉に出すこと（たとえば、「料理の前だから手を洗わなくっちゃ」「タオルはどこかな？」）。幼児はその姿を見て（声を

93

第2章　多様な側面における子どもの発達

聞いて）、多様な言葉を覚えていく。

　すでに、言語発達の第4段階で説明した幼児語・幼児音がみられた場合は、それを言い直させるのは避け、子どもの「伝えたかった」という気持ちをしっかり受け止めたうえで、正しい言葉・発音をさりげなく言い直すとよいでしょう。これを「リフレクション」といいます。また、2語文や3語文を話し始め、第6段階に入った時期には、助詞が抜けるなど文法的に不完全な言葉遣いをすることもあります。そんなときは、不完全な部分を正しく言い直すとともに、話題を少しふくらませるとよいようです。これを「エクスパンション」といいますが、特に言語発達が顕著になる時期に効果があると考えられています。

2. 児童期以降の言語とコミュニケーション

1 幼児期と児童期の言語発達の違い

　幼児期までは、日常生活において繰り返される経験（自分になじみのある文脈）のなかで、子どもは自然に言語を発達させていきますが、児童期以降の言語発達の様相は、学校における学習に大きく影響を受けます。それまで、遊びを中心とした生活のなかで、知識や情報あるいは感情や意思を互いに伝え合うコミュニケーションの手段として、あるいは、大人からしつけを受ける場面・友だちとのいざこざ場面などで、自分の行動や感情を抑えるための手段として言語が使用されていたのですが、それらに加えて、新たに、学習をすすめていくため（思考のため）の言語能力を育てていく必要が出てくるのです。

　小学校の授業を思い出してみてください。幼児期と同じように、気持ちを伝え合ったり、情報・知識を伝え合ったりします。しかし、こうしたことを、クラスメートの前で、わかりやすい言葉遣いで「発表」したり「説明」したりする機会が増えてきます。また、学習中には、「これは使ってはいけない」「あれは見てもよい」「あと2分で書き終えなさい」など、自分の行動を**自己制御（または自己調整）**する場面も増えてきます。これも、すでに幼児期に身についていますが、いくつかの条件を同時に考慮する必要が出てきます。さらに、抽象的な概念を使って対象物を比較したり（たとえば、異なる図形の面積を比較する）、実験などによって起きた現象の理由・原因を考えたり、文章を読んでその筆者の心情や主張点を推測・解釈したり、地域の商店街に出かけていって店舗を

◆ 補足

自己制御（自己調整）
このなかには、自分が行う作業の手順を考えることも含まれる。作業がうまく進まなくなると、幼児のひとりごとである「外言」が増える。これをヴィゴツキーは「問題解決のための言語」とした。この外言は、やがて、口には出さない思考のための言葉である「内言」に移行する。

レッスン 8 言語・コミュニケーションの発達

営む大人を対象にインタビューをしたりと、聞く・話す・読む・書くといった言語を媒介とした活動内容が格段に増えていき、それと並行して子どもに求められる思考のレベルも高くなっていきます。

　高度な思考とはいっても、レッスン7で紹介した「具体的操作期」に相当する小学1年生から小学4～5年生の子どもたちは、具体物や具体的事例という限定された範囲の中で、ものごとを考えます。つまり、具体的な文脈に即した言語活動を展開しながら、ものごとを論理的・合理的・科学的に考え理解していくという活動が優勢です。この時期の特徴を、渡辺[5]は次のように述べています。

> 　具体的操作期というのは、見たり、聞いたり、経験したりしたことやものについて考えるときに、具体物を用いて、あれやこれやとシンプルに考える時期です。算数であれば、足したり引いたりといったような、具体的な操作、スキルを、かなり積極的に身に付けていく時期です。イメージを変えてみたり、もういちどやりなおしたりしてみる、などの再構成をして、論理的な結果を導いていくという活動が活発になるわけです。ですから7～11歳ぐらいまでのこの時期には、身の回りの事物をよく観察させて、いろいろな発見や体験の機会を増やしてあげることが大切です。事物を通して、生々しい体験を重ねることが、後の抽象的な認識に結び付く基礎になります。

　具体的な文脈を超えて、抽象的な思考が可能となる時期を「形式的操作期」と呼びますが、渡辺も指摘するように、観察を含めた体験による発見の機会を十分に保障することが、この形式的操作（高いレベルの抽象的思考）の基礎となります。では、なぜ、体験を重ねることが、高次な思考のスムーズな獲得に結びつくのでしょうか。その理由を、この2つの時期に使用される言葉の違いを中心に、再び、渡辺[6]を参考にしながら考察してみます。

▶ 出典
[5] 渡辺弥生『子どもの「10歳の壁」とは何か？ ——乗り越えるための発達心理学』光文社新書、2011年、93-94頁

▶ 出典
[6] [5]と同じ、48-51頁

2 低学年と高学年の学習内容の違いからみる言語や思考の発達

　まず、具体的操作期と形式的操作期の切れ目を、**小学3年生頃までと小学4年生以上**とします。この2つの時期の学校での学習は、図表8-2のような違いがあるとされます。

　いわゆる低学年までは、教科の特徴を色濃く反映した学習ではなく、日常の生活のなかで出会うことの多いさまざまな具体物、具体的現象を

95

第 2 章　多様な側面における子どもの発達

図表 8-2 具体的操作期と形式的操作期の学習内容の違い

小学校3年生頃まで	小学4年生以上
生活中心の学習	基本的な教科学習
具体的思考	抽象的思考
言語指導	教科指導
直接経験学習	間接経験学習
言語を覚える学習	言語でものを考える学習

直接に目の前にして、それらを見て感じたこと、考えたことをうまく表現できる言葉を教えられ、覚えていくことが中心の学習になっています。

　これに対し、高学年になると具体物、具体的現象が目の前にない状態で、必ずしも日常生活に直接には結びつくとは限らない各教科独特の教材（内容）に取り組みますが、そのときには、これまで身につけてきた言葉を駆使して、その内容を考えることが中心の学習に移行していきます。

　低学年においてはBICSと呼ばれる言語能力が必要とされ、高学年になるとCALPと呼ばれる言語能力が必要とされます。

　BICSとは、Basic Interpersonal Communicative Skillsの略語で、基礎的な対人間の伝達技能と訳せます。つまり、話し言葉中心の会話能力のことです。小学校の低学年までは、学習の場面で、主にこのBICSが使われています。親しい身内の間柄で使用される「われわれ意識」のともなったきさくで飾らない私的な対話（制限コード）が多用されるのに加え、学ぶ際に多くの手がかり（視線や手の動き、身振り・手振りなどが多用される、あるいは、具体物・具体的事象などが目の前にあるなど、コンテクスト＝文脈がはっきりしている状況）が存在するなかで、これまでの生活で使用してきた言語によって学習が進められます。

　CALPとは、Cognitive/Academic Language Proficiencyの略語で、認知的・学問的な言語の熟達と訳せます。つまり、書き言葉中心の学力獲得に結び付いた言語能力のことです。小学校の高学年になると、学習の場面では、BICSからこのCALPに移行します。授業はもはや公式の学びの場であり、感情的でなく理性的な対話（精密コード）が求められ、学ぶ際に必ずしも数多くの手がかりがあるとは限らない（低コンテクスト）ため、これまでに身につけた言葉を思考の道具として活用する力が必要になってきます。まさに、抽象的な思考の手段としての言語能力への熟達が求められます。なお、語用辞典から語彙辞典への移行は、これ

◆ 補足
BICSは、「伝達言語能力」とか「基本的対人伝達能力」と訳される。また、CALPは、「学力言語能力」とか「認知・学習言語能力」と訳される。

レッスン8 言語・コミュニケーションの発達

図表 8-3 BICS と CALP の違い

BICS	CALP
話しことば	書きことば
1次的ことば	2次的ことば
語用辞典	語彙辞典
限定コード	精密コード
生活言語	学習言語
高コンテクスト	低コンテクスト
訓読みが多い	音読みが多い

まで「こんなときにはこんな言葉を使う」という自分の経験から適宜言葉を選択していた段階から、母語に含まれる単語全体を系統的に頭の中に編集していく段階に発達していくことだとされており、前者を「**1次的ことば**」、後者を「**2次的ことば**」と呼んでいます（図表8-3）。

3 学習内容の高度化・高次化

　ここで、先の問いに戻ります。具体的操作期（具体的な思考）から形式的操作期（抽象的な思考）にスムーズに移行することは、幼児期から始まる学習の「高度化」を基礎・基盤としながら、就学以後から徐々に始まる学習の「高次化」が順調に進むことだと考えられています。

　高度化とは、生活のなかで多様な経験をしたことが、子どものなかに生きた知識として蓄積していくことです。たとえば、近所の人に外で会ったときの会話を考えると、幼児のとき、小学校低学年のとき、小学校高学年のとき、中学・高校生のとき、大学生になってからでは、そのスキルも交わされる内容も異なります。たとえば、幼少期は、相手から聞かれたことだけにとつとつと答える程度であったものが、大人に近づくと、相手の体調が悪そうであれば、その体調を気遣う言葉かけができるようになっていきます。こうした話し言葉中心の生活言語（BICS）は、多様な経験を積めば積むほど豊かになり、多様な文脈のなかで生じる多様な事象を自分の言葉で的確に表現できるとともに、それらは生きた知識として頭の中に定着していきます。

　これに対して、高次化とは、小学校高学年ごろから始まる、抽象的な考えや論理的な思考を本格的な教科学習をとおして可能にしていくことです。教科学習は、主に書き言葉中心の学習言語（CALP）を媒介として展開されますが、実は、こうした抽象化や論理化が着実に進むために

◆補足

1次的ことばと2次的ことば
幼児期までの具体的な生活の場で習得される話し言葉を「1次的ことば」と呼び、就学後の内的な思考のための読み書き能力を「2次的ことば」と呼ぶこともある。

97

は、その時期までの具体的体験の豊かさが鍵となります。

　たとえば、「セミの脱皮」について学習する際、自然の中で虫取りなどをして遊ぶ経験が豊富な子どものほうが、セミが抜け出たあとの殻を思い出して、「脱皮」の意味（なぜ、その漢字を使うのかも含めて）を素早く理解できるのに加え、脱皮するのはセミだけではないことを指摘したり、なぜ脱皮する必要があるのかを即座に説明できたりする可能性があります。「親孝行」について考える授業を考えてみましょう。毎年、お盆やお正月などに、多世代の親戚がたくさん集まるような家庭に育った子どもであれば、わいわいがやがやとした対話のなかで、自然と「○○（人名）は親孝行だから偉いね」とか、「親孝行、したいときには親はなし（孝行のしたい時分に親はなし）」などと亡くなった先祖をしのぶ声を幾度となく聞くうちに、「親孝行」の何たるかを悟っているでしょう。さらに、それまでに耳にした数多くの事例から、共通性や本質部分を取り出して抽象化できる可能性も高いです。

　以上から、年齢的に具体的操作期から形式的操作期に移行したあと（小学校の高学年になった後）も、BICSを中心とした高度化はさらに充実させていくべきです。これが土台となって、CALPを中心とした高次化が確かなものになっていきます。特に、9〜10歳という移行期にある子どもに関わる保育者は、教科書などの本を読んだり、問題集を解いてその回答を書いたりする活動だけでなく、感じたこと・考えたことを子どもどうしで語り合う場、興味・関心のある経験を楽しむ時間、できるだけ多様な人々と交流してさまざまな知識を得られる機会を保障することに注力する必要があるでしょう。BICSを豊かにすることは、CALPを伸ばすことにほかならず、このことは生涯にわたって続いていくのです。

┌──────────────┐
│ 演 習 課 題 │
└──────────────┘

①言葉の発達には個人差が大きいと書かれていますが、「わが子の言葉がなかなか出ない」と気にし始めた保護者に対して、どのように支援をすればよいかを考えてみましょう。

②具体的な生活体験によって形成されるBICSと、抽象的な思考の道具としてのCALPとの違いを、自分の言葉で説明してみましょう。

③本レッスンを参考にして、小学4年生くらいになって、学校での学習についていけなくなった子どもに対し、どのような支援をしたらよい

かを考えてみましょう。

参考文献···

レッスン4
広田照幸　『日本人のしつけは衰退したか──「教育する家族」のゆくえ』講談社
　1999年

レッスン5
児玉珠美　「0歳児におけるマザリーズの効果に関する一考察」『名古屋女子大学紀要
　（人文・社会編）』（61）　2015年
林創　『子どもの社会的な心の発達──コミュニケーションのめばえと深まり』　金子
　書房　2016年

レッスン6
厚生労働省　「平成22年乳幼児身体発育調査報告」
　http://www.mhlw.go.jp/stf/houdou/2r9852000001t3so-att/2r9852000001t7dg.pdf
国立成育医療研究センター　『マタニティテキスト 妊娠BOOK』ベネッセコーポレー
　ション　2015年
国立特別支援教育総合研究所　「アセスメントについて」
　http://forum.nise.go.jp/soudan-db/htdocs/index.php?key=muw7g4kzh-477
神道那実　「第2章 小児の発育を知る 6 発育評価」　大西文子編　『子どもの保健演
　習』　中山書店　2012年
文部科学省　「学校保健統計調査 平成28年度（確定値）結果の概要」　2017年
　http://www.mext.go.jp/b_menu/toukei/chousa05/hoken/kekka/k_detail/1380547.
　htm
文部科学省　「平成26年度体力・運動能力調査結果の概要及び報告書について 体力・
　運動能力の年次推移の傾向（青少年）」
　http://www.mext.go.jp/component/b_menu/other/__icsFiles/afieldfi
　le/2015/10/13/1362687_02.pdf

レッスン7
鈴木公基　「コラム3.1 母親の労働スケジュールと子どもの知的発達」　櫻井茂男・佐
　藤有耕編　『スタンダード発達心理学』　サイエンス社　2013年

おすすめの1冊

小西行郎　『子どもの心の発達がわかる本』　講談社　2007年
乳幼児の心の発達のポイントが非常にわかりやすく説明されている。挿絵を多く使うことで
視覚的にも楽しく、支援者が保護者にも薦めることができる本といえよう。

第2章　多様な側面における子どもの発達

コラム

発達障害のある子どもに対する保育

　本章のレッスン4で、社会的排除という環境と子どもの発達との関係を学びましたが、近年増加しているといわれる発達障害のある子どもについては取り上げられませんでした。そこで、このコラムで、そうした子どもに対して、保育者としてどのように関わればよいのか、その基本姿勢を考えてみたいと思います。

　子どもは、身体・運動、知覚・認知、言語・コミュニケーション（社会性）など多様な側面において発達を遂げていきますが、発達障害児は、これらの側面のいずれかの発達のスピードが遅い、あるいは、これらの側面のいずれかの機能が偏っているといった特徴をもっています。たとえば、手先が不器用である、触覚が過敏である、ひとつのことに集中できない、言葉を使っての意思疎通が苦手などといった特徴です。しかし、すべての側面に「遅れ」や「偏り」があるのではないこと、それらはあくまで、その子どもの一部であることを、保育者としてしっかりと心に刻み込んでおかなくてはなりません。

　また、こうした特徴は、障害を抱える本人のせいで生じるわけではなく、したがって、決して本人が悪いのではありませんが、園で一緒に過ごす他児の目には、奇妙な行動、ルールを守らない望ましからぬ行動に映ってしまいます。その結果として、本人は、他児から注意を受ける、仲間外れにされるといったことを繰り返し経験することになってしまいます。これが、本人の孤立感を高めたり、自尊感情を低めたり、発達の遅れや偏りの改善を遅らせたりするといった「二次障害」につながるケースが多いといわれています。

　そこで、こうした二次障害を予防するための関わりが保育者には求められますが、最も大切な姿勢は、保育者自身が障害児のことを「困ったことをする子ども」「困った存在」と思って対応しないことです。子どもたちは、保育者をモデルとして、その態度や行動を自分たちのなかに取り入れます。保育者が障害児に対して、良いところをほめる、発達したところを認める、役に立てることを依頼するなどといった関わりをすれば、子どもたちも、障害児に対する見方が変わり、互いに対等な関係性を紡いでいけるのです。

　人は誰でも、周囲から受け入れられている自分、以前よりも有能になっている自分、そして他者の役にたっている自分を感じられれば、自尊心を高く保つことができます。この原理は、障害を抱える子どもにも、そうでない子どもにも同じように当てはまります。共生の社会づくりの基礎は、保育者の手に委ねられているといっても過言ではありません。

第3章

対人的な関わりと
子どもの発達

本章では、対人的な関わりと子どもの発達との関係についてくわしく学んでいきます。私たちは他者の存在なしでは生きていくことができません。特に、乳幼児期には、基本的信頼感や自他分離の認識、道徳性など対人関係にとって重要な発達がみられます。子どもの対人関係について、よく理解しましょう。

レッスン9　　基本的信頼感の発達

レッスン10　　対人関係の発達

レッスン11　　道徳的判断の発達

レッスン9

基本的信頼感の発達

私たちは誰かとともに生きていることは意識していますが、安心して存在できる場のなかで生きていることをあまり意識していません。この「私はここにいていいんだ」という感覚は、乳幼児期に成立する「基本的信頼感」に支えられています。本レッスンでは、この基本的信頼感の発達を学びます。

1. 世界を変えることと自分を変えること

私たち人間は、生まれてすぐのころから、やがては成長して自立した生活を送ることができるように育てられます。しかし、いくら成人となって社会に出たとしても、たとえば、映画や小説に登場するロボットのように、他者の存在がまったくなくても不安を感じることなく活動したり生活したりすることは、私たちにはできません。

図表9-1 外界作用的活動と自己塑型的活動のモデル

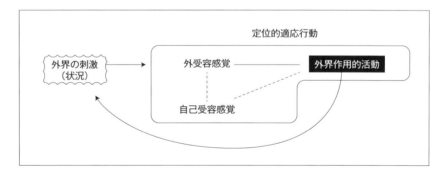

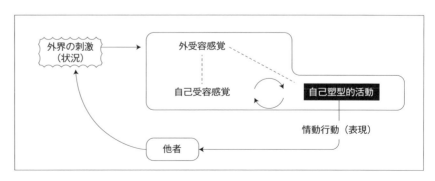

出典：ワロン／浜田寿美男訳編『身体・自我・社会』ミネルヴァ書房、1983年、222頁をもとに作成

浜田[1]は、ワロンの理論を参照しながら、外界を変えようとする「外界作用的活動」と、自分の形を変えようとする「自己塑型的活動」という2つの側面が、私たち人間には重要であると指摘しています（図表9-1）。

私たちは自分の形を変えることで、さまざまな動きをつくり出しています。そのうち多くは、外の世界を変えるために使用されています。たとえば、腕を大きく振り上げ、振り下ろすことで、手に握ったボールを遠くに「投げる」ことができます。しかし、外界に適切に働きかけることができないこと（この場合は、思ったように遠くまで投げられないこと）もでてきます。その時、私たちは自分のどうしようもない状態を、「じたばたする」などといった自分の形を変えることによって、外の世界にむけてアピールすることがあります。こうすることによって、外界の物理的環境を変えることはできませんが、他者に訴えかけて、自分の置かれた状況を望ましい形に変えることができます。

以上のように、自分のふるまいが外界にうまく適応せず、どうしようもない状況下で「じたばたする」のが人間であり、この状況を他者が引き受けて解決してくれるのが人間社会の大きな特徴といえるでしょう。一見して不適応に見える行動、外界に対して閉じられたような行動、情動的な色彩が前面に出た行動などが、他者という存在を介することによって効果的に調整されていくのです。こうした繰り返しのなかで、乳幼児は、人間社会に対して信頼の念をもつようになります。

こうした外界作用的活動と自己塑型的活動の往還は、人間関係の発達の基盤であるともいえます。人間の発達とは、一個体が環境にむけて自律的に活動できるようになる過程であるというよりも、個体どうしがお互いの役割を認め合ったうえで、より適切な生活環境を実現するために、社会的関係を築き上げていく過程であるという認識が必要です。

エリクソンは、人間の人格的な発達が、対人関係の質的な変化として展開することに着目しました。そして、おのおのの時期特有の人間関係のなかで生じる葛藤を「危機」ととらえ、それに立ちむかい乗り越えることをとおして、対人関係の質的な変化がもたらされ、それが精神的に健康な人格の形成につながると考えました。さらに、こうした人格の発達は、それぞれの時期における特定の身体的制約のなかで、特定の知的能力を駆使して、特定の社会的関係のなかに入ることで生じると、すなわち、身体、知能、社会関係というそれぞれの要因が互いに絡む形で展開すると考えました。

▶**出典**

[1] ワロン／浜田寿美男訳編『身体・自我・社会』ミネルヴァ書房 1983年、222頁

参照
エリクソン
→レッスン3

2. 受け入れる関係

　生後まもない新生児や乳児は、身体的には寝ている状態で、自分で移動することができないのに加え、対象物を操作することもできません。睡眠と覚醒のリズムはある程度規則的なものの、覚醒中は、養育者による「あやす」「おしめをかえる」「授乳する」といったケアを受け入れることが、対人関係の主要モードとなっています。

　こうした「吸い込む」すなわち「受け入れる」器官の利用を基本とする生活が営まれる乳児期を、フロイトは「口唇期(こうしんき)」と呼び、乳児の側が養育者を受け入れるという関係性がこの時期の特徴だと指摘しました。しかし、ケイ[†2]によれば、授乳時における乳児の吸う行動を丹念に観察した結果、乳児と養育者との間に、見かけ上の対話的なやりとり、すなわち役割交代の存在が確認されています（図表9-2）。乳児は生得的に養育者の行動を引き出すために、あえて自分の「吸う」という行動を休止してまで、養育者から生じる働きかけを受け入れようとします。また、他者との積極的な関わりを維持しようとするかのように、他者の行為に呼応する表情や行動を数多く示すことも観察されています。

▶ 出典

†2　Kaye, K. (1977). Toward the origin of dialogue. In H. R. Shaffer (Ed.), *Studies in mother-infant interaction*, pp.89-117.

◆ 補足

図表9-2の見方
右の図からは、揺すり行動があった場合、乳児はじっと吸うのを止めて待っていることがわかる。つまり、母親の揺すりを待つという、母親との対話的なやりとりがあることがわかる。

図表9-2 母親の揺すり行動によって引き延ばされた乳児の吸う行動の休止時間

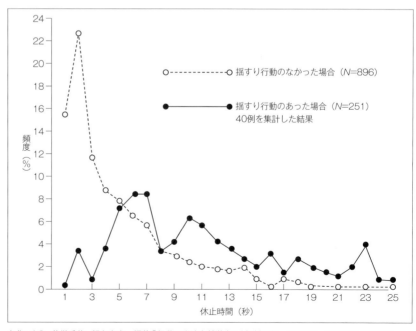

出典：†2、荘厳舜哉・根ケ山光一編著『行動の発達を科学する』福村出版、1990年、98頁をもとに作成

以上のように、乳児と養育者には、各自の「表情」を介して互いの状態を伝達し合い、それを確認し合い、場面に応じて互いにさまざまなモードを通じて返し合うというやりとりがみられます。これらのコミュニケーションは、養育者の側のイニシアティブのもとではありますが、乳児はそれに能動的に参加し、その関係を積極的に維持する役割を図らずも担っています。こうした受け入れる関係は、離乳食に移行しても同じです。乳児にとって、食べ物は、基本的には自分から取りに行くのではなく、養育者や保育者からの提供を受け入れることで、はじめて獲得することができます。

生後 8 か月ごろまでの乳児は、今まで目の前にあった対象が視界から消えると、それはもうこの世界には存在しないかのようなふるまいを見せます。つまり、対象の永続性をまだ獲得していないという認知発達の水準にとどまっています。したがって、たとえば、自分の欲求を満たすために、先ほどまでの状況を振り返り、今後起こりそうな現象を予測して、目の前の環境に能動的に関わることはできません。欲求が満たされるかどうかは、養育者や保育者からの働きかけを受け入れるという関係性が安定的に維持されるかどうかにかかっています。そして、その役割の大半は、継続的に関わっている養育者や保育者が担っています。

さらに、目の前にいる他者が自分とは異なる別の心をもつ存在であるということを、乳児はまだ認識できていないので、自分の目の前で生じた出来事や自分の体に起きた変化が、自分自身が原因なのか、他者が原因なのかを同定できません。もし、養育者から十分な授乳や適切なタイミングでのおしめかえを受けられないとしても、「この不快さは、そこにいる養育者の扱い方が原因であって、この私に責任はないのだ」という割り切りはできません。気分の悪さ、空腹感、眠気などがどこから誰によってもたらされるのかを大人のように理解することを、この時期にはまだ期待はできません。

3. 他者のなかに映し出される自己の姿

乳児と養育者や保育者とのコミュニケーションが頻繁であっても、双方向のダイナミックでリズミカルなやりとりが常になされているとは限りません。それゆえ、安定した養育を受けるために、乳児は時には泣き声を上げるなどして、自分の存在を他者に対して強烈にアピールします。そして、他者が常に同様のモードで一貫して乳児の世話を継続し、それ

第 3 章　対人的な関わりと子どもの発達

が乳児の満足できる状態、すなわち快の経験を保障していることを他者が実感するならば、他者の表情自体が安定したものになります。その安定した他者の表情は、乳児にとって、まるで鏡に映し出された自分の表情として受け取ることになります。こうした快の刺激の連続性、**斉一性**[*]、一貫性を感じる経験としては、摂食時のくつろぎ、睡眠の深さ、便通のよさなどがあげられます。これらが他者によって安定して維持されるならば、「私の状態は安定しているのだ」と乳児は感じ取るのです。

　その際、もし養育者や保育者が、乳児の身体や発声による訴えをうとましいものと感じたり、泣き声が周囲に騒音と受け取られることを不安に思ったりすると、こうした情動表出が生じる前から、先を見越して乳児の欲求を満たしてしまうことがあり得ます。しかし、これは、乳児にとっては、ダイナミックな自己表出によって安定した関係が維持されるといった経験とはならず、自己信頼への機会を失うことにもつながりかねません。

　大人であれば、「信頼する」ことは、誰かが誰かに対して向ける気持ちであるという認識を持っています。たとえば、信頼するのは「私」で、信頼されるのが「あなた」であるというように、主体と客体をはっきりと区別しています。しかし、乳児が抱く信頼感は、そのような区別以前のものであり、私（主体）とあなた（客体）は未分化です。ゆえに、「信頼できる自分」は「信頼できる他者（世界）」であるとともに、「信頼できる他者（世界）」は「信頼できる自分」なのです。「私はここにいてよいのだ」「ここはよい世界だ」という感覚、すなわち「基本的信頼感」が乳児期には培われるのです。

[✳] **用語解説**
斉一性
特定の方向にそろっていること。

4．乳児と養育者による相互調整

　前節で説明した基本的信頼感を、すべての乳児が共通した経過をたどって獲得するわけではありません。以下に述べる乳児が生まれつきもっている固有の行動特徴、つまり「気質」によって、養育者からの異なる反応を引き出し、それが時によっては基本的信頼感の不安定さにつながることがあり得ます。

　トマスとチェス[†3]は、乳児の観察を通して、①活動水準、②周期性、③接近性、④順応性、⑤敏感性、⑥反応の強さ、⑦気分の質、⑧気の散りやすさ、⑨注意の範囲と持続性という 9 つの行動特徴に着目し、乳児の気質を「扱いやすい」「扱いにくい」「出だしが遅い」の 3 類型および「そ

[▶] **出典**
†3 Thomas, A., & Chess, S. (1986). The New York longitudinal study: From infancy to early adult life. In Plomin, R. & Dunn, J. (Eds.) *The Study of temperament: changes, continuities, and challenges.* LEA. 39–52.

レッスン9 基本的信頼感の発達

の他」に分類しました。こうした乳児の扱いやすさ（扱いにくさ）の程度は、養育者のパーソナリティーによっても変化します。養育者は、気質の特徴から生じる乳児の状態を推測しながら、その情動を安定して支える関係を築いていくことになります。

　乳児が基本的信頼感を築くうえで、養育者の側がリスクを抱えている可能性があります。トロニックら[†4]は、養育者が対面するわが子を無表情で見つめる場面を設定し、乳児がどのように応ずるかを観察するという実験を行いました。養育者の無表情に対して、乳児はそれまでの両者による表情のやりとりの継続を期待して、身体、表情、発声など、さまざまな表出行動を通じて養育者にアプローチしますが、無表情の反応しか返ってこない事態が続くことで、しだいに快活な表情を失い、両手をじっと見つめるなどの自分を慰める行動を開始し、挙げ句の果てに、しゃっくりが出て、泣き出すなどの制御不能の状態に陥ってしまいます。このように、乳児の情動が変動する場面で養育者の対応が非常に不安定になると、乳児は自分自身の情動を安定的に制御できなくなるのです。

　このような実験的状況を現実に当てはめるならば、望まれなかった出産や産後の抑鬱状態などが原因となり、本来は自然に行われるべき表情を通じたやりとりが阻害される状況が考えられます。そのような状況、すなわち上述の実験で示されたような状況が繰り返されるならば、乳児は「信頼感」へとつながるべき基本的感覚を得ることなく「不信」の感覚が優勢になってしまいます。

> **▶ 出典**
> †4　Tronick, E., Als, H., Adamson, L., Wise, S., & Brazelton, T. B. (1978). The infant's response to entrapment between contradictory messages in face-to-face interaction. *Journal of the American Academy of Child and Adolescent Psychiatry*, 17, (1), 1-13.

5. 安定した世界との関係と愛着の形成

　乳児が養育者や保育者とむかい合って表情をやりとりする関係に、成長とともに、しだいに玩具や生活用品などの身のまわりにある対象物との関係も加わります。手の届く範囲にある対象物が存在する外界のしくみにも興味を示し、遊ぶことに熱中し始め、時には他者の存在を忘れて没頭することもあります。このように、自分のまわりにあるものとの関係に広がりがみられるようになると、それと同時に、他者との関係にも広がりと安定がみられ始めます。

　生後9か月にもなると、子どもは、目の前の他者が関心を抱いている周囲のものや現象に対してしだいに目を向け始め、同じもの・ことをめぐる経験を他者と共有できるようになります。他者にものを「差し出す」行為と、他者の手にあるものを「つかむ」行為とが、それまでは、それ

第3章　対人的な関わりと子どもの発達

参照
ピアジェ
→レッスン11

✳用語解説
対象の永続性
ピアジェが見いだした8
か月ごろの乳児が獲得する
物理的法則のひとつ。もの
や人は自分の視野から消え
てもこの世界からなくなっ
たわけではないという理解。

人物
ボウルビィ
(Bowlby, J.)
1907～1990年
イギリスの精神分析学、児
童精神医学を専門とする医
学者。イタリアでの孤児
院・乳児院にいる子どもの
発達上の課題を「母性的養
育の剥奪」にあるとした研
究、親子関係における愛着
理論で有名。

✳用語解説
クーイング
生後2か月～3か月ごろ
にみられる「あー」「うー」
「あっあ」など舌を使わな
い母音による発声。それま
での泣きとは異なるが、こ
れ以後にみられる「まんま」
「ばぶばぶ」などの多音節
の発声である喃語(なんご)
とも異なる。

それ独立した関わりであったのに対し、この時期になると、「渡す」と「受
け取る」とが対になったやりとり遊びの関係へと変化していきます。

　このような対象物や現象によって媒介される他者との対人関係は、共
有される対象が多種で多彩となり、空間的にも広がりをもち、長時間に
わたって継続するようになるにつれて、安定したものに発展していきま
す。特に、**ピアジェ**のいう「**対象の永続性**✳」が獲得されると、子ども
は外界に対して安定して関わることが可能になると同時に、対人的にも
安定した関わりが可能になっていきます。

　このような養育者との信頼関係に基づく安定した対人関係を、**ボウル
ビィ**✳は、「ある特定の人間もしくは動物と、ほかの特定の人間もしくは
動物との間に形成された情愛の絆」という定義のもと、養育者(とりわ
け母親)との間に愛着(アタッチメント)が形成されるととらえました。
この関係は、泣き、笑い、**クーイング**✳、注視、抱きつき、後追い、な
どの具体的な愛着行動によって特徴づけられ、年齢に応じてその様相は
変化していきます。

　誕生から生後1～2か月ごろまで、乳児は、誰に対しても区別するこ
となく対人的な関係をつくろうと積極的に発信します。ところが、3～
6か月ごろになると、特定の他者に対して注目や発信を行うようになり
ます。とりわけ、養育者に対しては強くアピールするようになります。
生後6か月以降になり、外界に対する関心が高まり、上述のように「他
者との関心の共有」が始まるようになると、特定の人物を愛着対象とし
て認識し、接近を維持しようと、はっきりとした持続性のある愛着行動
をその対象者にむけて示すようになります。自由に移動ができるように
なると、愛着の対象を後追いしたりすることで、接触状態を常に維持し
ようとする状態が続きます。その後、外界への関心が高まると、必ずそ
こにいてくれる「安全基地」として養育者をとらえ直すことができるよ
うになります。

　探索行動に出向くために、養育者のひざの上などから離れていき、ひ
としきり遊んでは、再び養育者という「安全基地」に戻ってきます。そ
こで、不安を軽減したり、体勢を立て直したり、勇気の補給を受けたり、
対象や状況へ立ち向かう気持ちを整えたりします。こうしたことを繰り
返すなかで、養育者との信頼関係が強化されていきます。時に養育者が
隣の部屋に「行ってしまっても、きっと戻ってくる」ことを理解できる
ようになるため、養育者を短時間なら待つことができるようになります。
やがて、愛着の対象である養育者のイメージが、子どもの心のなかで象
徴化されるようになっていきます。

108

レッスン 9 基本的信頼感の発達

6. 愛着関係の展開と分離固体化

生後 2 年目を迎えると、「今ここにないもの」を「今ここにあるもの」で見立てるという象徴的思考の発達にともない、養育者のイメージを、象徴物や言葉で見立てることで、思い描くことができるようになります。たとえば、養育者がそばにいなくても、養育者が使っているかばんや上着などを手もとに置くことで、あるいは、養育者が自分をねかしつけてくれるときに常に存在する毛布や枕を養育者と見立てることで、寂しさを我慢できるようになります。このように、養育者が幼児の心の中で確実性をもった存在となり、養育者不在の事態を受け入れることができるようになります。

マーラー[5]は、上述したような愛着の発達的展開を、乳幼児の心理的誕生ととらえ、そこに至る過程を「分離固体化」のプロセス（養育者との共生から分化によってもたらされる個体化と再接近の過程）として説明しています。以下は、彼女が「分離個体化理論」のなかで導き出した 5 つの段階です。

▶ **出典**
[5] M. S. マーラー, F. パイン, A. バーグマン／髙橋雅士・織田正美・浜畑紀訳『乳幼児の心理的誕生──母子共生と個体化（精神医学選書 3）』黎明書房、1981 年、47-140 頁

マーラーの分離個体化の過程
0．共生：分離個体化過程以前（2〜4 か月）
1．分化と身体像の発達（4〜10 か月）
2．練習（10〜18 か月）
3．再接近（18〜24 か月）
4．個体性の確立：情緒的対象恒常性の始まり（24〜36 か月）

段階 0 は、まだ親子（母子）が一体化した状態にある時期です。次の段階 1 は、子どもが母親の顔や体あるいは衣服などを触るようになり、外界にも興味をもち始めます。こうした分化の段階を過ぎると、母以外の他者に対して人見知りを示すと同時に、移動が可能になり、母親を安全基地とした探索行動、すなわち「離れる−戻る」といった行動を繰り返す練習期（段階 2）に至ります。この時期、子どもは、養育者から提供される毛布、おむつ、玩具、哺乳瓶など、さまざまなものに探求の目をむけます。このように自律的な個体として身体的に母親から分離された幼児は、そこで獲得した新しい技術や体験を共有してほしい対象として、養育者に再接近します（段階 3）。それは、象徴的な遊びや言葉でのやりとりの機会をとおしたもので、単なる身体的接触ではない、模

109

第3章　対人的な関わりと子どもの発達

✳ 用語解説
同一化
同一視ともいう。他者の行動（様式）や考え方などを自分に取り入れ、その他者と同様の傾向を示すようになること。

▶ 出典
†6　†5と同じ、128頁

✳ 用語解説
内的ワーキングモデル
発達初期における養育者との関係性（自分の要求に親がよく応じてくれたかどうか）が基盤となって形成される対人関係のあり方に関する認知的枠組みのこと。

倣をとおした「**同一化***」による接近です。こうして幼児の内面に持続的で恒常的な養育者のイメージが確立されていき、「情緒的対象恒常性」の確立（段階4）へと導かれていきます[6]。これは、「自分を守ってくれる存在が内的なイメージ」として安定する段階であり、その対象者が恒常性を有することによって、分離不安に対する耐性が高まり、一人でも意欲的・適応的な行動が可能となっていくのです。

ボウルビィの理論においても、2歳以降の幼児は、養育者などの愛着対象を、自分と異なる目標・欲求をもつ、独立した永続する対象と考えるようになります。そうして養育者の目標を受け入れたうえで、自分の目標を修正し協調性を維持しつつ愛着関係を維持できるようになります。そして、愛着行動は「**内的ワーキングモデル***」として内面化され、さらに安定した他者との相互信頼に基づく対人関係を維持するために機能します。いいかえれば、早期の愛着行動をとおした経験が個人の記憶として内在化され、それがその後の対人関係のモデルとして一貫した機能を果たし続けると仮定されています。

愛着対象である養育者を、「支持的で応答的である」「よいもの・安定したもの」として内在化すると、子どもは、自分のことを「愛される価値のある存在」として表象化することになります。他方、養育者のことを「拒絶的で非応答的である」「悪いもの・不安定なもの」として内在化すると、子どもは自分のことを「愛される価値のない存在」としての表象化をしてしまうことになります。そして、この内在化（内的ワーキングモデル）に基づいて、近親者や新たに出会う他者の対人情報を認知することになるとともに、その評価に基づいて自分の行動についても予測し計画していくと考えられています。

エリクソンは、心理社会的発達の諸段階（乳幼児期）を、図表9-3のような漸成的図式で表すことを通じて、個体の発達分化が縦方向の一次元的な発達ではないことを強調しました。そして、おのおのの段階については、常に「その段階全体の形態を心にとめて」考察しなくてはならないと指摘し、おのおのの項目が素地として発達を続けていることを指摘しています。それぞれの段階で表れる「危機」の局面は、素地となる各項目の課題が並行して進行していることを前提にしています。その意味で、乳幼児期において培われる「信頼感」は、その後の対人・対物的関係において表れてくるさまざまな人格発達の過程において、常に基本（ベース）となる感覚を提供し続ける重要な素地であるといえます。

レッスン9　基本的信頼感の発達

図表 9-3 心理社会的発達の漸成的図式

	1	2	3
Ⅲ　移動 性器期			自発性 対 罪悪感
Ⅱ　筋肉 肛門期		自律 対 恥と疑惑	
Ⅰ　口唇 感覚期	基本的信頼感 対 不信		

出典：エリクソン, E. H. ／仁科弥生訳『幼児期と社会1』みすず書房、1977年、350頁をもとに作成

演 習 課 題

①乳児の「泣き」から、多くの養育者は「空腹だ」「おむつがぬれた」「眠くなった」などのメッセージを推測しますが、そのとき、養育者は泣き声以外のどのような手がかりを想定しているかを考えてみましょう。

②新生児や乳児が「くちびる」を通じてモノや養育者と関わる経験と、乳幼児がみずから移動して手を用いたり言葉を用いたりしてものや養育者と関わる経験とでは、どのような違いがあるのか、また、どのような類似点があるのかを考えてみましょう。

③養育者が乳児の状態を把握することは重要ですが、乳児が表情や行動で自分の不快な状態を表出する以前から（養育者が先回りして）対処してしまうことが、その後の互いの信頼関係の構築にもたらす問題点を考えてみましょう。

111

レッスン10

対人関係の発達

対人関係の基本単位は「私」と「あなた」という二者関係です。二者関係を意識するためには、まずは、自分自身が他者とは異なる存在であるということが理解できなくてはなりません。本レッスンでは、こうした二者関係の意識化を端緒に発達する子どもの対人関係の変化を、乳幼児期を中心に学びます。

1. 自分を認識することと対人関係

　自分自身を認識することが、自分と相手を区別することにつながり、それが対人関係の始まりとなります。そこで、本節ではまず、乳児期における自己への気づきの様相を、菅野・塚田・岡本[†1]を参考にしながら確認していきます。

　生まれたばかりの乳児に、「他者から見た自己という意識」があるとは考えられていません。しかし、自分の身体（運動器官と感覚器官）をとおして、自分と他者やものとを区別しています。たとえば、自分の指を吸っているとき、吸っているという感覚と吸われているという感覚を、それぞれ口唇と指先をとおして**同時に感受**しています。また、母親の乳首を強く吸うとそれは引っ込んでしまうのに対し、毛布は強く吸っても何の反応もありません。こうしたみずからの働きかけからフィードバックされる感覚の相違から、生後1か月過ぎの乳児は、他者や外界と区別された自己を認識し、主体としての自分を意識できるようになります。

　こうした外界への働きかけは、さらに活発かつ多様になっていきます。生後2か月を過ぎると、**目の前に自分の手をかざして熱心に見る**、つま先をつかむ、手を口の中に出し入れするなどを繰り返します。これらをとおして、乳児は、見ることと動かし感じることが一致することに気づき、3か月を過ぎると、見ているものをつかむなどの「**手と目の協応**[*]」が可能になってきます。さらに、生後8か月ごろからは、ガラガラを振れば音が鳴る、ボールを落とすとはねて転がる、テーブルの上の品物を落とすと母親が「ダメダメ」というなど、**自分の行為が環境にどのような変化をもたらすのかを理解**できるようになります。このように、「外界に積極的にむかう」主体としての自分、さらには、「外界に変化をもたらすことのできる」自分を意識できるようになります。

▶ **出典**
†1　菅野幸恵・塚田みちる・岡本依子『エピソードで学ぶ赤ちゃんの発達と子育て——いのちのリレーの心理学』新曜社、2010年、70-73頁

◆ **補足**
同時に感受
これは、「二重感覚（ダブルタッチ）」と呼ばれる。

◆ **補足**
目の前に自分の手をかざして見るなどの行動
こうした行動は、「ハンドリガード」と呼ばれる。

✴ **用語解説**
手と目の協応
見ているものをつかむなど、感覚器官と運動器官とを統合的に働かせることを指す。

◆ **補足**
自分の行為が環境にどのような変化をもたらすかの理解
これは、「随伴性の理解」と呼ばれる。

レッスン 10　対人関係の発達

この「環境に変化を与えられる自分」という意識は、一方的に他者から養育を受けるという関わりからの脱却を促します。たとえば、養育者がガラガラを振って見せたあと、養育者からガラガラをもたせられて自分がそれを振るといった経験（ものの操作やその結果を他者と共有するという経験）を繰り返すうちに、乳児は、自分の行為と他者の行為とを弁別できるようになり、さらに、自分には自分の、他者には他者の内的世界があることの理解に至ります。そして、生後8〜9か月になると、他者が見ているものと自分が見ているものが常に一致せず、他者が関心をむけているものに視線をむけるようになります。また、反対に、自分が関心を寄せているものに他者の視線をむけさせようとします。これが、**3項関係***の成立です。これを契機に、「自己の対象化（他者から見た自分に関する認識）」が形成され、1歳半以後には、自分を自分の名前で呼ぶこと、鏡に映った自分の姿を自分自身であると理解することにつながっていきます。

2．運動の発達と対人関係

第1節では、感覚器官と運動器官をとおして外の世界を理解していくことが自己の対象化をもたらし、それに伴って三項関係や共同注意に代表される対人関係が幼児期の初期に現れることを確認しましたが、本節では、運動発達（姿勢も含む）と対人関係について見ていきます。

まずは、乳児期から幼児期の終わりまでにわたる運動発達の様相を確認してみましょう（図表10-1）。

乳児は、その四肢が十分に機能し始める生後9か月を過ぎるころから、自分で立って移動することができるようになります。ベッドや床の上で、当初はねがえりを打つこと（5〜6か月ごろ）でしか周囲の世界に変化を生み出せなかった乳児は、手足と胴体を使って起きあがり、自分で移動し始めることにより、これまでの、養育者に抱きかかえられ、動かされていたという受動的な状態から脱却します。また、起き上がり移動する経験は、見える世界を広げるとともに、興味がわいたものや人に近づこうとする意思を乳児に与えます。

このような姿勢や移動に関わる粗大な運動能力と同時に、微細な運動能力も発達するので、物への操作も能動的で多様なものになります。手に渡されてはじめて握るだけだった状態（3〜4か月ごろ）から、自分から対象物に手を伸ばし（5か月ごろ）、ほかの指と向かい合わせられ

✳ **用語解説**
3項関係
「子ども」が「他者」と何らかの「対象」に関する経験をともにすること。この三項関係のなかで「共同注意」が生じるが、これには、子どもの対象物にむけての「指さし行動」、大人が対象物を見る「視線追従」、子どもが対象物に対する評価を大人の表情などから行う「社会的参照」が含まれる。

113

第3章　対人的な関わりと子どもの発達

図表10-1 乳幼児期の運動発達（粗大・微細別）の目安

粗大運動		微細運動	
3〜4か月	首すわり	1〜2か月	正中線を越えて追視
5〜6か月	寝返り	3〜4か月頃	ガラガラを握る
7〜8か月	おすわり	3〜4か月	180°追視する
9〜10か月	つかまり立ち	5か月頃	ものに手を伸ばす
12〜14か月	1人で2秒立つ	9〜10か月頃	親指でつかむ
13〜15か月	1人で10秒立つ	14〜16か月頃	自発的ななぐり書き
15〜17か月	上手に歩く	18〜19か月頃	積み木を2個積む
18〜20か月	走る	2歳頃	積み木を6個積む
20〜22か月	階段を登る	3歳頃	縦の線を模倣する
2歳〜3歳半頃	両足でジャンプする	3歳半頃	○を模倣する
3歳半〜4歳頃	けんけんする	4歳半頃	□を模倣する
4歳〜5歳頃	片足立ち	5歳〜6歳	人物画を描く

出典：永井徹監修、青木紀久代・平野直巳共編『乳幼児期・児童期の臨床心理学（ライフサイクルの臨床心理学シリーズ1）』培風館、2012年、20頁

るようになった親指を利用して対象物を器用に扱う（9〜10か月ごろ）という能動的な外界の操作をとおして、それまで以上に外界の理解（たとえば、**対象の永続性**）も深まっていきます。

参照
対象の永続性
→レッスン9

このような運動の発達に相応して、子どもの感情にも発達的な変化がみられるようになります。前進したり後退したり、のぼったり降りたり、追いかけたり逃げたりするなどの身体運動を、子どもはみずから主導的に開始します。そして、この主導性ゆえに、一つひとつの行動を起こす際に、「あれをするために、このようにしよう」という目標にむけた手段を考えるようになります。このように行動の目標が明確になると、さまざまな手段を駆使してその実現にむけてがんばろうとする気持ち（努力感）、うまくできたという気持ち（達成感）、うまくできなかったという気持ち（失敗感）などが明確になってきます。

このように、幼児期になると、子どもは自分で立てた目標を実現させようとして、さまざまな手段を心のなかで考えたり試行錯誤したりします。つまり、幼児は、外の世界に対して行為でもって明確な意志を示し始めます。このような明確な意思や意図の伴う行動は、自分の思い通りにならない葛藤場面を招くことになります。**他者の気持ちを推測できるようになるまでの時期（4歳ごろまで）**は、自分では葛藤をうまく調整することはできないので、時に周囲の人々を困らせることもあります。次の節では、主に玩具の「所有」をめぐる葛藤を契機に発達する遊びをとおした対人関係についてみていきます。

✚補足
他者の気持ちの推測
こうした働きを「心の理論」と呼ぶ。これは、他者の心の状態や他者が考えている内容（意図や目的、信念や疑念など）を推測する心の機能のことである。

114

レッスン10　対人関係の発達

3．遊びにおける葛藤と対人関係

　乳児期から幼児期に移行し、1歳半を迎えるころになると、自分の使っている玩具やいすなどについて、「これは自分のもの」という所有意識が子どもには生じてきます。いいかえれば、自分の所属物に対する執着が強くなり、さらに、周囲の対象物を自分の領域に取り込もうとします。興味がわいた対象を次々と手に取って自分のまわりに集めることなどは、その表れです。いったん自分の領域に取り込んだ（自分の所有物・自分に所属するものとみなした）ものを、他人が取り戻そうとすると、懸命に抵抗します。

　園原[2]は、助詞「の」が含まれる「○○ちゃんの」という子どもの言葉に着目し、これを、「自分のいる空間の中に停泊点（たとえば、自分が座っている場所の周囲）を定め、その勢力が及ぶ範囲を限定しようとする（他者に影響を及ぼしてほしくない範囲の限定でもある）認識の表れ」だと指摘します。また、こうした自己領域の主張のなかの「の」は、単なる所有格ではなくて、子ども自身が活動する領域を示すのであり、ここが「私」の行動空間、そっちが「あなた」の行動空間として明確化されていき、それが自己と他者の分化（自他の認知）を推し進めると説明されています。

　ここで、以上のような所有ないしは自己領域をめぐる葛藤の一端を、事例（インシデント①）をとおしてみてみましょう。

▶ **出典**

[2]　園原太郎「5章 人間関係の発達」園原太郎編『認知の発達』培風館、1980年、319-320頁

【インシデント①】

　近所に住んでいるタカシくん（1歳6か月）とお母さん、ヒロコちゃん（4歳6か月）とお父さんが、たまたま、親子が自由に遊びに来ることができる子育てひろばで、一緒になりました。ヒロコちゃんが、おもちゃがたくさん入っているかごをタカシくんのところにもってきて、遊んであげようとしています。ヒロコちゃんは、かごから少しずつおもちゃを出してタカシくんと一緒に遊ぼうとするのですが、タカシくんは、出てくるおもちゃを次々と自分のそばにもってきて「これ、タカシくんの」と主張しながら、ヒロコちゃんに触らせようとしません。やがて、ヒロコちゃんは、タカシくんと遊ぶことをあきらめて、お父さんのそばで、お絵かきを始めました。タカシくんは、一人では楽しく遊べない様子で、「ママ、こっち、こっち」とお母さんを呼びます。

115

第 3 章　対人的な関わりと子どもの発達

この事例からわかるように、この時期の子どもは、他者が玩具をもっていると、それを取り上げようとします。自分の領域内に玩具を取り込んで、一人で楽しもうとするのです。しかし、奪い取った玩具が、それだけでは楽しい遊びを生み出してくれないので、別の玩具を見ると、再び他者からそれを奪い取るといったことを繰り返します。子ども自身は明確な意識はないものの、それまでは、他者（主に養育者）と一緒に玩具などの対象物を共有していることが、楽しさにつながっていました。つまり、所有にこだわり始めた時期には、そうしたこれまでの楽しさが、玩具を媒介にした遊び相手の行為によってもたらされていたことを十分に理解できないのです。その典型的な姿がインシデント①のタカシくんの行動です。

自分と他者とが意識レベルで未分化な状態では、他者である養育者が遊びの足がかりをつくってくれます。これによって、子どもには、いかにも自分一人で玩具をうまく操作できているような感覚が保障されていました。つまり、玩具を手にすれば、楽しい遊びも自然についてくるという一種の幻想が子どもの心に生じていました。しかし、他者から玩具を取り上げ、その相手と対面し対決するという葛藤場面を重ねていくうちに、自分一人では、それまで相手と一緒に楽しんでいた行為を再現できないことに徐々に気づいていきます。また、養育者から「お好きなように」と一人で遊ぶことを促されると、自分一人では無力であることに否応なしに気づかされます。このような経験を通じて、幼児は、自分が実現したい楽しい世界は、他者の意図を受け入れることによってはじめて成り立つことに気づき始めます。

２歳ごろには、同じような年齢の子どもが遊んでいる姿をじっと見たり、その子どもに近づいたりする行動がみられ、３歳ごろには、他の子どもと直接に関わらないものの、同じ空間で同じ遊びを一定時間続けられるようになります。さらに、４歳ごろになると、子どもどうしが相互作用しながら遊べるようになります（図表10-2）。遊びの内容について対話したり、玩具を貸し借りしたり、相性の合う仲間を選択（合わない相手を遠ざける）したりします。しかし、遊びに加わっている子どもたちは、ほぼ同じ行動（全員が大型積み木を積むなど）をしています。別々の役割を演じたり、何らかの目標にむけて分業したり、リーダーとフォロワーに分かれたりなどが遊びのなかでみられるようになるのは５歳を迎えてからになります（図表10-2）。

以上のような**遊びの発達**をとおして、子どもは多様な体験を積み重ねていくのですが、意図のある者どうしのやりとりのなかでは、必ずいざ

◆補足

遊びの発達
パーテンは、乳幼児期の遊びを、何もしない行動→一人遊び（１歳）→傍観的行動（２歳）→並行遊び（３歳）→連合遊び（４歳）→協同遊び（５歳）と発達に即して分類している（W. デーモン／山本多喜司編訳『社会性と人格の発達心理学』北大路書房、1990年、144-146頁）。

図表 10-2 遊びの発達

こざや葛藤が生じます。次の節では、遊び以外の場面で、生活空間の拡大に応じて子どもが経験する葛藤と対人関係をみていきます。

4. 生活空間の拡大にともなう葛藤と対人関係

　生後数か月の間、乳児は、自分に関わってくれる相手を区別することなく、その養育を素直に受け入れて成長します。ところが、生後6～8か月ごろになると「**人見知り**」がみられるようになります。これは、乳児が多様な他者から養育を受けるという経験のなかで、自分にとって見慣れた安心できる対象（これまでと同じ関わりを維持しておきたい人物）と、あまりなじみのない警戒すべき対象（これまでの関わりを変えるべき人物）とを弁別するようになった表れです。愛着の対象には積極的に接近し、そうではない相手を遠ざけるといった特徴をもった対人関係が、この時期の特徴だといえます。

　こうした関係性は、すでに本レッスンの第2節で述べた運動面での発達によって得られる自由な移動の時期に入ると、さらに明確に観察されます。たとえば、興味をもった対象物に接近し、再び、養育者のところに戻るといった活動、離れたところにある対象物を取りに行き、それをもち帰って養育者に手渡しするといった活動です。親子が接触した状態

★補足
人見知り
この言葉は、一般的な会話のなかで使用されるが、心理学では「分離不安」と呼ぶ。人見知りは、乳児が愛着の対象（多くの場合は母親）から離れることに対する不安から生じると考えられている。

第3章　対人的な関わりと子どもの発達

での養育 - 被養育関係から脱し、両者が接近したり離れたり、互いの存在や対象物に視線をむけ合ったりという、複雑でダイナミックな関係性に発展します。

また、これも第2節でふれていますが、起き上がり、移動できるようになることは、子どもが知覚し働きかける世界を広げます。それまでの、寝ているために制約のかかった平面的な世界から、幅と奥行き、そして高さのある立体的な世界への広がりです。こうした3次元の空間の中で、子どもは、好奇心の赴くままに、周囲にある道具や設備を手当たりしだいに触ろうとしますので、本人にとって危険な行動（低いテーブルの上にあるナイフやライターなどを手に取るなど）や**周囲の大人にとって困る行動**を頻繁に示すようになります。つまり、子どもの活動空間の拡大は、養育者や保育者にとってある種の「脅威」につながります。

子どもの気持ちからすれば、「これをこんなふうに扱ったら、どうなるのだろうか」「こうしたら、大人はどんな反応をするだろうか」と興味津々であり、あれこれ試行錯誤を繰り返しているだけです。しかし、周囲の者にとっては、移動できる以前の他愛ないふるまいとは異なる実害・被害をともなう子どもの行動に対し、制止せざるを得ない状況が生じてくるのです。何かをするたびに、養育者や保育者から「ダメ」という言葉が自分にむけられるようになり、自分を否定的に扱おうとする他者の態度にはじめて接することになります。

こうしたことが、子どもの探索（遊び）ではなく、食事や着替え、排泄などの日常的な生活習慣に関わってくると、子どもと養育者や保育者との間には、より対立的な葛藤状態が鮮明になってきます。具体的には、スプーンをもって食べようとして食べ物を皿のまわりに散らかす、自分一人で着替えようとして衣服のおかしなところから首や腕が出てくる、おまるに座るのを拒否して逃げ回り畳や絨毯の上に漏らしてしまう、などです。これらは、毎日繰り返される習慣的行為ですから、探索の場合よりも、大人から子どもに対する叱責の強さや頻度は高くなります。

こうした葛藤が始まった当初、子どもはまだ、他者が自分に対して何を要求しているのか・何を望んでいるのかが十分理解できません。また、叱責されれば不快な感情が生じるのは間違いなく、それが反発心を生むため、他者にむかって拒否的な態度を示したり、これまでの自分の行為を修正することなく強引に繰り返したりします。しかし、なぜこうした反抗的な態度をとってしまうのかは、子ども自身にもわからないようです。こうした反抗が習慣化していくと、自分がやりたいことにとって有益な他者からの配慮や援助も自分に対する干渉であると誤解し、それを

◆ 補足

周囲の大人が困る行動
ティッシュペーパーを箱から際限なく引き抜く、たんすの引き出しから衣服を出して床に散らかす、いすに乗ってテーブル上の電話やリモコンのスイッチを押す、食べ物の入った食器をひっくり返すなどがよくみられる。

118

レッスン10　対人関係の発達

拒否するという事態も引き起こします。

　以上のような、2歳から4歳ごろの幼児が大人に対して頻繁に反発を示す時期を「第一次反抗期」と呼びます（「イヤだ」を頻発するので「イヤイヤ期」とも言います）。この時期の子どもは、独立や自律への欲求を高める一方で、自分の能力の限界を把握したり自分の欲求を制御したりできないために、しつけにともなう親からの禁止や命令と衝突してしまいます。**ヴィゴツキー**[*]は、こうした事象を「3歳の危機」と名づけ、子どもが示す拒否的反応の本質を、次のように分析しています[†3]。

・拒否的行為の動機は、大人が子どもにすすめる活動の内容にあるのではなく大人自身に置かれている。

・子どもは、大人が行うように要求する行為そのものではなく、大人が要求していることに対して拒否的に反応する。したがって、大人の要求とは「逆」のことを行う傾向、自分がやってみたいと望む行為かどうかとは無関係なことを行う傾向がみられる。

　こうした姿は、一言で表すならば「反抗のための反抗」ですが、親も含めた周囲の大人の権威に対する子どもの態度の劇的な変化です。いいかえれば、その時・その場における欲求とは独立して、子どもの自我と周囲の人々との関係性すなわち対人関係が改変されているのです。反抗という現象だけに着目すれば危機ともいえますが、この変化は、次節で述べるように、その後の対人関係の発達にとって重要な意味をもっています。

5.　他者理解に基づく葛藤の解決と対人関係

　前節で取り上げた子どもからの一方的な反抗ないしは拒否的な態度は、食事、衣服の着脱、排泄などの世話すべてを養育者や保育者にまかせていた時期から、ある程度それらを自分で担える能力を獲得し、自分でやりたいと感じ始めるころからみられます。しかし、時間の経過とともに、自分一人の思いだけでは、必要な事柄を達成できないこと、他者の要求や援助を受け入れていかなくてはならないという現実に気づきます。例をあげれば、スプーンの操作や衣服の着脱は他者の援助なしにうまくできない、便意を催しておまるのところまで我慢したつもりが、うまく座

■人物

ヴィゴツキー
（Lev Semenovich Vygotsky）
1896〜1934年
旧ソビエト連邦の心理学者で、精神発達遅滞の子どもの教育や人間発達に関わる問題に関心をもち研究。①人間の発達は外界との社会的相互交渉による、②人間の高次精神活動は記号（特に言葉）を媒介した間接的活動としての特徴をもつ、③人間が発達する環境は歴史的・社会的な環境であることを主張した。

▶出典

†3　ヴィゴツキー／柴田義松訳者代表、宮坂琇子・土井捷三・神谷栄司訳『新児童心理学講義』新読書社2002年、141-151頁

第 3 章　対人的な関わりと子どもの発達

れないので養育者の期待した場所に排泄できずに汚してしまうなどの経験です。

　こうした気づきは、自己の欲求とその達成感のみがもっぱら心のなかで主題となるのではなく、他者というものの視線、他者から欲求されることの重みを受けとめ、自分を見つめ直すことにつながります。いわば、自己と他者とが葛藤する関係性を「危機」ととらえたエリクソンは、幼児期の自己と対人関係の発達的過程を、幼児期前期（1〜2歳）の「自律 対 恥と疑惑」という発達課題の解決、幼児期後期（3〜4歳）の「自発性 対 罪悪感」という発達課題の解決として描き出しています[4]。

　たとえば、上記の排泄に関するコントロールができると思っている子どもは、自律性にむかう自己を経験しますが、うまく排泄できなければ恥ずかしい自己を経験したり、自分のコントロール能力への懐疑の念をもったりします。こうした葛藤は、大人と子どもとの間の相互作用がうまく調整されることによって解決されます。そしてこの解決の原動力は、子ども自身が、他者の援助を受けることもあるが、「自分の運命は自分がコントロールしているのだという信念」であり、「自分は自由に意思をもてる存在である」との確信が形成される[5]ことであるとされています。

　次の段階に入ると、子どもは、自分の意志を基盤として外の世界に自発的にエネルギッシュに関わっていきます。失敗をものともせず、不確実であったり危険であったりしても、果敢に自分が望ましいと思うことに立ちむかいます。エリクソンは、この時期の子どもの特徴を以下のように整理しています[6]。

> ・自由に激しく動き回ることを学習し、それゆえに、制限されない広範な目標を設定する。
> ・言語の発達にともない、数多くのことがらを理解したり、数多くのことがらについて絶え間なく質問したりする。
> ・言語面と運動面の発達により、多くの役割を（自分が演じている姿を）想像する。

　3点目にあるように、子どもは、物語や空想を通じて社会的役割の概念を理解するようになると、主に「ごっこ遊び」という形で、さまざまな社会的行為を試します。こうした想像の世界で役割を演技・模倣していく経験を積み重ねると、想定している役割や他者から現実に期待されている役割にふさわしい行為が自分にできているかどうかを意識・内省

▶ **出典**

[4]　E. H. エリクソン／仁科弥生訳『幼児期と社会1』みすず書房、1977年、322-332頁

▶ **出典**

[5]　W. デーモン／岡直樹訳「第6章 児童期の個性と自己発達」山本多喜司編訳『社会性と人格の発達心理学』北大路書房、1990年、287-288頁

▶ **出典**

[6]　[4]と同じ、289頁

するようになります。もし、「期待された役割」にこたえているという自己肯定感があれば、「自発性」はそのまま維持・強化されますが、そうでなければ、罪悪感が芽生えます。つまり、自分の外の世界への働きかけが、他者から肯定的に評価されない（たとえば、うまく絵がかけない、上手に手伝いができていないといわれる）場合、自分の力を行使することに対して罪悪感が生じると考えられます。この自発性と罪悪感との間の葛藤は、「自分は想像のなかで何にでもなれる（どんなこともうまくできる）存在である」という信念が安定的に確立されることで解決できるとされています[7]。

　次の節では、この役割意識の発達に焦点をあて、それに応じた対人関係の変化を見ていきます。

▶ **出典**

[7] [4]と同じ、289-291頁

6. 役割意識の発達と対人関係

1 生活空間の広がりと役割への気づき

　保育所や幼稚園などに通い始める前、子どもにとっては、養育者の役割が家庭のなかで絶対的な地位を占めています。しかし、就園して生活空間が広がると、子どもは、さまざまな人と接するなかで、自分に関わる人々が、それぞれの固有な役割を果たして（演じて）いることを知ることになります。その結果、当然、養育者もその一人であることが理解されるようになります。

　このことは、家族について描いた絵の変化からも読み取ることができます。最初、母親や父親の姿が用紙の中央に並んで大きく描かれていた絵が、やがて特定の役割を家族が担っていることがわかる絵へと変化していきます。たとえば、仕事着を着た父親が仕事から帰ってくる姿を描くことで、父親の家族における役割が、行動、服装、空間によって表現されるようになるのです。また、それを描いている自分自身も家族の一員として一定の役割を担っており、家族の生活というものがそれぞれの役割を果たすことで一定のサイクルをもって営まれているということを理解できるようになります。

　一方、家族という関係から一歩社会に踏み出せば、そこには、さまざまな人々が自分の生活とは異なる生活が多様なサイクルで営まれていることに子どもは目をむけ始めます。街に出ると、さまざまな役割をもつ人々がそれぞれのもち場で活躍していることを実際に目にします。養育者や保育者との対話から、あるいは、絵本や映像メディアなどからも、

数多くの具体的な生活者の情報に接することができます。たとえば、農場で野菜をつくる人、工場で自動車を組み立てる人、家を建てる人、道路で道を舗装する人、車でものを運ぶ人、レストランで食べ物を運んでくる人など、それぞれの固有の働きをすることをもって社会が成り立っていることがわかってきます。他者は、自分とは異なる場面設定のなかで、各自の役割とプランをもって活動していることに気づき始めます。

2 他者の心の理解

　4歳を過ぎるころになると、他者の心を理解するという側面が発達してきます。たとえば、いつも「おはよう」とあいさつをしてくれる友だちが今朝は「おはよう」といわなかった場合、「今日は体調が悪いのかな」「何か相手の気に入らないことを自分がしてしまい、機嫌が悪いのかな」などと、相手の心のなかを推測できるようになってきます。

　このような他者の心の状態（認知、意図、目的、信念、疑念、知識、推論など）を推測する心の働きを「心の理論」と呼びます（第2節参照）。この機能の発達にともなって、子どもは、自分が今いる位置から見える景色は、自分とは別の位置にいる人が見ている景色とは異なっていること、他者には自分の意図とは異なる意図が存在することなどに気づくようになります。このことを、次の事例（インシデント②）で確認してみましょう。

【インシデント②】
　マサオくん（3歳・男児）は、姉のサチコちゃん（5歳）とはじめてかくれんぼをします。サチコちゃんは、マサオくんが鬼になって、自分が本気で隠れるとマサオくんが自分を見つけられなくなってかわいそうだと判断して、自分が鬼になることにしました。サチコちゃんが目をつぶって、「いーち、にー、さーん……」と10まで数え終わって目をあけると、なんとマサオくんは少し離れたところで、自分の目を両手で隠して立っています。これを見て、サチコちゃんはびっくりしました。

　自分と他者の見え方が異なっていると判断できる以前の段階では、自分が何も見えないことは、他者も何も見えていないことだと考えます。したがって、インシデント②のようなかくれんぼの場面では、両手で自分の目を隠してしまえば、他者からの眼差しを避けられると思い込んでいます。心の理論を獲得して、自分と他者の見え方とは違うという意識

が明確になってくると、他者の視線から隠れることができるようになります。また、自分の心の世界（考えていること）は他者からは見えないということが理解できるようになると、嘘をつくこともできるようになります。

いずれにしても、自分が生きている社会は、さまざまな独自の心をもった人々によって成り立っていることを、子どもは理解できるようになります。自分とは違う他者の視点から見ると、自分の視点から見るのとは異なる世界や対人関係などが見えてくることの楽しさは、役割を入れ替えて試行する「**ごっこ遊び**」につながっていきます。

3 ごっこ遊びにおける対人関係

ごっこ遊びは、比較的早期（2歳過ぎ）からみられます。この年齢の子どもたちは、キッチン（おままごと）セットなどを使って、お母さんのまねをよくします。また、男の子はテレビに出てくるヒーローを真似て、戦隊ごっこに興じます。ただし、仲間と相互作用するようなごっこ遊び、自分たちでつくるプランやシナリオに沿って展開するようなごっこ遊びは、4歳を過ぎるころまではみられません。

こうしたごっこ遊びのなかでは、子どもやきょうだいなどの家族役にむかって指示を出してみたり、仕事場で仕事を分担している部下役に命令してみたり、逆に指示や命令に従ってみたりする行為が、一定のプランやシナリオのもとで展開されます。そのような機会を通じて、子どもなりに、個々の役割を意識しながら、さまざまな社会関係のあり方を模倣することによって再現しようとします。

ガーヴェイ[8]は、遊びに関するさまざまな事例を検討するなかで、今ここにあるものを今ここにないものの象徴とする遊びを「見立て遊び」、個々の事物のみならず、今ここにある人やものを使って、今ここにない役割関係やそれにより構成される社会・世界を実現する遊びを「ごっこ遊び」であるととらえました。そして、ごっこ遊び（厳密には、ごっこ遊びにおける共同）が成立するためには、遊びに参加する子どもたちが「プラン」「役割」「もの」「状況設定」を共有している必要がある[8][9]、とされています。つまり、見立てられたものや事柄が、どのような役割関係、状況設定、プランのもとで一連の出来事として展開されていくのかを想定する能力が求められることになります。こうした複雑な構造を持った本格的なごっこ遊びは、5歳を過ぎる頃に観察されます。

また、こうしたごっこ遊びをとおして積み重ねられる「自分が他者との関係性のなかで、さまざまな役割を担う」という経験は、遊び（空

✦ 補足
ごっこ遊び
ここでの「ごっこ遊び」は、親などの身近な大人、テレビ・絵本・漫画などの登場人物、さまざまな職業人、動物・植物から乗り物・道具まで、模倣・空想によってさまざまに「変身」して楽しむ遊びに限定する。

▶ 出典
[8] C. ガーヴェイ／高橋たまき訳「『ごっこ』の構造——子どもの遊びの世界」サイエンス社、1980年、148頁

▶ 出典
[9] 箕輪潤子「幼児の共同遊びに関するレヴュー——形態と展開に着目して」『東京大学大学院教育学研究科紀要』46、2006年、269-277頁

第3章　対人的な関わりと子どもの発達

想・模倣）以外の現実の対人関係の中でも機能するようになります。た
とえば、保育者に代わって年少児の世話を担う、保育者が絵本を読み聞
かせるとき、クラスメートの一人として傾聴役を担うなどが可能になり
ます。さらに、こうした経験は、集団内で生じた葛藤場面を解決するた
めに、**必要に応じて自分の考えを主張したり、抑制したりするという行
動**にもつながっていきます。しかし、まだ、幼児期の子どもは、現実の
大人の社会関係のなかに十分に入り込んで、現実的な期待にこたえる存
在としてみなされてはいません。幼児期の間は、子どもは、主に遊びを
とおして対人関係のあり方を学んでおり、その成果が、就学後の現実に
即した対人関係における役割遂行に生かされていくのです。

◆ 補足

**自分の考えを主張した
り、抑制したりするとい
う行動**
自己主張と自己抑制によっ
て自分の行動を適切に制御
していく能力は「自己調整
機能」と呼ばれている。
→レッスン5

::: 演 習 課 題 :::

①眠くないのでベッドに入らない幼児の拒否と、自分でも眠くなってき
　たのに、「寝まきに着替えなさい」といわれて「いやだ！」とベッド
　に入らない幼児の拒否との違いを説明してみましょう。
②鬼ごっこで、最後までつかまらないことが最もうまく逃げ延びたこと
　になるのに、それが参加者にとってつまらないと感じられるのはなぜ
　かを考えてみましょう。
③幼児期に獲得されるとされる「自己調整力（機能）」についてくわし
　く調べてみましょう。

レッスン**11**

道徳的判断の発達

道徳ないしは道徳性は、ものごとの正邪あるいは善悪に関する基準や規範意識と関連するとともに、その判断や行動がともないます。規範意識は、幼いうちは自分と相手・環境という二者関係のなかで生じますが、成長するに従って、「多くの人々で構成される集団や社会」のなかで機能するようになります。本レッスンでは、道徳的な判断が発達していく過程とそれを育む保育者のあり方を学びます。

1. 道徳にかかわる3つの側面

　心理学では、道徳に対して大きく3つの側面、「情緒的側面」「行動的側面」「認知的側面」からアプローチしています[1]。この文献を参考にしながら、以下、3つの側面から、どのような点に着目しながら道徳が研究されているのかを見ていきます。

1 情緒的側面

　まずは、次の短い事例（インシデント①）を読んでみましょう。

【インシデント①】

　具合の悪そうな高齢者が路上でしゃがみこんでいました。心のなかでは「援助しなければ」という気持ちが生じたのですが、急いでいたあなたは、何もせずにその場を去りました。翌日、同じ場所を通りかかったとき、その高齢者のいた路肩に花束が置かれていることにあなたは気づきました。

　これはあくまで仮想例ですが、「援助しなくては」という共感の念も、「私が援助しなかったから亡くなったのかも」といった罪悪感も、私たちが成長の過程で獲得する道徳性のうちの情緒的側面といえるでしょう。

　罪悪感が生じるのは良心があることの裏返しですが、**フロイト**[*]は、子どもが親からのしつけ（家庭教育）をとおして身につける「良心」のことを「超自我」と名づけています。この「超自我」は、実生活のなかで多様な行為をつかさどる主体としての「自我」をコントロールする機能を果たすと考えられています。

▶ **出典**

†1　渡辺弥生『子どもの「10歳の壁」とは何か？ ――乗り越えるための発達心理学』光文社新書、2011年、158-159頁

🧑 **人物**

フロイト
(Sigmund Freud)
1856～1939年
オーストリアの精神科医。精神分析学の創始者として有名。彼は、人間の精神機能を、快楽原理に従う「エス（イド）」と現実原理に従う「自我」と道徳原理に従う「超自我」の相互作用としてとらえている。

125

第3章　対人的な関わりと子どもの発達

2 行動的側面

　先の事例での「援助しなくては」という気持ち（情緒）、あるいは、次項で述べる規範的な基準（認知）に従って、実際に援助をするのかどうか、具体的にどのような援助を行うのかに着目した場合、それが、行動的側面へのアプローチになります。

　この側面を重視した研究者として、**バンデューラ***をあげることができます。彼は、援助行動や分配行動など道徳性に関係の深い行為は、その他の数多くの行為と同様に、モデルとなる身近な人に対する同一視や尊敬の念が媒介となって模倣されることで、獲得されると説明しています。たとえば、近隣との付き合いが積極的で援助行動を惜しまない親に育てられた子どもが、みずからも学校や地域で積極的に道徳的な行為を示すようになるであろうことは想像がつきます。

　こうしたメカニズムは「**社会的学習理論**」と呼ばれています。この理論では、道徳的な行為はモデルの模倣として生じるという説明になりますが、私たちが示す道徳的行為には、現実には、特定の場面で誰かが困っていると認識したり、複数の選択肢からどれが適切で正しい行動なのかを判断したりといった認知過程が介在している場合が多いことも事実です。

3 認知的側面

　すでに述べたように、道徳的な行為の背景には、善悪という判断のもとになる規範や基準をどのように認識しているのか、規則やルールをどのようにとらえているのかといった、認知的な過程が存在します。この認知的側面に着目することで導かれた道徳に関する最初の発達理論は、**ピアジェ***によって提唱されました。

　彼は、子どもの遊び（主にビー玉遊び）をていねいに観察することを通して、道徳性の発達と密接に関係する「規則に関する認識」の発達的変化を明らかにしました。これが書かれているピアジェの『児童の道徳判断』を平易に解説した著書[2]をみると、第1期は「単純な個人的規則の段階（4歳ごろまで）」、第2期は「年上の児童を自己中心的に模倣する段階（4・5歳〜7・8歳ごろ）」、第3期は「協働の段階（7・8歳〜11・12歳ごろ）」、第4期は「規則のための規則あるいは政治に興味をもつ段階（11・12歳以降）」となっています。

　以下、波多野[3]を参照しながら、各期の規則に関する認識の特徴を整理します。

人物

バンデューラ
（Albert Bandura）
1925年〜
1925年にカナダで生まれる。アメリカのスタンフォード大学に長く所属し、アメリカ心理学会会長（1974年）も務める。直接の強化（経験）がなくても学習が可能であることを示した社会的学習理論や自己効力感に関する研究で有名。

人物

ピアジェ
（Jean Piaget）
1896〜1980年
スイス生まれの心理学者。動物学で博士号を取得するが、生物学と認識論を結び付けられる心理学に関心を移す。入念な観察手法によって思考の発達段階を明らかにしたことで有名。

出典

†2　波多野完治『ピアジェの児童心理学』風土社1966年、244頁

†3　†2と同じ、235-261頁

レッスン11　道徳的判断の発達

【第1期】

　自分の好きなようにビー玉で遊ぶだけで、他者と共有するような規則の認識はみられません。ただし、ビー玉を敷居の溝の上に転がすとか、それを鍋の中に入れてはしでかき回すなど、遊んでいるうちに自分なりの遊び方（形式ないしは儀式）が固定してきます。ビー玉は、線路の上を走る汽車であったり、鍋の中で煮える豆であったりと、象徴化されてきますが、あくまで個人的な規則に従った遊びの時期だと考えられます。渡辺[4]が示す「社会的な意味合いをもつような行動がまったくみられ」ない時期なのです。

【第2期】

　ひとり遊びから他者との相互作用のある社会的遊びに発展してきます。この時期の子どもは、年長者の遊びにしきりと入りたがります。しかし、年長者の遊び仲間としてグループに入れてもらえることがうれしいのであり、遊び方には自己中心性が色濃く残っています。つまり、**遊びの規則を遵守しようとはせず**、年長者にとってはやっかいな存在です。それでもなお、あこがれの年長者の遊び方がモデルとして機能し始めるため、それまでの個人的な儀式や象徴が、服従を強いたり強制力をもったりしはじめます。この点を、渡辺[5]は「規則の認識についての芽生えらしきもの」と呼び、その具体例として「たとえば、『順番こ』ということがわかったり、先に遊んでいる子に優先権がある、といった理解」をあげています。

【第3期】

　ビー玉遊びなどの社会的遊びのなかに「勝ち負け」の意識が明確化してくる、とピアジェは指摘します。たとえば、同じ場所から相手のビー玉をねらって自分のビー玉を投げて当てるゲーム（当てればそれを自分のものにできる）であれば、同じ条件で「公正」に競うことが大事だと考えるようになります。投げる際に立つ位置を変えることは「ズル」をすることになります。いいかえれば、ビー玉を「正当な方法」で得ることに喜びを感じるのです。公正さを求めて、自分たちで規則をつくったり変更したりもします。しかし、こうした規則は、仲間うちだけのものであるため、真に公平なものではありません。したがって、遊びを続けるうちにけんかが始まります。つまり、この時期の遊びはまだ本当に組織化されるところまで成熟してはいないことになります。子どもは自分たちの規則を遵守し協働的にふるまおうとしているのですが、まだ心のなかに残された自己中心性によって、終局の協働に至っていないとピアジェは解釈します。

▶ **出典**
[4]　[1]と同じ、160頁

✚ **補足**

遊びの規則
ピアジェは、この時期の子どもに「遊びの規則は変えることができるか」について質問をしているが、その結果、意識のうえでは「規則は神聖なものであり、けっして変えてはいけないもの」ととらえていることを見いだしており、矛盾をはらんでいることを指摘している。

▶ **出典**
[5]　[1]と同じ、161頁

第 3 章　対人的な関わりと子どもの発達

【第 4 期】

　第 3 期までにみられた自己中心性に起因する矛盾が解消されます。子どもたちは、豊富な知識に基づいた詳細な規則、しかも、遊びのなかで生じうる紛争を処理できるような規則をつくり上げるようになります。この時期の子どもは、もはや勝負に関心をもつというよりも、むしろ遊びの規則の運用に強い関心を示すとともに、負けた者の立場にも配慮するようになるとピアジェは指摘します。自分の立場に拘泥せず、勝った者の立場も負けた者の立場も重視しようとする姿勢は、まさに自治的で政治的な意識の誕生だといえます。

　以上で確認してきた規則に関する意識の認知面での変化は、最終の段階で、真の意味で「他律」から「自律」へと移行しているといえますが、それをピアジェの言葉を借りれば、「純粋な運動的規則」→「一方的尊敬に基づく強制的規則」→「相互的尊敬に基づく合理的規則」という段階としてとらえることができます。保育者としては、自分が関わる子どもたちの遊ぶ様子や対話の内容をじっくり観察し、規範意識の面で彼らがどの段階にいるのかを正しく判断したうえで、個々の場面で彼らにとって必要な援助を行うことが求められます。

2. 規則 (ルール) の領域——道徳・慣習・個人

　私たちは、ふだんから、ものごとや人の行為に関して善悪の判断をしていますが、チュリエルは、それらがすべて真の意味で道徳とはいえないこと、それらを大人が混同していることが子どもの道徳の理解に関する混乱を招いていることを示しました[6]。彼は、私たちが生活のなかで運用している規則 (ルール) を「道徳」「慣習」「個人」という 3 つの領域に分けてとらえる必要性を唱えています。

　道徳領域には、正義・福祉・権利などの価値が含まれています。他者からの期待や文字化された規則の有無とは独立して、逸脱すれば「悪」と判断されるものが道徳です。盗み・殺人・いじめなどが該当します。一方、慣習領域は、社会のあり方・しくみに関する規則が含まれます。慣習とは、社会的関係を調整したり、集団を維持したりするための規則であり、あいさつ・校則や社則・服装などに該当します。慣習は、ある集団では「逸脱している (望ましくない)」と考えられるものが、別の集団では「受容できる (望ましい)」といったように、その価値は絶対

▶ **出典**

†6　†1 と同じ、183-192 頁

的ではなく相対的です。さらに、個人領域は、一人ひとりが定めている価値であり、具体的には、趣味や友人の選択などに該当します。

チュリエルは、こうした3領域は、①規則随伴性、②権威依存性、③一般性、④可変性、⑤個人決定権によって区別できるとしています。たとえば、「人を傷つけてはいけない」ということは、文字化されているわけではありませんが、文化を超えて誰もが普遍的に「悪」と判断しています。つまり、規則は随伴せず、誰か偉い人がいっているから正しいなどと権威に依存するものでもなく、一般的で変えることもできません。まして、個人で決定する性質のものではありません。こうした特徴を有するのが「道徳」です。

これに対して、「学校では制服を着なくてはならない」は、学校の決まり（規則随伴）であり、学校（先生）が決めていること（権威依存）である一方で、一般性があるわけではなく（制服のない学校もある）、場合によっては変えることも可能です。しかし、個人でそれを決めることはできません。こうした特徴をもっているのが「慣習」です。最後に、「毎朝コーヒーを飲む」は、自分で決めているルールにすぎませんから、個人決定権に属しており、いつでも変えられますので、「個人」の領域ということになります。

以上で述べてきた規則（ルール）の3領域を、子どもは成長にともなって弁別できるようになってきますが、まずは、保育者がこうした区別を十分に意識しておき、子どもが規則（ルール）の運用で葛藤する場面や、子どもが自分たちの行為の意味・価値を考えようとする場面などで、的確に介入することが重要です。

3. 道徳的判断の発達過程

すでに述べた規範意識に関するピアジェの理論を基盤としながら、道徳的判断の発達過程を大人にまで拡張して提唱したのがコールバーグです。本節では、主にコールバーグ[7]の理論に依拠しながら、道徳的判断の発達過程を段階別に解説していきます。「道徳的」と便宜的に記してはいますが、実際には、まだ「慣習的」でも「道徳的」でもない「個人的」な判断がなされる段階から、徐々に「慣習的」な判断の段階へ、さらに「道徳的」な判断の段階へと変化する過程をくわしくみていきます。

▶ 出典
[7] L. コールバーグ／永野重史監訳『道徳性の形成——認知発達的アプローチ』新曜社、1987年

第 3 章　対人的な関わりと子どもの発達

■人物

セルマン
(Robert L. Selman)
1942年～
アメリカで生まれる。ボストン大学で博士号を取得後、コールバーグとともにハーバード大学で研究を開始している。

◆補足

自己中心的な判断・主張
この時期（4歳前後まで）の幼児は、自己と他者の見方、考え方、感じ方を区別できず、社会的な行為の因果関係を推論できないという特徴をもっている。これが、自己中心的な判断に結びついているととらえられている。

1　欲求や願望が満たされれば「善」という段階

　この段階は、**セルマン**[*]が提唱した「社会的視点取得」の最初の段階であり、「自己中心的な視点」の時期に相当します。乳幼児のうちは、自分の意図どおりに外界が変化したかどうかという基準で、成功や失敗を認識します。たとえば、自分にむかって転がってくるボールを止めたいという意図があったとき、うまく両手で止められれば成功感が、止められず横や後ろにそらしてしまえば失敗感が生じます。こうした場合、善悪の判断基準は、「自分の欲求や願望が満たされたかどうか」に置かれます。すなわち、外界に対してむけられた意図が即座に確認できるという経験の繰り返しのなかで、自分の欲求や願望が満たされることが「善」、それを阻止するものが「悪」ということになります。つまり、何らかの規範が自分の内部にあって、それに照らして善悪の判断を下すという段階に至っていないのが、この時期の特徴です。これは4歳前後まで続く傾向であり、自分がやりたいこと、やってほしいことがかなえられないのは「アンフェア（正義ではない）」という**自己中心的な判断、主張**であり、この段階の幼児の自己中心性を明確に表しています。

2　慣習以前の水準

　慣習とは、すでに本レッスンの第2節で述べたように、特定の社会や一定の集団の構成員が、価値がある、必要があるとして共有、合意しているルールです。ここで紹介する「慣習以前」とは、まだ自分が社会や集団の構成員であることを十分に自覚していない時期における子どもの規則に関する認識水準を指しています。つまり、まだ、自己中心的な傾向を残しています。コールバーグはこの水準が2段階に分かれていることを明らかにしています（図表11-1）。

①権威が基準となる段階

　「慣習以前」の水準における第1段階は、「罰を受けることを避けて、権威に従う」ということが正しいと考える時期です。

　幼児は、自分の欲求や願望に基づく行為が常に周囲に受け入れられるわけではなく、時に自分が他者の意向を受け入れざるを得ないことも経験します。すなわち、他者からの評価や調整を介して、幼児は自分の行為のよしあしを確認するようになります。こうした評価や調整という介入を幼児に対して頻繁に行うのは、主に権威をもった養育者や保育者です。この時期、自己の欲求や願望が力のある権威によって服従させられる機会が増えていくのですが、他者からの評価や調整を受け入れることをとおして、結果的に、自分の欲求や願望が実現されることもあります。

レッスン11　道徳的判断の発達

図表 11-1 コールバーグの道徳的判断の発達段階（3 水準・6 段階）

水準	段階と名称		概要（「善い・正しい」の基準）
慣習以前の水準	1	他律的道徳性指向	罰や制裁を受けることを回避し、権威に対して自己中心的に服従する。
	2	単純な道具的快楽指向	報酬や利益を求める素朴な利己主義。 平等な交換や取引が正しい。
慣習の水準	3	よい子指向	他者からの承認を求め、他者に同調する。他者から期待されることに従う。
	4	規則至上指向	社会的義務を果たし社会秩序を保つ。 社会や集団の利益になることがよい。
脱慣習の水準	5	社会的・契約的法律指向	合法的契約は基本的に守られるべき。 ただし、基本的人権などの価値が優先され合意によって法は変更可能である。
	6	原理指向	すべての人間に普遍的な良心や原理に基づき、相互尊敬や信頼関係を維持していくこと。

出典：岩田純一・佐々木正人・石田勢津子ほか『児童の心理学（ベーシック現代児童心理学3）』有斐閣、1995年、173頁を一部改変

こうした経験の繰り返しによって、「見かけ上の」道徳的な行為が生まれてきます。

「見かけ上の」とは次のような意味です。善悪の判断は、自分の内面的基準に基づいて決定されるのではなく、自分の外部にいる他者がもつ基準によってすでに示されており、これによって自分の行動の方向と内容が他律的に決定されます。つまり、子どもの内面に自分なりの判断は存在しません。愛情と同時に恐れを抱いている養育者や保育者からの命令、あるいは、同年齢の子どもとは異なる存在である大人からの命令が、善悪の判断基準となって定着します。したがって、そうした命令がない場面でも、その基準が機能する場合もあり、子どもが自分で判断して行動しているかのように「見える」のです。さらに、以下のような事例（インシデント②）を読めば、この時期に道徳的に見える行為がいかに「見かけ上」なのかがわかります。

【インシデント②】

ヒロキくん（4歳）は、「この部屋では走ってはいけません」と幼稚園のあき子先生から何度か注意されました。以後、あき子先生のいるときにはその部屋で走ることはありませんでした。ところが、あき子先生が風邪をひいて幼稚園に来なかった日、ヒロキくんは、いきいきとした様子でその部屋の中を走り回って遊んでいました。園長先生がそれを見て、「ヒロキくん、ここでは走っちゃいけなかったんじゃないの？」と声をかけると、「いいんだ、今日はあき子先生が見てないから」と、ヒロキくんは得意げに答えました。

この時期はまた、望ましくない結果が生じた場合、その重大さのみを基準とし、他者の意図を考慮に入れることが難しいという特徴もみられ

131

ます。たとえば、インクをわざとこぼしたのだけれど、その量が少なかった場合と、インクを誤ってこぼしてしまい、その量が多かった場合では、被害の大きいほう（こぼれた量の多いほう）をより「悪い」と判断します。このように、子ども自身が、人の困ることをわざと行った場合と、間違って他人を困らせてしまった場合の区別が十分できないということに加えて、大人がしばしば、ものを壊すなどの子どもの行為を、その被害の大きさを指摘しながら叱る傾向にあることから、権威への服従が強化される可能性もあります。

②自分や他者が得る利益や被害を基準とする段階

　前慣習の水準の第2段階になると、行為の結果として、どのような利益が得られたか（どのような被害につながったか）を基準として善悪の判断をするようになります。自分にとって、そして時には、他者にとっての損得勘定をもとに、それを正しさの基準とする段階です。この時期も、自己中心性がみられ、自分の利益になっているかどうかが判断基準として最も重視されますが、遊びなどの活動をとおして仲間と関わる経験から、相手も自分と同じように得をすること（損はしないこと）にもこだわる（インシデント③）ようになります。

【インシデント③】

　ジロウくん（5歳）はトマトが大好きですが、兄のタロウくん（7歳）はトマトが苦手です。それを知っている母親は、ご飯のとき、タロウくんには少なめに、ジロウくんは多めにトマトを盛りつけます。しかし、ジロウくんは、そのたびに、「お兄ちゃんも、ぼくと同じだけのトマトにしてあげて」と言います。母親が「じゃあ、ジロウの分をあげたら」と言うと、「ぼくの分が減るのはイヤだ」と答えます。苦手だけど少しずつでいいからトマトが食べられるようになってほしいという母親のタロウくんに対する気持ちを、ジロウくんは理解できない様子です。

　第1段階とは違い、この時期になると、他者の日常的な行為については、その意図に気づき始めます。しかし、善悪の判断については、他者の主観的な意図（善良さや悪意）に思いをはせることは難しく、客観的な結果（損得や平等）、すなわち現実的にどんな結果が生じたかに影響を受けてしまいます。

　たとえば、ピアジェは、「失敗する」こと、ものを「盗む」こと、「嘘をつく」ことについて、それを行う子どもの意図が好ましい場合と、好

ましくない場合の違いに応じて、それぞれに善悪の評価が異なるかどう
かを、問答法を利用した臨床的実験により検討しました。その結果、幼
児期の子どもたちには自己中心性がみられ、彼らの判断は、意図のよし
あしとは独立に、現実に起きた結果がどうであったかに依拠している
(**道徳的実念論**) ことが明らかにされました。

　幼児は、家庭での養育者との関わりのみならず、保育・教育施設など
における集団のなかで、他児との関わりももつようになります。遊び場
面などにおけるものをめぐる争いや譲り合いを通じて、互いの意図の理
解が深まります。また、他児との関わりで得られた共感や満足感が、そ
の場を離れても持続し、感謝や恩義として内在化するようになります。
その結果、将来の自分への援助を期待して、相手にむけて自分から援助
するという関わりもみられるようになります。また、養育者や保育者か
らの要求や助言に対して、一時の感情を抑えて、納得して応じることも
できるようになります。これらが7歳以降にみられる善悪に関する判断、
すなわち慣習的な水準の判断に結びついていきます。

■ 3 　慣習の水準

　さまざまな人々と集団のなかで関わりあう経験を経ることによって、
子どもは、他者と同調的に活動することが、自分に良い結果をもたらす
ことを実感するようになります。つまり、自己中心的な活動に終始する
ことは、周囲からの承認を得られないことが理解できるようになります。
同調的な活動とは、自分の属する集団のなかで共有・合意されている規
則に従うことにほかなりません。また、こうした規則を遵守するように
指導・介入する存在は、身近な大人(養育者や保育者)です。こうした
ことから、他者からの承認を求めて同調的にふるまうこと、他者からの
期待にこたえること、集団の規則を重視することがよいことという意識
が芽生えてきます(図表11-1)。こうした意識の形成には、子どもの言
語能力が発達することや絵本・テレビなどのメディアをとおして子ども
が多様な情報を得ることも一定の役割を果たしています。

①よい子でいることが基準となる段階

　第3段階は、自分に期待と愛情というまなざしをむけてくれる他者
に認められることがよいと考える時期で、6～7歳ごろから始まります。
本レッスンの第1節で述べた「良心」の働きが、この時期には優勢になっ
てきます。良心は内なる声(超自我)であり、「お前は悪いことをした
のではないか?」と自己に問いかけます。そして、ここから生じる「罪
悪感」が子どもの行動を規制するようになります。この段階では、常に

「よい子」でいつづけることが、価値がある、正しいことだと子どもは認識するようになります。いいかえれば、他者と共有できる感情・同意、あるいは他者からの期待に敏感となり、それらは前の段階で重視していた個人的な利害よりも優先されるべきであるという考えに至ります。

　ここには養育者や保育者に代表される大人の権威に対する一方的尊敬に基づく道徳判断がなされるという点で、まだ「他律的」な道徳にとどまっています。しかし、ここには現実での経験を一般化して、どのような場面でも機能する内的規範としての原則が成立します。いいかえれば、それまでの「〜しなくてはならない」という外部から自分にむけての声が、自己の内部から「〜すべきである」と自分にむけての声へと変化し、それが随意的な自己調整の機能を担うようになるのです。

②法や規則を絶対的な基準とする時期

　8歳を過ぎるころになると、それまで以上に仲間集団の価値観が、子どもたちの生活にとって重要になってきます。それとともに、仲間集団のなかでつくり上げられた規則は絶対的で至上のものだと考えるようになります。こうした側面は、「**ギャングエイジ***」にいる子どもたちが示す行動の特徴をみると理解しやすいと思われます。

　この時期、子どもたちは、保護者や教師といった大人から自立して、自分たちの考え方やルールに従って自分たちの生活をコントロールしたいと思うようになります。たとえば、自分たちだけが知っている場所、自分たちだけに通じる言葉や約束事（ルール）など、秘密の共有を通じて、仲間うちの団結意識を高めようとします。かつては、大人の目の届かない空き地などに秘密基地を築くことがよく観察されていました。具体的に基地がないとしても、自分たちを隠す、自分たちが生み出したものを隠すという心理が、こうした行動の根底に横たわっていると考えられます。

　いずれにしても、こうした集団の凝集性や閉鎖性は、自分たちのルールを必ず遵守しようとする強い決意につながります。いったん出来上がった規則に従って、各自が自分の役割（義務）を果たすことによって、集団の秩序を保つことが「正しい」と考えるようになります。また、規則を絶対視する傾向が強いため、その内容を変更したり改善したりという発想は乏しいようです。

　さらに、こうした規則に対する一途な信念は、仲間集団を取り巻くより大きな学級・学校集団における規則や社会全体における法にまで拡張されます。したがって、どんな事情があっても、法や規則を破ることは「悪いこと」と判断する傾向が強いのも、この時期の大きな特徴です。

⊞ 用語解説
ギャングエイジ
児童期の中期から後期にかけて、遊びを中心にして同性成員からなる仲間集団を形成する時期とその特徴を指す。凝集性や閉鎖性が高く、成員だけに通じる規則のもとで、「われわれ意識」が強化される。

レッスン11　道徳的判断の発達

　このギャングエイジという時期は、ルールの絶対視という観点から見れば「柔軟性のなさ」というネガティブな側面があることは否定できませんが、自分たちで規則をつくり自分たちでそれを守るという「自主性や自立性を育んでいる」という観点から見れば、発達的にポジティブな側面が含まれています。保育者には、こうした側面に着目して、十分に自主性や自立性を育む機会を提供する姿勢が求められます。

4　脱慣習の水準

　青年期以降になると、学校や地域で数多くの経験を積んだ結果として、それまで以上に集団や社会における人々の行為のあり方に関する理解が深まってきます。現実の生活では、命や安全を守る必要性や基本的人権を尊重するという観点から、法や規則を破らざるを得ない状況があることにも気づき始めます。コールバーグは、こうした他律的な慣習に拘泥することなく、真の意味での自律的な道徳観を獲得することを、脱慣習の水準と位置づけ、2つの段階に整理しています（図表11-1）。

①契約としての法や規則を基準とする段階

　ここで、コールバーグが道徳に関する認知の発達段階を導く際に使用した「ハインツのジレンマ」課題[8]について紹介します。

▶ 出典
[8]　[7]と同じ、172頁。

【課題の概要】

　まず、調査協力者の子どもや青年に、次のような話を聞かせます。

　ハインツの妻は、ガンのために死に瀬していた。医師から聞いた妻の命を取りとめる薬は、ある薬局で売っていたが、製造に要した費用の10倍の値段がついていた。ハインツは知人から借金するなど金策に走ったが、価格の半額程度しか手にできなかった。そこで、薬局の主人にわけを話して、値引きするか残金の後払いにしてほしいと懇願した。しかし、主人に断られたため、ハインツは悩んだ結果、薬局に侵入し薬を盗んだ。

　この話を聞かせたあと、「ハインツは盗むべきであったか」という質問と、「なぜそのように判断したのか」という質問をします。

　この課題に対して、盗むこと自体は悪いことだが、規則は常に完璧であるとは限らない（こうしたケースに対応できるよう改変すべきである）とか、人の命は規則より大事である（倫理・道徳は規則を超えることもある）との回答が青年期以降にみられました。

　ここから、この水準の最初の段階（第5段階）では、さまざまな条件

135

第3章　対人的な関わりと子どもの発達

のもとで起こりうる事態に対して、一貫して重視されるべき価値観（人命や人権など）を基準として公平性を担保すべきであるとの認識が認められます。さらに、そのような原則上の合意があるならば、法や規則は、それに基づいて変更可能なものであると認識されています。その意味では、自分なりの道徳的基準を確立していく時期であるともいえます。従来の法や規則を、人々の平等性や公平性がよりよく保障されるような規則（道徳）に、合意を前提に変えようとする姿が、青年期にみられる可能性もあります。

②普遍的な倫理的原理が基準となる段階

　自律的道徳の最終段階です。この第5段階は、第5段階と同様に、「人間の尊厳（人間としての権利や価値）」を平等に尊重することが重視されますが、その基準が、最も普遍的な「**倫理**[*]」という原理である点に大きな特徴があります。つまり、法や規則が自分の倫理に合致しない場合には、自分の倫理的原理に従って判断・行為を選択することになります。主な倫理的原理としては、すでに述べた人間の尊厳の尊重に加え、正義と公正の原理や人間の相互信頼と平等性の原理をあげることができます。

　以上から、慣習の水準が「社会の成員としての視点」に立つのに対して、脱慣習のレベルは「社会に先立つ視点」であり、後者は「契約によって社会を構成することを超えた個人の自由や権利を尊重するという視点」だといえます[9]。しかし、第6段階については、文化の違い（宗教観を背景とした文化的な理想の違い）による影響を受けるという指摘もあり、コールバーグは発達段階の評定マニュアルから第6段階を除外するとともに、第5段階についても、その文化的普遍性に疑問の余地を残しています[10]。

　いずれにしても、脱慣習の水準に至った青年・大人は、自律的に、自分なりの道徳的基準を確立したり、自分なりの倫理的原理を確立したりします。したがって、彼らに対して保育者が何らかの助言やヒントを与えたり、何らかの介入を図ったりする必要はないと思われます。むしろ、慣習の水準を脱し切れていない青年や大人に対しては、あらゆる法や規則は完璧なものではありえないこと、人権擁護、格差是正、平等な社会、公正な関係性などが実現されることの重要性を理解することやそのために自身が貢献できることは何かを考えることを促すことが求められます。

✳ 用語解説

倫理
道徳は、それを守らないことが社会や周囲の人から糾弾される可能性があるのに対し、倫理は、それを守らないことを各自が自分自身で糾弾する性質のものである。この意味で、もっとも自律的かつ普遍的な規範と言える。

▶ 出典

†9　日本道徳性心理学研究会編著、岩佐信生訳「4章　認知的発達理論——コールバーグ②」『道徳性心理学——道徳教育のための心理学』北大路書房、1992年、65頁

†10　†9と同じ、60-61頁

レッスン11　道徳的判断の発達

演習課題

①「恥ずかしい」という気持ちと「悪いことをした」という気持ちの違いを、「自分を見つめているのは誰であるか」という観点から考えてみましょう。

②「先生に言いつけるぞ」という子どもの道徳意識にある他律性と自律性の側面をそれぞれあげてみましょう。

③コールバーグが用いた課題「ハインツのジレンマ」の研究結果を詳細に調べて、その内容を発達段階別に整理してみましょう。

参考文献………………………………………………………………………………
レッスン9～11
　E.H.エリクソン／村瀬孝雄・近藤邦夫訳　『ライフサイクル、その完結』　みすず書房
　　1989年
　遠藤利彦・石井佑可子・佐久間路子編著　『よくわかる情動発達』　ミネルヴァ書房
　　2014年
　浜田寿美男　『「私」というもののなりたち――自我形成論のこころみ』　ミネルヴァ
　　書房　1992年

おすすめの1冊

浜田寿美男　『「私」というもののなりたち――自我形成論のこころみ』　ミネルヴァ書房　2014年
自我がどのようにして対人的関わりのなかで生まれるのかについて、身体、模倣、言葉、ごっこ遊び、自閉症を手がかりに、事例を通じて考察している。

137

コラム

アヴェロンの野生児

　1797年ごろ、フランス南部のラコーヌの森で野生児の少年が発見されました。その後、医師イタール（Itard, J.M.G.）によってその成長が「アヴェロンの野生児」として２つの報告に記録されることになりました。「ヴィクトール」と名付けられることになったその少年の、人間社会への適応の半生は、フランソワ・トリュフォー監督によって「野生の少年」（1969年）として映画化されています。比較的記録に忠実に映像化されたその映画では、イタール先生と少年の養育役を引き受けたゲラン婦人、そして本人のヴィクトール少年が、農村の一軒家で生活する数年間の様子が描かれます。

　映画では主に、少年に「人間」としての世界認識を持たせようと、食事の様式から、衣服の着脱、記号や言葉による意志の伝達にいたるまで、教育に奮闘するイタール先生がその実験・観察記録的な語りとともに描かれます。一方、保育者としてふるまうゲラン婦人の少年に対する愛情を込めたかかわり、そして日々黙々と行われる少年の単純な日常作業が、生活のベースとして営まれている場面がその合間に繰り返し登場します。そして、それがイタール先生の教授-学習過程の背景として少年の生活に基本的な安定感を与えていることが示唆されます。

　「アヴェロンの野生児」と類似する事例は国内においても報告されています。1972年に養育者によって世間から隔離されていた状況から解放され、藤永保ら（1987年）によってその後の成長過程が追跡研究されたきょうだいFとMの事例です（「人間発達と初期環境」有斐閣）。発見当初から３語文の発話もあり保育者との関係も良好であった女児F（７歳）に比べ、弟の男児M（６歳）は当初より発語もなく、保育者との関係も良好とは言えませんでした。そこで対応としてベテランの保育者１名が二人の世話を行う態勢に変更してみました。するとMはその保育者と良好な関係を築き始め、強い愛着を感じ始めるようになりました。それとともに、彼は自分と異なる他児たちにたいして、自分を主張し始め、豊かな人間関係が営めるようになったといわれています。社会・文化をはく奪された子どもたちの知識と規範の獲得過程を、このような保育者による愛情ある日常的なコミュニケーションとそれによる愛着の形成過程が背後で支えていることの重要性に、これらの映像表現や研究記録は気づかせてくれます。

　ちなみに「アヴェロンの野生児」のその後についてですが、５年で「教育」をあきらめたイタール先生の手を離れたヴィクトールは、後年40歳（推定）でその生涯を終えるまでゲラン婦人と暮らしたとのことです。

第4章

生涯発達を見据えた発達支援

本章では、「子ども」という対象を、母親の体内にいる胎児期から、18歳の青年期までとしてとらえ、育ちゆく変化の過程と支援について学んでいきます。保育者は子どもと一緒に園生活を送るなかで、子どもが遊び、学び、「かけがえのない自分」をつくり出していくプロセスを支えていくことが求められます。

レッスン12　生涯発達と発達支援

レッスン13　周産期の発達課題と支援

レッスン14　乳幼児期の発達課題と支援

レッスン15　学童期・青年期の発達課題と支援

レッスン**12**

生涯発達と発達支援

本レッスンでは、人が生まれてから死ぬまでの「生涯」を発達過程ととらえ、その一般的な道筋を学びます。あわせて、生涯発達を踏まえて、子どもの心の育ちを支える支援の基礎となる考え方を学びます。保育者として、将来の子どもの姿を見通しながら、日々の生活のなかで子どもと関わることは、非常に大切です。

1. なぜ生涯発達を学ぶのか

　なぜ保育者は、生涯発達について学ばなければならないのでしょうか。それは、一言でまとめれば、保育所は、子どもが生涯にわたる人間形成にとって極めて重要な時期に、その生活時間の大半を過ごす場であり、この時期の保育のあり方はその後の成長や社会性の獲得など、大人になってからの生活にも大きな影響を与えることが立証されているからです（本章末のコラム 1、コラム 2 を参照）。保育者は、子どもの生涯にわたる成長・発達を見通したうえで、保育を展開する必要があるのです。

　コラムで示しているように、乳幼児期は、その後に学校で学び、社会で働いて生きていくうえで、とりわけ重要な社会的な能力を養う時期にあることがわかります。そこで、乳幼児が集団生活において養う社会的な能力とは、具体的にどのような能力を指しているのか、また、子どもは具体的に何を学び合うことが期待されているのかを、「保育所保育指針」に提示された「幼児期の終わりまでに育ってほしい幼児の姿」[1]、マーガレット・カー（大宮・鈴木、2013年）の「学びの構え」[2]という 2 つの視点からみていきます。

1 幼児期の終わりまでに育ってほしい幼児の具体的な姿とは

　保育所における保育は、養護及び教育を一体的に行うことで、次にあげる 3 つの資質・能力を育み、子どもたちの生きる力の基礎を培っていきます[3]。

①豊かな体験を通じて、感じたり、気付いたり、分かったり、できるようになったりする「知識及び技能の基礎」

②気付いたことや、できるようになったことなどを使い、考えたり、試したり、工夫したり、表現したりする「思考力、判断力、表現力等の

▶**出典**

†1　厚生労働省「保育所保育指針」2017年

†2　マーガレット・カー／大宮勇雄・鈴木佐喜子訳『保育の場で子どもの学びをアセスメントする──「学びの物語」アプローチの理論と実践』ひとなる書房、2013年

†3　†1と同じ

基礎」

③心情、意欲、態度が育つ中で、よりよい生活を営もうとする「学びに
向かう力、人間性等」

2017（平成29）年3月に改定された、新しい「保育所保育指針」では、
これらの資質・能力の育まれた子どもの小学校就学前の具体的な姿を
「**幼児期の終わりまでに育ってほしい姿**」として、次の10項目の形であ
げています。ここで、その内容をみていきましょう。

◆補足

幼児期の終わりまでに
育ってほしい姿
2017年改定（訂）版「保
育所保育指針」「幼稚園教
育要領」「幼保連携型認定
こども園教育・保育要領」
の3法令共通の形で提示
された。

ア　健康な心と体

　保育所の生活の中で、充実感をもって自分のやりたいことに
向かって心と体を十分に働かせ、見通しをもって行動し、自ら
健康で安全な生活をつくり出すようになる。

イ　自立心

　身近な環境に主体的に関わり様々な活動を楽しむ中で、しな
ければならないことを自覚し、自分の力で行うために考えたり、
工夫したりしながら、諦めずにやり遂げることで達成感を味わ
い、自信をもって行動するようになる。

ウ　協同性

　友達と関わる中で、互いの思いや考えなどを共有し、共通の
目的の実現に向けて、考えたり、工夫したり、協力したりし、
充実感をもってやり遂げるようになる。

エ　道徳性・規範意識の芽生え

　友達と様々な体験を重ねる中で、してよいことや悪いことが
分かり、自分の行動を振り返ったり、友達の気持ちに共感した
りし、相手の立場に立って行動するようになる。また、きまり
を守る必要性が分かり、自分の気持ちを調整し、友達と折り合
いを付けながら、きまりをつくったり、守ったりするようにな
る。

オ　社会生活との関わり

　家族を大切にしようとする気持ちをもつとともに、地域の身
近な人と触れ合う中で、人との様々な関わり方に気付き、相手
の気持ちを考えて関わり、自分が役に立つ喜びを感じ、地域に
親しみをもつようになる。また、保育所内外の様々な環境に関
わる中で、遊びや生活に必要な情報を取り入れ、情報に基づき
判断したり、情報を伝え合ったり、活用したりするなど、情報
を役立てながら活動するようになるとともに、公共の施設を大

141

切に利用するなどして、社会とのつながりなどを意識するようになる。

カ　思考力の芽生え

身近な事象に積極的に関わる中で、物の性質や仕組みなどを感じ取ったり、気付いたりし、考えたり、予想したり、工夫したりするなど、多様な関わりを楽しむようになる。また、友達の様々な考えに触れる中で、自分と異なる考えがあることに気付き、自ら判断したり、考え直したりするなど、新しい考えを生み出す喜びを味わいながら、自分の考えをよりよいものにするようになる。

キ　自然との関わり・生命尊重

自然に触れて感動する体験を通して、自然の変化などを感じ取り、好奇心や探究心をもって考え言葉などで表現しながら、身近な事象への関心が高まるとともに、自然への愛情や畏敬の念をもつようになる。また、身近な動植物に心を動かされる中で、生命の不思議さや尊さに気付き、身近な動植物への接し方を考え、命あるものとしていたわり、大切にする気持ちをもって関わるようになる。

ク　数量や図形、標識や文字などへの関心・感覚

遊びや生活の中で、数量や図形、標識や文字などに親しむ体験を重ねたり、標識や文字の役割に気付いたりし、自らの必要感に基づきこれらを活用し、興味や関心、感覚をもつようになる。

ケ　言葉による伝え合い

保育士等や友達と心を通わせる中で、絵本や物語などに親しみながら、豊かな言葉や表現を身に付け、経験したことや考えたことなどを言葉で伝えたり、相手の話を注意して聞いたりし、言葉による伝え合いを楽しむようになる。

コ　豊かな感性と表現

心を動かす出来事などに触れ感性を働かせる中で、様々な素材の特徴や表現の仕方などに気付き、感じたことや考えたことを自分で表現したり、友達同士で表現する過程を楽しんだりし、表現する喜びを味わい、意欲をもつようになる。

レッスン 12　生涯発達と発達支援

2　幼児期に育つ「学びの構え」について

　今の子どもたちは、グローバル化や科学技術の進歩にともなって、私たち大人が経験してきたものとは異なる場所や物、人々との交わりの中に参加して生きていきます。そこでは、今までの知識や技術以上のものが求められるといわれています。

　子どもが小学校へ行き豊かに学ぶために、そして、生涯にわたって学び続ける存在となるためには、自ら創造的に考えをめぐらせ問題を解決しようとしたり、難しそうなことやなじみのない環境や新しい科学技術にも好奇心と情熱を持って対応したりするような「学びの習慣や構え」を身につけることが必要であるといわれます[4]。

　「学びの構え」は、乳幼児期から形成され始めるので、その視点をここで理解しましょう。

①「学びの構え」について

　「学びの構え」とは、学びの機会を認識し、選択し、編集し、責任ある応答をし、抵抗し、探し求め、構成していくなかから見いだされる多様な参加のレパートリーであると定義されています[5]。発達しつつある子どもの学びを、知識や技術の獲得という面のみに着目して、能力の伸長（何かができる）という視点でとらえるのはなく、社会文化的な活動への能動的な参加のレパートリーの豊富化という視点でとらえることの大切さが指摘されています。

②「学びの構え」の5領域について

　子どもが学び育つ過程は、単一の道筋に沿った「段階」があるというよりは、多様な学びの様式が存在すると考えられています。ここでは、多様な学びの様式を5つの領域でとらえています[6]。

> ▶ 出典
> [4]　[2]と同じ、3頁

> ▶ 出典
> [5]　[2]と同じ、48頁

> ▶ 出典
> [6]　[2]と同じ、37-43頁、48-53頁

　領域1．関心を持つ

　家庭あるいは異なる保育の場の中の様々な人や場所や物事に関心を持つこと。つまり異なる状況への移行や変化にうまく対応すること。

　領域2．熱中する

　とぎれることなく一定の時間、徐々に複雑さが増しながら、ある活動に熱中し、注意を払うこと。

　領域3．困難ややったことがないことに立ち向かう

　困難ややったことがないことに粘り強く立ち向かうこと。つまり「学ぶ」ことに関心を持ち、誤りや失敗には意味があり、問題解決の不可欠な一部であるという考え方ができ、恐れず

143

第4章　生涯発達を見据えた発達支援

取り組むこと。

領域4．他者とのコミュニケーションをはかる

1つあるいはそれ以上の言葉を用いて、自分の意見や考えや感情を表現しながら、他者とのコミュニケーションをはかること。

領域5．自ら責任を担う

多様な方法で他者の立場に立ち、善悪を判断し、不正に抵抗し、相談を受けたり、決定を下したり等、より大きな責任を担おうとすること。

以上のように、乳幼児を対象に保育を通して教育的な発達支援を担う保育者は、子ども一人ひとりの将来を見通しながら、子どもの「今」を支え、子どもの福祉（幸福）に資することが求められています。

2. 生涯発達とは何か

私たちは、生まれてから死ぬまで、毎日の生活、すなわち生きるための活動（食事・排泄・睡眠・清潔・衣服の着脱・遊びと学習など）を、人との交わりのなかで行っています。ここでは、人との交わりを通した心の育ちの過程をみていきます。

1　生涯（ライフスパン）とは何か

いのちには、始まりと終わりがあって、その間を"生きている"といいます[7]。つまり"生きる"とは、自分に与えられた時間です。その与えられた時間を「生涯」と呼びます。人の生涯は一回限りのものです。そして、誰もがその人だけの生涯をつくり出していきます。一人ひとりの生涯はかけがえのない独自性、個性があります。その一方で、人の生涯は身体的、精神的には多くの普遍性や一般性を他者と共有し合っていると考えられています[8]。

2　発達とは何か

発達とは、時間の経過にともなう変化の過程のことです。身体的、精神的、社会的、知的、情緒的など、人の諸様相が互いに関連し合い、全体としてダイナミックに変化をしていく過程を発達といいます。

▶**出典**

†7　ブライアン・メロニー作・ロバート・イングペン 絵／藤井あけみ訳『いのちの時間──いのちの大切さをわかちあうために』新教出版社、1998年

†8　服部祥子編著『生涯人間発達論──人間への深い理解と愛情を育むために』医学書院、2000年、iv頁

レッスン12 生涯発達と発達支援

■3 生涯発達とは何か

人の発達は、生涯を通じて展開されます。生涯発達とは、乳幼児期から老年期にわたる量的・質的変化であり、成熟に至るプロセスであるといわれます[9]。

量的変化とは、身長や体重の変化や語彙数の変化など、数量で表すことのできる変化をいいます。質的変化とは、認知機能（もののわかり方）の変化や運動機能（身体の使い方、目や手指の使い方など）といった数量では表せない身体機能・生活機能の変化をいいます。成熟とは、内部からの自己調整的なメカニズムによって個体の属する種の発達方向、順序、顕在の時期などを規定していく過程と定義されています。

保育者は、生涯の発達過程における普遍性や一般性を理論として理解し、保育では子どもの個別性、独自性を理解したうえで、「その子」の表現を引き出しながら、理論と実践を往還していくことが大切です。

▶ 出典
[9] [7と同じ、3頁

3. 生涯にわたる発達過程

保育者は、発達の過程にある子どもの姿を理解し、保育のねらいを設定し、保育の環境を構成していきます。そこで、子どもの姿をとらえ理解する視点として、2つの理論を学びます。ひとつは**マズロー**[*]の自己実現理論で、もうひとつはエリクソンの心理社会的発達理論です。マズローの自己実現理論を学ぶことで、子どもの生活と学習の準備状態を整えることの大切さを理解し、エリクソンの心理社会的発達理論を学ぶことで、子どもの生活と発達の連続性と柔軟性を理解し、それらを保育に生かすことを目指してください。

■1 マズローの自己実現理論

マズローは、人には共通する普遍的欲求（ニード）があり、自己実現に向かって動機づけられ成長・発達すると仮定して、人の欲求を5つの階層でとらえました（図表12-1）。

生理的欲求とは、あらゆる欲求のなかで最も優勢なもので、食事・排泄・睡眠などを指します。**安全と保障の欲求**とは、安全な環境、経済的安定性や健康状態の維持などを意味します。生理的欲求と同じくらい強く人間の行動を動機づけます。乳幼児においては、これらは同時に発生するとされています。**愛と所属の欲求**は生理的欲求と安全と保障の欲求が満たされると出現します。この欲求は、自分はここにいていい、ここ

👤 人物
マズロー
(Maslow, A. H.)
1908〜1970年
アメリカ・ニューヨーク州出身の心理学者。当時、心理学において主流であった行動主義や精神分析とは対照的に主体性・創造性・自己実現など人間の肯定的側面を強調した心理学（人間性心理学）の必要性を唱えた。

145

図表 12-1 マズローの欲求の階層

出典：岡崎寿美子「看護実践に必要な主な諸概念」ライダー島崎玲子他編『看護学概論——看護追求へのアプローチ』2005年、42頁をもとに作成

で果たせる役割が自分にはあるという感覚です。また、この欲求には、自分の置かれた場所で情緒的な人間関係や他者から大切に思われている自分、孤独を感じることのないことを求めるといった感覚も含まれます。次の**自我の欲求**は、所属する集団の中で自分は価値ある存在だと認められたいという欲求です。この欲求には、2つのレベルがあります。1つは他者からの注目や承認によって満たされるものです。もう1つは自己尊重、自己信頼や自立性といったもので、自分で自分を評価することによって満たされるものです。

これら4つの階層にある欲求が満たされたうえで、**自己実現の欲求**が起きてきます。これは、自分のもてる能力を最大限に発揮して、自分がなりえる存在になっていくよう、学習や仕事にむけて自分の行動を動機づける欲求です。たとえば、保育所の昼食場面では、子どもは穏やかな温かい見守りと励ましのなかで、健康と安全に配慮された給食を、友だちと一緒に楽しみます。これらは、生理的欲求、安全と保障の欲求、愛と所属の欲求が満たされている状況だといえます。こうした欲求が満たされているからこそ、はしの使い方や食事のマナーを、楽しさのなかで「教えられて学んでいく」という子どもの心の余裕が生まれるのです。

2　エリクソンの心理社会的発達理論

エリクソンは、図表12-2に示すように、人間の生涯を8つの段階に区分して、第Ⅰ段階から第Ⅱ段階へ、さらに第Ⅲ段階へと一定の順序に従って、生涯が終わるまで、徐々に発達がすすむと考えました。そして、人生の各段階に、発達課題、発達危機、人格的活力といった概念を導入しました。

参照
エリクソン
→レッスン3

レッスン12　生涯発達と発達支援

図表 12-2　エリクソンによる 8 段階の発達理論

段階	周期	発達課題	発達危機	人格的活力（徳）
Ⅰ	乳児期	基本的信頼感	不信感	望み
Ⅱ	幼児前期	自律性	恥・疑惑	意志
Ⅲ	幼児後期	自発性	罪悪感	目的感
Ⅳ	児童期	勤勉性	劣等感	有能感
Ⅴ	思春期青年期	アイデンティティの確立	アイデンティティの拡散	忠誠心
Ⅵ	成人初期	親密性	孤立	愛情
Ⅶ	中年期	世代継承性	自己陶酔	世話
Ⅷ	老年期	自我の統合	絶望	知恵

出典：服部祥子編著『生涯人間発達論——人間への深い理解と愛情を育むために』2000年、9頁を一部改変

　ここでは、まずエリクソンの発達理論に特有の言葉を解説します。それを理解した後で、乳児期から思春期・青年期までの発達をみていきます。

①発達課題とは

　エリクソンは、心理社会的に健康な発達のためには、適切な時期に固有の課題に進んで取り組むよう人は動機づけられていると考えています。つまり、人は環境と相互作用しながら発達していくので、その個人の欲求とその個人が生活を営む社会文化からの期待との間に、必ず葛藤と緊張を経験することになります。このように、人が発達する過程で直面するこの葛藤や緊張を、エリクソンは「**発達課題**」と呼びました。

②発達危機とは

　発達危機とは、発達課題の「対」概念として表現されます。発達課題に直面したとき、その課題をいかに受け止めるのか、受け止めたものをいかなる方向へ自己の可能性として生かしていくのかは、個人によって違います[10]。発達課題には適時性がある（特定の課題は特定の時期に取り組まれ、解決されなければならない）のですが、それと同時に、それがうまく解決できない状態、すなわち発達危機も経験します。こうした危機にさいなまれながらも、それぞれの時期に発達課題が解決されていくと、次の発達段階にスムーズに移行します。しかし、危機にさらされた状態のままだと、次の段階の発達課題の解決が難しくなっていくと、エリクソンは考えました。

③人格的活力とは

　エリクソンは、人格的活力（基本的強さ／徳）という概念で、人生周期を通じて、人格を力強く組織づけ、よりよく生きていくための守るべき秩序や強さを提示しています。人格的活力は、人間の発達過程において、危機が解決され発達課題が達成されるなかで、獲得されます。

▶出典
[10]　[7]と同じ、10頁

147

④人生周期の発達課題について

人生周期の発達課題について、エリクソンの考えをもとにみていきましょう。

a. 乳児期の発達課題

乳児期の発達課題は「基本的信頼感」です。乳児はおなかがすいたときに、生理的欲求を他者にゆだねて満たさなくてはいけません。乳児は泣いたり、声をあげたり、手足をバタバタと動かして母親を呼びます。母親は泣いている乳児を見て「おーよしよし、どうした？ おなかがすいたかな？ おしっこかな？ それとも……？」「あ〜かな？ こうかな？ どうかな？」と声をかけたり手をふれたりして、その原因を確認しながら、乳児の欲求を一つひとつ満たしていきます。乳児は自分がしてほしいと願うことを自分のために誰かにしてもらうことを通して、将来自分が与える者になるために必要な適応の基盤をも培っています[†11]。

このように、乳児は、自分の置かれた環境や母親の与えるものを信頼して取り入れること、与えられるものを不安なく取り入れている自分への信頼感が培われていきます。このような感覚が「基本的信頼感」です。

あわせて、乳児はおなかがすいた、眠いといった不快や苦痛をともなう緊張に対して、待つことなく泣いて訴えます。この「待つことができない」状況の中に「不信感」という発達危機があります。「待てば必ず快の刺激を得られる」という体験の積み重ねが崩れ、「待っても得られない」という欲求不満によって、あるいはその時々で対応が違ったり、対応にむらがあったりすることで、乳児は混乱します。授乳をする母親と目が合わない、抱かれ方が心地よくない、与えられるミルクが熱すぎたりすると、与えられるものへの不安、取り入れる自分への不信、置かれている環境への予測不可能さの結果、「不信感」が増大し、より一層待つことができなくなります。

このように乳児は、待てば必ず得られる、求めるものは得られるという確かな体験のなかで、信頼感と安心感に満ち「待つこと」ができるようになります。そして、楽しい気持ちで「待つ」という経験を積むことで、「待つこと」の豊かさを学びます。ここに、人格的活力となる「希望」が生まれます。ここで獲得される希望は、生涯にわたって苦しいことや難しいことに出会ったときに、そこから立ち上がる力、生きることを支える力になるといわれます。

b. 幼児前期の発達課題

幼児前期の発達課題は、「自律性」です。およそ１歳から３歳の子どもの発達過程では「歩くこと」「話すこと」「手を使うこと」が発達の節

> **▶出典**
> †11 E. H. エリクソン／村瀬孝雄・近藤邦夫訳『ライフサイクル、その完結』みすず書房、1989年、41頁

目となります。歩けるようになった幼児は、自分の意志で自分の望む場所に移動するという"行動の自由"を獲得します。同時に、幼児は"手の自由"も獲得します。これらの力は基本的生活習慣の獲得につながっていきます。子どもは自分で食事をする、トイレで排泄をする、衣服を着脱することに、最初は大人の力を借りて「しつけ」を受けながら、粘り強く取り組みます。徐々に子どもは、自分の意志や力だけで挑戦し、自分でできた喜び、褒め認められる喜びや誇りのなかで、さらなる挑戦を重ねていきます。このように大人は教えて待ち、子どもは自分で考えて判断し、判断に基づいて行動を選択し決定することで、自分の行動を律する「自律性」を身につけていきます。

　一方で、その過程は必ずしも順調にすすまず、失敗したり、行き詰まったりします。ここで発達危機の「恥・疑惑」を学びます。恥は見知られる不安といわれています。疑惑は自分自身への問いかけに関わる不安や恐怖です。例えば、着替えを「自分でする！」「一人でする！」といったものの、「本当にできるかな？」と自分の能力への疑問や、結局、失敗をした場面を見られたり知られたりするときに感じるものです。恥や疑惑は、自律的に何かをする過程では必ず経験するものです。

　乳児期に基本的信頼感を学んだ幼児は、自分の思いや考えを「意志」として表現するようになります。子どもは自分の意志を、身体や言葉で表現して他者に伝えます。そして、自分の意志を貫こうとすれば、当然、他者の意志と衝突したり緊張や葛藤を生んだりすることも多々生じます。このような経験が幼児の意志を鍛えることになります。

c. 幼児後期の発達課題

　幼児後期の発達課題は、「自発性」です。発達の特徴として「人間関係の拡大と充実」「自分の思考・意思・感情の気づきと表現」が豊かになります。

　3・4歳ごろから小学校入学前の幼児の生活の中心は、「遊び」です。このころには、ごっこ遊びが登場します。幼児は、目で見て、耳で聞いて、手で触れて、身体で生活世界に触れることを通して自分の生活に関する理解を重ねます。そして、親や先生のしぐさや立居振舞い、言葉遣いや癖、あるいは大好きなバスや電車の運転手の特徴などを見事に模倣し、ごっこ遊びとして再現・表現します。また、幼児は、自分の見たことや絵本のストーリーも、ごっこ遊びで再現します。幼児は頭の中で思い描いたり、考えたり、想像しながら、さらに豊かな表現やイメージを育て、それらを言葉や絵や造形物に置き換えながら、表現の手段や内容を広げ深めていきます。このころの幼児は、遊びに夢中であり、それゆ

えに「もっと、次は、今度こそ……」と心をはずませます。自分の内からわき出てくる力、すなわち「自発性」を、幼児は遊びを通して身につけていきます。

その一方で、この時期の幼児は好奇心、探究心、向上心に満ち、自分の思い通りにすることに一生懸命なあまり、してはいけないこと、言ってはいけないことをしたり口にしてしまうことがあります。そうした場面で、大人から禁止されたり、注意をされたりする経験から、「罪悪感」を知ります。また、このような経験から、幼児は社会的な規範や道徳心を学びます。

自分がやりたいことや自分ができることなど、自分の行動に目的や方向性をもち、先を見通すなかで活動をまとめ、集中させていく力が「目的観」となります。このように、幼児は遊びのなかで、自分の行動を追求する心の強さと身体表現、言語表現、造形表現といった表現技能を育んでいきます。

d. 児童期の発達課題

小学生時代の発達課題は「勤勉性」です。「保育」と「学校教育」では子どもが学ぶ方法や内容が異なります。保育では、家庭と連携するなかで子ども一人ひとりが、安心感と信頼感をもって、その思いや願いに沿った遊びをとおして学ぶことが重視されます。一方、小学校では、子どもが現実に沿った世界で時間割に従った教科学習を教師の教示のもとで一斉に組織的に学ぶことが重視されます。集団生活の体験と社会のしくみについて学習しながら、大切な仲間や友達との関係を深めていきます。

小学生にとって、毎日の勉強やスポーツなどへの取り組みやそこでの試行錯誤、創意工夫や努力が、学校生活や家庭生活での変化や成果を生み、それが成就感や自己の信念、自信につながっていきます。このようにして小学生は「学ぶ存在」としての「勤勉性」を獲得します。

また、学校教育においては、知識や技術を集団で一斉に学ぶので、自然に自分の技能の程度や学級・学年内での地位や評価を意識します。そこで発達危機となる「劣等感」を体験します。劣等感は自己意識と対人感情という発達過程で生じる課題です。児童の劣等感は、他者との比較による自己評価ではなく、「自分には自分の力がある」という自己信頼、「こういう自分って、すてき」と思える自己信念へと自分を伸ばす力にむかいます。

さらに、小学生は、特別活動などをとおして地域の文化活動（お祭りやスポーツ大会など）に参加します。そのような場で、彼らは、地域で

豊かに暮らす人々との出会いや交流をとおして、生活者としての知識や技能に気づきます。

こうしたさまざまな場面で成功や失敗を繰り返し、自己疑惑と自己信頼のなかで自己評価を重ねながら、小学生は「何かを達成するためには練習と努力が必要なこと」、そして「やればできる」という「有能感」を育みます。

e. 思春期・青年期の発達課題

思春期・青年期（13歳から18歳ごろ）の発達課題は「アイデンティティの確立」です。アイデンティティとは、自己同一性ともいわれ、自分が自分であるという証しを、歴史性（時間性）、社会性（空間性）の中で定めることです。

思春期は第二次性徴という身体的な変化で始まります。第二次性徴とは、性ホルモンの増加により性・生殖機能に関わる臓器が著しく発達し、目に見えて容姿が変化する現象です。この時期の子どもは、自分の意思とは関係なく刻々と変化する新しい身体に向き合っていかなくてはいけません。このような身体の変化が自己意識を育てます。

さらに思春期・青年期の子どもは「昨日までの自分と何ら変わっていない」という思いとは裏腹に、身につける下着が変わる、骨格が変わり去年着ていた洋服が合わない、急に涙が出る、親の言った言葉にひどく怒っているなど、それまでとは異なる自分に気づきます。子どもの心は、気恥ずかしさや、止められない・元に戻せない変化に、とても動揺し不安になります。また、今まで親や先生に相談をしていた問題が、もはや親や先生の助けは助けにならないことに気づいたりもします。

これらのことから、子どもは今までの自分を振り返り、新しい自分に目をむけ、「今ここにある自分」に目覚めていきます。これが「アイデンティティの確立」です。

さらに、思春期・青年期は、将来、自分が何をして、どう生きていくのかを選択・決定する時期です。このとき、2つの心理的要因が重要となります。ひとつは歴史性であり、現在の自分はどのような過去に根ざしているのかに関する認識です。確かな過去の上に今の自分があるという意識と確信は、「自分」の意識を支える重要な要因です。もうひとつは社会性であり、自分は他人と交わりながら、他人との経験に共通性を認めると同時に、自分の独自性をも認めるという感覚です。これら2つの心理的要因は、たとえば、自分の過去とのつながりを断とうとしたり、あえて希薄なものにしたりすると、自己意識があいまいなものになってしまいます。そして、他人に自分が飲み込まれてしまう恐怖を感じて他

第4章　生涯発達を見据えた発達支援

人と距離をとったり、他人と敵対することで自分を守ろうとした結果、孤独を感じたり、社会的に孤立したりすることがあります。これらが「アイデンティティの拡散」という発達危機です。

アイデンティティの確立と拡散に直面し、その危機を乗り越える過程で、思春期の子どもは「忠誠心」を身につけていきます。忠誠心とは「自らが選んだものへの忠誠をつくす能力」をいいます。たとえば、文章を書くときに真実を書こうとする態度や、自分が選び決めた職業に使命感をもって歩み続けようとする信念や態度などです。この能力は、人格全体を組織づける大きな力になります。

以上、乳幼児期から思春期・青年期にわたる発達過程をみてきました。次の節では、子どもの心の育ちを支える発達支援のあり方について学習します。

4. 発達過程に応じた発達支援について

「子ども」であることの特徴は、大きく2つあります。それは、成長と発達の成熟過程にあることと個人差のあることです。

保育者は「クラス」を構成する一人ひとりの子どもの個人差や発達過程に応じて、保育の環境を構成し、保育を実践し、学習と発達を支援します。

1　発達過程とは

発達過程に着目することとは、子どもの健やかな育ちのために、子どもの生活の連続性、発達の連続性、遊びや学びの連続性と関連性を大切にすることです。

子どもの発達過程と教育の可能性に言及した**ヴィゴツキー**は、「発達の最接近領域」という概念を用いています[12]。ヴィゴツキーは、子どもが自主的に問題を解いたときの水準と、援助を得て問題を解いたときの水準との相違が、子どもの「発達の最接近領域」を決定するとして、この2つの水準を支援者が理解することの大切さを説いています。つまり、今日、子どもが先生に助けられてできたことは、明日には自主的に独力でできるようになる可能性があります。したがって、子どもの教育は、今、子どもができることや成熟した機能を明らかにするにとどまらず、子どもが今、助力を得てできること、成熟しつつある機能を根拠としなければならないとヴィゴツキーは述べています。

参照
ヴィゴツキー
→レッスン10

▶出典
†12　守屋慶子「ヴィゴツキー L. S.」村井潤一編『発達の理論をきずく（別冊発達4）』ミネルヴァ書房、1986年、166-168頁

レッスン 12　生涯発達と発達支援

2　個人差とは

　保育者にとって、個人差への理解と配慮は欠かせない視点です。そして、障害や発達上の課題のある子どもへの個別支援は大変に重要なことですが、これはクラス経営においては難しいことでもあります。

　個人差には、「個人間差」と「個人内差」があります。個人間差とは人による違いのことで、子ども一人ひとりの気質、運動、認知や社会性の発達といった発達面、あるいは体格や体力の違いなどをいいます。個人内差は発達の凸凹をいい、子どもの発達的特徴や得意・不得意の領域を取り上げるときに使います。たとえば、運動発達は暦年齢相当ですが、言語発達や社会性の発達は暦年齢の50%程度の発達過程にある子どももいます。

3　発達支援について

①子どもの生活に参与すること

　保育者は、常に子どもと一緒にいることが求められます。つまり、子どもの人生と保育者の人生は、「ともに生活を営む中」で展開します。津守[13]は、「子どもとゆっくりと生活を共にする中で、子どもが自発的に何かを始め、それに応答する間に、子どもは次第に心を開き、自らの世界を表現していきます。保育者は、その表現を通して子どもの心の世界にふれる、楽しさと課題があるのではないか」としています。保育所は、子どもと保育者、その両者にとって大切な人生のひとこまです。ていねいに生活を送ることは、豊かな人生につながります。

▶ **出典**

[13]　津守真『子どもの世界をどうみるか――行為とその意味』NHK ブックス、1987年、120頁

②育ちゆく子どもの姿の理解

　保育者が、発達過程を、同月齢・同年齢の子どもの成熟した発達水準として理解することは大切です。保育者は、大きな枠組みとしての理論を理解していると同時に、生活のなかで出会う子どもの行為を「子どもの世界の表現」としてもとらえています[14]。子どもと保育者の自然な応答のなかで、保育者は全感覚を働かせて、子どもの行為を知覚し、子どもの心の世界に出会うことができます。保育者として、あるいは実習などで、保育の文化（態度と価値観）に出会い、それらを獲得していくと同時に、子どもの心に対する感受性を磨いてください。

▶ **出典**

[14]　[12]と同じ、134-139頁

③子ども中心の保育

　先のヴィゴツキーの考え方にあるように、子どもの"成熟しつつある水準"を発見し、それを保育のなかで生かす必要があります。現前する子どもの姿に「できる／できない」あるいは「月齢・年齢に相応か否か」にとらわれすぎることなく、「子どもが学ぶ姿」への感受性を高く保ち

153

第4章　生涯発達を見据えた発達支援

たいものです。保育者には、子どもと生活をともに営むなかで、子どもの感性に気づき、子どもの好奇心・探究心がどこにむいているのかなどを理解することをも含めて、一人ひとりの子どもの発達の方向性、順序性やつながりを目安に、"成熟しつつある水準"を発見し、子どもに適した関わり（教育的支援）を考え、実践していくことが求められます。

また、シラージら[15]は、保育者が「一歩下がって」待って見守る大切さを指摘しています。「一歩下がっている」とは、子どもたちが自身で探求し、親しみをもち、問題を解決し、自分たちでもしくは仲間とともに考えることができるようにすることを保障しようとする関わりです。

④保育の環境を整える

保育は、養護（ケア）と教育が一体化したものです。そして、保育は、保育者と子どものコミュニケーションがあって成り立ちます。保育の質を保証するうえで、シラージらは、保育者が子どもと「ともに考え、深めつづけること」が、保育者のスキルとして重要であることを指摘しています[16]。つまり、保育者が子どもたちの学びと思考を広げる活動に積極的に関わることの大切さです。そうした保育者の姿が、子どもの社会情緒的、言語的、認知的発達を促します。そして、保育者が見守り・支えるスキルをもつこと、同時に、子どもが十分に安心して、居心地よく、興味をもち、適度に刺激を受けられるようにすることが、子どもが学び発達するための必要な条件としています。

以上、レッスン12で学んだ内容を踏まえて、次からのレッスンでは、具体的な発達支援となるいくつかの「手立て」について、子どもの発達過程に沿った形で学んでいきましょう。

▶ **出典**

†15　イラム・シラージ、デニス・キングストン、エドワード・メルウィッシュ／秋田喜代美、淀川裕美訳『「保育プロセスの質」評価スケール』、明石書店、2016年、14頁

▶ **出典**

†16　†15と同じ、111頁

レッスン 12　生涯発達と発達支援

演 習 課 題

①近隣の公園や保育所の園庭で遊ぶ子どもの姿を、15分間観察しましょう。観察に基づき「幼児期の終わりまでに育ってほしい幼児の具体的な姿」や「学びの構え」の視点で、子どもたちが遊びから何を学んでいるのかをグループで話し合ってみましょう。

②自分で覚えていることに加え、あなたの家族や幼なじみにインタビューをして、「自分史」をまとめてみましょう。現在、自分が選び決めた職業人になるための学習をしていますが、どのような育ちの過程が今のあなたの基盤となっているのかを振り返り、周囲の人と話しあってみましょう。

③絵本『おおきな木』（シェル・シルヴァスタイン作・絵／本田錦一郎訳、篠崎書林、1976年）を読み、一人の少年の成長発達過程に対する「おおきな木」の支援がどのようなものなのかを、周囲の人と話し合ってみましょう。

155

レッスン13

周産期の発達課題と支援

周産期とは、正確には、妊娠22週から出生後7日未満の間を指しますが、このレッスンでは、妊娠中から新生児期（生後約1か月）までを大きく周産期ととらえ、出生後の子どもの育ちに大きく影響する母体環境を中心に、この時期の発達課題と支援のあり方について学びます。

1. 胎児の発育

　精子が卵子と結びつき、それが受精卵となり、子宮内膜に着床したときから妊娠が始まります。わずか1mmほどの受精卵は、10か月もの間に約50cm、約3,000gくらいの大きさに成長していきます。妊娠37週から41週までの出産を**正期産**といい、この期間に生まれた新生児には、出生後に生きていくために必要な機能が備わっています。

　受精卵は、妊娠10週未満（受精後8週未満）のうちは、胎芽と呼ばれ、妊娠10週以降（受精後8週以降）になると、胎児と呼ばれます。妊娠3〜8週は器官形成期と呼ばれ、心臓、肺、神経、感覚器（目、耳、口など）などの臓器が形成される重要な時期にあたります。

　超音波検査[*]（図表13-1）によって、妊娠5週ごろに子宮の中に胎嚢と呼ばれる赤ちゃんが育つ袋が、妊娠6週ごろでは胎児の心拍動が確認できます。妊娠7週ごろから肺の形成が始まり、妊娠34週ごろには肺でガス交換をする機能が整います。

　胎児は、口から栄養を摂取して消化管で吸収するのではなく、母体の

◆補足
正期産、早産、過期産
正期産：妊娠37〜41週の出産
早産：妊娠22〜36週の出産
過期産：妊娠42週以降の出産

※用語解説
超音波検査（エコー検査）
超音波を対象物に当てて、その反射（エコー）をコンピューターで画像化して診断する検査。

図表13-1 超音波検査の画像

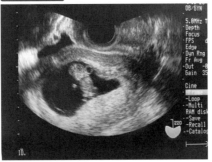

レッスン13　周産期の発達課題と支援

血液を介して栄養の吸収や代謝物の排泄を行います。しかし、妊娠16週ごろから、羊水を飲み込む運動がみられるようになります。飲み込んだ羊水は、尿として再び子宮内の羊水中に排泄されます。羊水の中に含まれるわずかな物質は、胎児の腸内に蓄積され、出生後に胎便として排泄されます。胎便は、暗緑色で粘稠*性がありますが、乳汁を摂取することで黄色い普通便になっていきます。

　子宮の中は羊水で満たされています。胎児はこの羊水のプールの中で活発に運動しています。手や足を曲げたり伸ばしたり、体のむきを変えたり、体を回転させたりします。口を開けて息をするようなしぐさ、あくび、指しゃぶりをしたり、へその緒をもって遊んだりすることもあります。こうした胎児の運動は、妊娠20週ごろには、胎動として妊婦が自覚できるようになります。

　閉じたままだった目は、妊娠24週ごろには開くようになります。母体の腹壁に強い光を当てると、目を細めるようなしぐさをするなど、胎外の明暗環境を感じることができるようなります。妊娠31週ごろには、音を感じることができるようになります。大きな音がすると、胎児は手を上げたり耳を覆ったりして反応します。母親の話しかけや音楽に反応することもあります。

　味覚は、妊娠12週ごろに発達します。羊水内に甘い物質を注入すると、羊水を飲む量が通常の2倍に増えます。反対に、苦みを注入すると、顔をしかめます。このように、胎児は生まれる前から外界の刺激に反応する能力を身につけていきます。

⊛ 用語解説
粘稠
粘り気があって濃いこと。

2.　妊娠中の母親の心理

　本節では**妊娠期間**を通して変化する母親の心理をみていきます。
　女性が体内に子を宿すと、身体や心に大きな変化がみられます。妊娠初期では、腹部はそれほど目立ちませんが、妊娠によってホルモンバランスが変化するため、つわり、倦怠感、眠気などの不快症状を感じたり、幸福感の高まりや涙もろくなるなど気分の浮き沈みがみられたりすることがあります。また、妊娠に対する喜びを感じる反面、親になることへの不安、胎児が健康であるかなどの心配など、両価的（アンビバレント）な感情が起こりやすくなります。このころは、胎児に対する関心よりも、体や気分の変化など自分自身への関心の方が高く、「いたわってほしい」「誰かに（何かに）頼りたい」といった自己中心的、依存的な傾向が強

◆ 補足
妊娠期間
妊娠期間はおおむね3か月を単位として3つの時期（妊娠初期2～4か月、妊娠中期5～7か月、妊娠後期8～10か月）に分けられる。

157

第4章　生涯発達を見据えた発達支援

くなります。

　妊娠中期は、つわりなどの不快症状がおさまり、安定期に入ります。胎動を感じることで、胎児への関心が高まったり、おなかが大きくなるにつれて妊婦としての自覚が促されたり、周囲にいたわられたりすることによって幸福感を感じることが多くなってきます。

　妊娠後期になると、おなかが大きくなることによって、動きづらさや息切れ、腰痛、こむら返りなどの不快な症状がでてくるため、外出を控えたり、気持ちが内向的になったりしがちです。また、出産予定日が近づいてくると、もうすぐ赤ちゃんに会えるという喜びや動きづらさからの解放への期待感が生じる反面、陣痛の恐怖、子が元気で生まれてくかという心配、母子一体の時期が終わってしまうことへの喪失感など、さまざまな感情も生じます。

3．新生児の発育

　生まれてから1か月（生後28日未満）の赤ちゃんを**新生児**と呼びます。胎児の時は母体の血液を介して酸素や栄養をもらっていましたが、新生児は、自分で呼吸し栄養を摂取しなければなりません。新生児期はこのような変化に順応していく時期です。

　出生後、母親のおなかの上に乗せた新生児は、しばらくすると、自分でおっぱいのほうに移動し、乳首に吸い付きます。妊娠・出産を経ると、母親の乳首は茶褐色に変色しますので、約30cmの範囲がぼんやりと見える程度の新生児の視力でも認識できるのでしょう。出産直後には、母乳はほとんど分泌されませんが、新生児が乳首を吸うという刺激が、母乳の分泌を促します。

　半透明で粘稠性がある初乳は、出産前から分泌されます。この初乳には、**免疫グロブリン***がたくさん含まれています。すでに胎児は胎内でも母体から免疫グロブリンをもらって生まれてきます。これらの免疫グロブリンは新生児の感染予防に役立っています。

　母乳の分泌量は日増しに増え、1週間ごろになると、乳白色の成乳になります。母乳は消化がよいため、消化吸収能力が未熟な新生児に負担はかかりませんが、一度にたくさんの量を飲むことができませんので、少量ずつ、頻回の授乳が必要です。よい母乳はほんのりと甘い砂糖水のような味がします。母乳は母親の血液からつくられるので、母親が糖分や脂肪分が多いなどの偏った食事をすると母乳の味が変化します。胎児

✳ 用語解説
免疫グロブリン
血中に含まれる抗体のこと。IgG, IgM, IgA, IgD, IgEという5つのタイプに分類される。
→レッスン14「受動免疫」

158

レッスン13　周産期の発達課題と支援

はすでに味覚が発達していますので、母乳の味が変化することにより、飲みが悪くなることもあります。

新生児は2～3時間ごとに起きて授乳を受けるとき以外、ほとんど眠っています。個人差はありますが、1日の総睡眠時間は14～18時間です。睡眠リズムは成長とともに確立されていきます。

新生児は、空腹以外のいろいろな欲求も泣いて知らせます。皮膚感覚や聴覚は敏感です。おむつがぬれて不快なとき、おむつを交換すると泣きやみます。なだめてほしいとき、優しくリズミカルに揺らしながら抱いたり、新生児の耳元でささやくように話しかけたりすると泣きやみます。また、妊娠中に流れていた音楽を聞かせると泣きやむことがあります。子宮内は羊水で満たされているので、胎児はにおいを感じませんが、生後、数日から自分の母親の下着のにおいをかぎ分けることができます。

4. 周産期の発達課題

エリクソンの発達理論では、人生を乳児期から老年期までの8段階に分け、前の段階の発達が次の段階の発達の基盤となるとしています。そのため、ライフステージの最初の段階である乳児期の発達課題「**基本的信頼感の獲得**」は、それ以降の各段階の発達に大きく影響します。

乳児期に母親などの重要な人物と安定的な関係を築くことができた子どもは、認知能力や情緒の発達が促されます。この安定的な関係は、他者との人間関係の構築や環境への適応などの社会化も促します。

生涯にわたって人の発達に影響を及ぼす可能性があるこの発達課題を、わずか1年ほどの非常に短い期間で達成するためには、妊娠期からの準備が必要です。出産は妊娠のゴールであると同時に、子育て・子育ちのスタートでもあります。おなかの中で育つ目に見えないわが子が、出産後、温かいまなざしと豊かな応答性のなかで健やかに育っていけるよう、妊娠中から胎児との親子関係を育んでいくことが望まれます。

参照
基本的信頼感の獲得
→レッスン12

1 親になる過程

出産により、女性は妻だけでなく母に、男性は夫だけでなく父になります。さらに、働いている場合は職業人として、病人や老人がいる場合は看護や介護などの役割を担うこともあります。このような多重役割を担い、それぞれに応じた役割行動を獲得する過程には、さまざまな葛藤がともないます。たとえば、母親が、配偶者との関係、身体的なウェル

159

第4章　生涯発達を見据えた発達支援

ビーイング、母親としての能力、結婚満足感といった点においてネガティブな評価をしている場合は、親役割への順応に大きな困難を抱えることが知られています。

親となる年代は、エリクソンの理論における**成人初期（22〜30歳）**に当たり、その発達課題は「**親密性**」とされています。他者を愛し、他者と融合したいと思う一方、他者と関わることに傷つくことを恐れて離れようとすると「**孤立**」が生じます（図表12-2；147頁）。自分の気持ちを一方的に押し付けたり、反対に一方的に受け入れたりすることは、表面的な関係をつくることになりかねません。二者が近づきすぎず・離れすぎず、お互いにとってちょうどよいと感じる心理的距離のうえに「愛」という人格的活力が導かれます。この力は、子どもを育てていくうえでの原動力となっていきます。

参照
エリクソンの成人初期
→レッスン12

2 ▶ 妊娠の受容と胎児への愛着形成

妊娠の受容は、胎児に対する愛着を形成し、親役割を獲得していくための重要な因子とされています。胎児への愛着形成には、望んだ妊娠だったか否か、不妊治療や流早産の経験の有無、胎児の発育状況、経済状態、支援者の有無など、多様な要因が影響すると考えられます。

約半数の妊婦が、つわりを経験します。つわりの出現時期や程度、持続期間に個人差はありますが、妊娠の受容のいかんにかかわらず「こんなに苦しいのなら妊娠なんてしなければよかった」「赤ちゃんのことまで気が回らない」といったようなネガティブな気持ちが生じることがあります。つわりを起こす原因は十分に解明されていませんが、妊娠5か月ごろにおさまってくる人が多いようです。

このころには胎盤の形成が完成されますので、流産の危険が減って安定期を迎えます。また、おなかの上から胎児が動いている様子がわかるようにもなってきます。これが胎動です。胎動を感じる時期には個人差はありますが、初妊婦では妊娠20週ごろ、経妊婦では妊娠18週ごろとされています。

胎児に対する愛着は、妊娠の進行にともなって高まっていきますが、胎動を感じるようになるとさらに高まります。そして、おなかをさすったり、つついたり、話しかけたりして、胎児とコミュニケーションをとろうとします。胎児が動いた場所にトントンと指先で合図をすると、胎児が反応して動くこともあります。胎児はおなかの中で、音を聞いたり光を感じたりしていますので、おなかの外からの刺激にも反応することができるのです。

レッスン13　周産期の発達課題と支援

　親たちは、胎動の特徴から「この子はける力が強いね。生まれたらパパと一緒にサッカーやろうね」「音楽を聞かせると静かになるのよ。きっと音楽が好きな子になるわね」というように、胎児の個性を見いだすような表現をすることがあります。目に見えぬわが子の姿や個性を感じ取り、コミュニケーションをとることは、出生直後からスタートする親子関係の土台になり、新生児が欲求を表すときのわずかなサインに応答することにも役立ちます。

3　妊娠期の過ごし方と胎児の発育

　胎児の順調な発育のためには、妊婦が体の中に**催奇形物質***を取り込まないなど、妊娠期における過ごし方に留意する必要があります（図表13-2）。

　妊婦が適切な栄養を摂取することは、妊婦自身が健康的な妊娠生活を送るため、また、胎児の発育を促すために重要です。たとえば、ビタミンＡは、妊娠初期の過剰摂取により、水頭症や口蓋裂などを引き起こします。葉酸は、妊娠初期の摂取不足により、二分脊椎症などの神経管形成障害をきたします。やせすぎの妊婦は、胎児発育不全、低出生体重児、早産のリスクが高まります。

　そのほかに、胎児の発育に影響する因子として、喫煙、飲酒、カフェイン、薬物、感染症、放射線などがあります。たばこに含まれているニコチンや一酸化炭素により、口唇・口蓋裂や先天性心疾患、低出生体重児の出生が増加します。アルコールを大量に摂取することで、成長障害、精神遅滞、種々の奇形を3徴候とする胎児アルコール症候群をきたします。カフェインはコーヒーや紅茶、緑茶などに含まれており、その多量摂取は催奇形性のリスクを高めます。薬物については、その種類や摂取時期によっては、胎児の器官形成に影響を及ぼすことがあります。感染症としては、先天性風疹症候群（CRS）がよく知られています。免疫のない女性が妊娠初期に風疹に罹患すると、風疹ウイルスが胎児に感染し、出生児に先天性風疹症候群を引き起こします。

　以上のように、妊娠の経過や過ごし方、胎児の発育に影響する因子などを知っておくことは、妊婦と胎児の両方にとって必要です（図表13-2）。

✳ **用語解説**

催奇形物質
奇形の発生をうながす性質をもつ物質のこと。放射線や各種の化学物質が催奇性をもつことが証明されている。

161

第4章　生涯発達を見据えた発達支援

図表 13-2　胎児に障害を発生させる時期とその部位

←胚芽期→		胎芽期					胎児期				//→臨月
1　2	3	4	5	6	7	8	9	16	20~36	38	

受精卵分裂・着床および2層性胎芽の期間

中枢神経　心臓　眼　心臓　眼　耳　口蓋　耳　脳　歯　上肢　下肢　外生殖器

（帯グラフ）
中枢神経
心臓
上肢
眼
下肢
歯
口蓋
外生殖器
耳

奇形誘発因子の影響を受けにくい

| 胎内死亡 | 主要な形態的異常 | 機能的欠損と多少の形態 | 異常 |

注：胎児の図中の●点は催奇形物質の作用を最も受けやすい部分を示す。
出典：Richard E.Behrman, Robert M.Kliegman & Hal B.Jenson原著編集／衛藤義勝監修『ネルソン小児科学（原著第17版）』エルゼビア・ジャパン、2005年をもとに作成

4　妊婦のストレスと胎児の発育

　妊婦がストレスを感じると、アドレナリンやコルチゾールなどのストレスホルモンが分泌されます。これらのホルモンは、子宮への血流量を低下させるため、子宮に流れる母体血から胎盤を通して栄養をもらっている胎児は栄養不足となり、その発育が阻害されます。反対に、妊婦が幸福感を感じると、エンドルフィンやオキシトシンなどの幸せホルモンが分泌されます。

　妊婦には周囲に「関心をもってもらいたい」「いたわってもらいたい」「不安な気持ちを受け止めてもらいたい」という受容的な傾向がみられます。このようなときに、周囲から十分にいたわられ、心が満たされる経験をすることで、出産後にわが子に愛情を注ぐことができるようになります。

5　夫（パートナー）の父親役割の確立

　夫には、妊婦である妻が経験するような身体的な変化がともなわないため、妊婦に比べて、妊娠に対する受容や父親役割の確立が遅れることが一般的です。妻が胎児との直接的なやりとりができる一方、夫はそれができないため、無力感、疎外感をもつことも少なくありません。

　両親学級に参加して、妊娠・出産・育児について学んだり、妊婦健診に同行して、超音波検査などで妊娠の経過や胎児の発育を確認したりす

◆補足
夫（パートナー）の父親役割
メイ（May, K. A.）は、夫が妊娠を受容し父親になることを受け入れていく過程を3つの時期に整理している。
・アナウンスメント期：妊娠の可能性を考えit that確認されるまでの数時間から数週間
・モラトリアム期：妊娠を受け止め、意識的に妊娠について考えるようになる時期
・フォーカシング期：妊娠や出産に焦点がしぼられ、父親としての自分を意識し始める時期

レッスン13　周産期の発達課題と支援

ることで、妻とわが子への思いが共有でき、父親役割の確立を促すことができます。

　妊娠・出産をきっかけに妻の生活スタイルは激変します。夫婦（カップル）で協力して子どもを育てていくためにも、妊娠中から出産後の生活をイメージし、子育てや家事などの役割をどのように分担するのかなどについて、話し合っておくことが大切です。

▋6 ▶ 新生児とのコミュニケーション

　分娩後、通常は5日から1週間ほどの入院を経て、新しい家族生活が始まります。母親は自身の体を回復させながら、新生児の世話をすることになります。新生児は一日の大半を眠って過ごしますが、自分の欲求を「泣く」というサインをとおして知らせます。親（主に母親）は、新生児が起きている短い時間のなかで、新生児のサインを読み取るという作業を行わなくてはなりません。毎日・毎回、「おなかがすいたのかな」「おむつがぬれて気持ち悪いのかな」「抱っこしてほしいのかな」など、新生児のしぐさ、泣き方、授乳の間隔などを手がかりにしながら、「泣き」の原因を探り、その欲求を満たしていきます。

　新生児は親に対して、泣く、親の指を握る、視線を合わせて見つめる、乳首を探すなどの愛着行動を示します。このような新生児のさまざまなサインを読み取り応答していくことが、母子相互作用を活発にし、母子関係を強めていくことにつながっていきます。肌の温かさ、におい、話しかけられる声、体を揺すられるときのリズム、視線が合ったときに感じるまなざしなど、母親からの刺激に対する新生児の反応を敏感に受け取ることは、新生児に対する応答性や感受性を高めていくことにつながります。

5．事例からみる周産期の困難とその支援

　最後の節では、周産期に生じる可能性のある困難さを仮想した4つの事例（インシデント①〜④）をとおして、子どもの成長・発達と保護者の養育・保育のあり方についてさらに学びます。

【インシデント①】……妊娠の受容

　Aさん（18歳）は、**人工妊娠中絶**のため、母親に連れられて産婦人科を受診した。診察の結果、妊娠25週と診断され、妊娠を継

☑ **法令チェック**
人工妊娠中絶に関する法令
「母体保護法」（最終改正2013［平成25］年12月13日）の第2条第2項において「この法律で人工妊娠中絶とは、胎児が、母体外において、生命を保続することのできない時期に、人工的に、胎児及びその附属物を母体外に排出することをいう」と定められている。また、同法第14条には、指定医が人工妊娠中絶を行うかどうかの判断基準が定められている。なお、上記「生命を保続することのできない時期」については、厚生労働省事務次官通知（1990［平成2］年3月20日）によって、満23週以前から満22週未満に改正されている。

163

続することとなった。パートナーが誰かが不明であったため、Ａさんの母親がＡさんと一緒に生まれてくる子どもを育てることになった。その後、妊婦健診は定期的に母親に連れられてくるものの、胎児への関心はまったく見せなかった。病院では、妊娠中から出産後の退院までＢ助産師が担当し、胎児の写真や発育の状況を伝え、母親とともに妊娠・胎児の受容を促していくうち、「赤ちゃんがよく動く」というなど、胎児に関心を示すような発言が増えていった。その後、Ａさんは、母親学級も受講し、主体的に出産に臨み、Ｂ助産師の介助で元気な女児を出産した。出産直後、Ａさんは、女児を穏やかな表情で見つめながら指でそっとわが子の頬を撫でた。退院時は、スタッフに「お世話になりました」と笑みを浮かべながら、大事そうに女児を抱いて自分の母親と一緒に退院した。

　Ａさんが受診したときの妊娠週数は25週であり、人工妊娠中絶を受けられる22週を超えていました。つまり、産むことを自己決定したのではなく、産まざるをえない状況でした。このことが、Ａさんの妊娠・胎児に対する無関心や消極性の最大の理由でした。しかし、Ｂ助産師が専門家として妊娠経過をサポートしたこと、Ａさんの母親や家族が身体的、精神的、経済的にサポートし、さらに、育児の先輩としてのロールモデルとなったことで、Ａさんは徐々に母親役割行動を獲得していきました。Ａさんが経験した危機的状況を乗り越えるためには、本人の人としての成熟度や、家族や友人などからのサポートの有無や程度、社会的資源の有無などが大きく影響します。Ａさんにはパートナーがいませんでしたが、Ａさんの母親がサポートの中心となり、育児への一歩を踏み出すことができています。たとえ出発点が「望まぬ妊娠」であっても、周囲が妊娠を喜び、妊娠に希望をもって肯定的に受け止めることができれば「わが子を育てる自信や展望」が芽生えるきっかけになります。

【インシデント②】……妊娠経過と胎児への愛着形成
　Ｂさんはフルタイムの勤労妊婦。妊娠初期には胎児への関心が薄かったが、妊娠５か月ごろ、胎動を感じるようになってからは、妊娠を実感するようになった。以下は、Ｂさんの語りである。

　つわりがひどくても仕事は休めず、毎日が精いっぱいという感じでしたので、正直、赤ちゃんどころじゃありませんでした。つわりが軽くなってきたころに、下腹の奥が何かに突かれるようなくす

ぐったい感触がありました。これが胎動だと気づいたとき、ようやくおなかの中に赤ちゃんがいるという実感がわきました。私がうれしいときは赤ちゃんもよく動きましたし、仕事中におなかが張ったときは「ママもがんばるから、赤ちゃんもがんばっておとなしくしててね」とおなかをさすりながらお願いすると、じっと身を潜めているように感じました。妊娠と仕事のつらさをまったくわかってくれない夫に向かって怒りをぶつけたとき、おなかの赤ちゃんが今までにないくらい激しく動きました。それを見た夫が「赤ちゃんが怒っている！　ごめんね、もうけんかしないから」と私のおなかに口を当てて謝っていました。おなかの赤ちゃんは私の気持ちも、まわりで話していることも全部わかっているのですね。それ以来、ゆったりとした気持ちでいられるように気をつけましたし、休みの日は散歩しながら「きれいなお花が咲いているよ。生まれたら見に来ようね」「だんだん暑くなってきたよ。もうすぐ夏だね」と、赤ちゃんにもお話ししたりして、おなかの中で居心地よく育つようにしています。

　つわりは、出現時期、出現程度、持続期間に個人差はありますが、半数以上の妊婦が経験します。つわりの原因は十分に解明されていませんが、不摂生な生活スタイルを送ること、家族などから身体的・精神的な支えがないことが、つわりの症状を強くすることもあります。妊娠初期は、つわりや妊娠による身体的変化が実感しにくいため、胎児への関心は高まりません。また、妊婦は、妊娠することによって、自己中心的で他者に依存的になる傾向がありますので、「お母さんになるのだからしっかりしなさい」「赤ちゃんがおなかにいるのだから、つわりぐらい我慢しなさい」と妊婦に対していうことは控え、支持的な態度で接することが望まれます。妊婦が「自分が大切にされている」と感じることが、妊娠に適した行動をとることにつながっていきます。

　妊娠5か月ごろになると、腹部が大きくなり、胎動を感じるようになってきます。つわりなどの症状はおさまり、胎児への関心が高まってきます。胎動の特徴から、胎児の個性を想像したり、胎児に話しかけたり、おなかをさすったりする行動が増えます。胎児の感覚（聴力や視力など）は、おなかの中にいるときから発達していきます。また、胎児は、母体の血液をとおして、酸素や栄養の供給やホルモンなどの影響を受けますので、母体の身体的・精神的な安定は、胎児の健やかな発育に直結します。

第 4 章　生涯発達を見据えた発達支援

◆補足
絆形成
ルービン（Rubin, R.）は、親役割獲得過程のなかで、胎児と愛着を形成することを絆形成（bonding-in）と表現した。

　妊娠中から胎児とコミュニケーションをとることは、出産後の新生児への応答性や感受性を高め、親子間の**絆形成**を築くことに役立ちます。

【インシデント③】……妊婦から母親への移行

　Cさんは26歳で結婚し、その3年後に出産することを希望していました。しかし、流産を2度経験し、さらに不妊治療を受けた末に、30歳でようやく第1子を出産しました。出産後、「子どもは自分の都合に合わせてつくろうと思っていましたが、子どもは授かるものだと気づかされました。子どもはそれほど好きではありませんでしたが、実際に自分の赤ちゃんを抱っこすると何ともいえない気持ちになります。まるで、頭の中で子どもをかわいいと思えるスイッチがバチッと入ったようです。自分でもこんな気持ちになるとは思いませんでした」と話した。Cさんは9か月健診の際、「赤ちゃんが泣くと、胸の奥がツーンとしてきて、おっぱいがポタポタと出てくるんです。不思議ですね」と話しました。

　出産の前後には「オキシトシン」というホルモンが大量に分泌されます。このホルモンは、産後、妊娠で拡大した子宮を収縮して妊娠前の状態に戻したり、母乳の分泌を促したりする働きがあります。
　また、これは「愛情ホルモン」とも呼ばれており、子どもに対する愛情を高める作用があることも知られています。Cさんが「頭の中で子どもがかわいいと思えるスイッチ」と表現したものは、まさにオキシトシンの作用だといえます。子どもがおっぱいを吸うと母親の脳が反応し、オキシトシンが分泌されて、おっぱいが出ます。オキシトシンは、ストレスホルモンである「コルチゾール」の発生を抑えますので、Cさんが「赤ちゃんを抱っこする」ことでわき出た赤ちゃんに対する愛情を「何とも言えない気持ち」と感じたのでしょう。
　父親（パートナー）にはこのような劇的な変化はみられませんが、子育てをすることによって、オキシトシンが分泌されます。オキシトシンは愛情ホルモンですので、父親が母親をいたわることでも、その分泌は高まります。夫婦（カップル）間でスキンシップを育み、それぞれが子どもと一緒に過ごすことで、家族間にゆとりのある子育て環境が整っていきます。

【インシデント④】……子育ての第一歩

　子育て相談では、次のような内容がよく寄せられます。

・赤ちゃんが、どうしても泣きやみません。どうしたら泣きやみますか。

・おっぱいを飲まないんです。無理して飲ませなくてもいいですか。

　新生児の生活リズムは昼夜がなく、授乳後2～3時間ほど眠るというサイクルを繰り返していますが、時に乱れることもあります。新生児の「泣き」は授乳以外でもみられ、それらはしばしば、親の生活リズムに関係なく性急で突然に訪れます。新生児期は、親も新生児の世話に慣れていないため（特にはじめての育児では）、相談する人が身近にいない場合、子育ての困りごとに対する特効薬探しをしてしまいがちです。とにかく泣きやんでほしい、飲んでほしいという気持ちになるかもしれませんが、大切なことは泣いたり飲まなかったりする理由を探り、その欲求を満たすことです。

子育て四訓

乳飲み子はしっかり肌を離すな

幼児は肌を離せ　手を離すな

少年は手を離せ　眼を離すな

青年は眼を離せ　心を離すな

　これは教育者である**緒方甫*** が、長年の教育経験を踏まえてまとめたものです。子どもの成長とともに、親子の間に身体的・心理的距離をもつことの重要性がよく表されています。親を安全基地として探索行動に出た乳児が、内なる存在として位置づけられた親を心の安全基地として巣立つ青年になるまで、子どもはいくつもの発達課題を達成していかなければなりません。親が、子どもが発するサインに気づき、その発達段階に応じて関わることは、子どもの自立を促します。

　妊婦は、妊娠によってもたらされる身体的・精神的な変化に適応しながら、胎児の発育にとって最適な環境を整えていかなければなりません。また、成人としての発達課題と親としての発達課題も達成していく必要があります。大人と大きく異なる子どもの生活リズムに合わせながら生活するには、自己の欲求や今までの習慣を調整することが必要です。妊娠についての正しい知識と成熟した大人としてのあり方、そして、パートナーとの関係など、複合的な課題に取り組まなければなりません。これらの課題を解決するためには、家族をはじめとする周囲のサポートが不可欠です。

■人物
緒方甫
1933～2006年
山口県の中学校長や市教委の委員長などを歴任し、長年の教育経験をもとに子育てに必要な4か条「子育て四訓」を提唱した。

第4章　生涯発達を見据えた発達支援

　妊娠期から新生児期までの周産期は、子どもの育ちにとっての準備期であり、出発点です。周産期にある親子に関わる支援者は、妊娠の経過や心理をよく理解したうえで、新生児を迎えた家族の再構築のための精神的・社会的なサポートをすることが望まれます。

演 習 課 題

①あなたが生まれる前後の事柄について、あなたの家族にインタビューをしてみましょう。妊娠がわかったときの気持ち、妊娠中のエピソード、出産の様子と家族の気持ちなどについてたずね、それに対するあなたの感想をまとめてみましょう。
②妊娠中の胎児の様子について、テキストを読む前の知識も含めて書き出してみましょう（例：おなかの中はまっくらで、赤ちゃんも動かずじっとしていると思った、など）。
③1日をかけて、妊婦の気持ちになって、おなかの中の赤ちゃんに働きかけてみましょう。どんな働きかけをしたのかを書いてみましょう。

レッスン**14**

乳幼児期の発達課題と支援

本レッスンでは、乳幼児の体と心がどのように育つのか、その発達過程とそれに応じた発達支援について学びます。保育所の多くは、年齢別にクラスが編成されています。そこで、レッスン12で学んだエリクソンの発達課題・発達危機を踏まえて、各月齢・年齢の子どもの生活や発達を概観し、子どもの育ちをどう支援したらよいのかを事例をとおして具体的に考えていきます。

1. 乳児期（0～1歳）の発達課題と支援

　乳児の発達は、脳・神経系の成熟と深く関わっています。そしてそれが、乳児の生活リズム、認知（もののわかり方）、情動、姿勢や体位などの変化に表れます。この時期、保育者には、保育をとおして、乳児と保護者、乳児と保育者との間の「基本的信頼感」が育まれ「不信感」が乗り越えられるような支援が求められます。

1 　生後 3・4 か月ごろの子どもの生活・発達と支援

　この時期になると、首がしっかりとすわるようになります。そのため、子どもは目に見えるものや音のするほうへ顔をむけ、自分の力でまわりの環境へ働きかけます。夜は連続して 8 時間以上眠ることができるようになり、授乳は 1 日 6～7 回、授乳後に目覚めている時間は 2 時間ほどに増え、かなり落ち着いた生活リズムになってきます。この時期の子どもは、それまでとは違って、**快と不快の感情**をはっきりと示すようになります。空腹やおむつがぬれているといった不快なときに、涙を流して大きな声で泣くようになり、満腹になると笑顔で快を示します。おむつを替えてもらうときなど、あおむけの姿勢の時、両手を前で合わせることができるようになり、口に手をもっていって吸うことが多くなります。また、ほほえみかけると、微笑み返す（**3 か月微笑***）、声を出すといった交流的な活動が増えます。

　では、生後 3・4 か月の子どもへの支援、その母親への子育て支援について、事例（インシデント①）をとおして考えてみましょう。

【インシデント①】

　トモちゃんは 4 か月です。母親は「子どもの発達には、木のお

◆ 補足

情動の分化
遠藤利彦「乳幼児期における情動の発達とはたらき」『人生への旅立ち──胎児・乳児・幼児前期（講座生涯発達心理学）』（金子書房、1995年、139-143頁）によると、ブリッジズやルイスらは、観察研究により、情動は分化するという発達モデルを示しているという。ルイスは、誕生時に原初的に備わっている「充足（快）」「興味」「苦痛（不快）」が次のように分化するとしている。生後 3 か月頃には「充足」から「喜び」が、「興味」から「驚き」が、「苦痛」から「悲しみ・嫌悪」が生まれ、4～6 か月頃には「悲しみ・嫌悪」から「怒り・恐れ」が生まれるとした。
→レッスン 5

⊠ 用語解説

3 か月微笑
経験を記憶できるようになった乳児が、いつも見ている人の微笑みや声かけなどに対して示す微笑みのこと。社会的微笑ともいう。

169

もちゃがいちばんよいと聞きました。だから、木のおもちゃを買ったのですが、トモちゃんは祖母の買ったプラスチック製のおもちゃで遊んでいるときのほうが楽しそうです。どっちがいいのですか？」と保育者にたずねてきました。保育者は、「木のおもちゃは、見てもふれても素敵ですね。おもちゃの材質には木、プラスチック、布、金属、紙など、いろいろあります。安全なものであれば、どの材質でもよいと思います。私たちの生活でも、たとえば、ガラス製のコップを使うこともあれば、プラスチック製、木製、陶器などを使うこともありますね。こうした違いが、豊かな気持ちや生活の楽しさを届けてくれます。子どもの生活に、おもちゃは必要です。お母さんはトモちゃんを見て『楽しそう』と気づけたことがすばらしいです。これからも、トモちゃんと楽しく遊んでください」と伝えました。

この事例のように、保育者は母親に対して、発達に応じた適切な玩具の遊び方などを支援する役目があります。この時期の発達の特徴や、乳児の遊びに関するポイントを以下にまとめます。

- **目が覚めているときの遊び**：乳児は、一人ひとりが自分なりの生活リズムをもっています。そのリズムが安定するよう配慮します。そして、脳が覚醒している時間に、ゆったりと遊びを楽しみましょう。このころには1時間から2時間程度、外に出て外気に当たり、皮膚や気道に心地よい刺激を与えることも健康な身体づくりのうえでとても大切です。
- **子どもの好きな感覚の発見**：子どもによって、環境を取り入れる五感を通した感じ方は違います。好きな音、好きな抱かれ方、好きな揺らぎなど、保育者は乳児の「楽しさ・心地よさ」を見つけていくことが大切です。
- **腕の中で育つ子ども**：保育者と乳児のコミュニケーションは、その腕を通して行われるといわれます。保育者の腕に抱き、目を見交わし、優しくほほえみかけ、語りかけて、乳児の気持ちを安定させることが大切です。

エリクソンは、「与える者と与えられている者が等しい価値をもっているとき」が健全で理想的な人間関係であると言っています。保育者が楽しいと感じているときは、乳児も楽しいと感じているのです。

レッスン14　乳幼児期の発達課題と支援

2 ▶ 生後5・6か月ごろの子どもの生活・発達と支援

　この時期になると、子どもの生活リズムは、ほぼ安定します。朝目覚めてから夜眠るまで、午前と午後にそれぞれ1回ずつ昼寝をします。子どもは、あやされると声を出してほほえみ返すだけでなく、あやされなくても自分から相手へ笑顔を向け、声を添えます。子どもを抱くと鼻をつかみにくるし、おもちゃへ手を伸ばし、口に入れたり振り動かすこともできます。対象物を目でとらえて、その方向にねがえりをうちます。消化機能が盛んになり、よだれが多く出始めます。そして、**舌挺出反射**が消えて、1日1回、少量の離乳食を摂り始めます。子どもは生活のなかで楽しさを学んでいるので、保育者は子どもに体を動かせる楽しさ、おいしいものを食べる楽しさ、遊ぶ楽しさ、散歩の楽しさなどを伝えていくことが大切です。

　では、離乳食を始めたころの事例（インシデント②）から、子どもの学びと、その子どもに対する発達支援を考えてみましょう。

【インシデント②】

　タロウちゃんは、生後5か月になって離乳食を始めました。保育所では、家で食べたことのある食材を食べます。タロウちゃんはスプーンをもって口へ運んでくれる保育者の手に、自分の手を伸ばして添えます。保育者は「おいしいね〜」「もぐもぐ、ごっくん」と、タロウちゃんの口のリズムに合わせて声をかけながら食事をすすめます。しかし、時にタロウちゃんの手の力が強いので「あらあら、こぼれちゃうよ〜」と言うこともあります。

　この時期の乳児の発達の特徴や遊びに関するポイントを以下にまとめます。

　　・**目が覚めているときの食事と遊び**：この時期も、生活リズムを整えることは大切です。午前中の目覚めている時間に、お散歩にいったり、離乳食をとったりします。生まれつき備わっていた哺乳のための反射（**捕捉反射**・**吸啜反射**・**嚥下反射**）が一部消失し、「離乳食を食べる」ことを学びます。すなわち、食べる姿勢が変わり、呼吸の仕方や顎・口唇・舌の使い方を学んでいきます。また、母乳によって発達させてきた味覚が基盤にあるため、味の薄い離乳初期食を好まない、味覚のすぐれた子どももいます。乳児でも、

✳ 用語解説

舌挺出反射
生後5か月未満の乳児が母乳・ミルクを摂取する際に、口を半開きにして、舌を突きだして、舌を前後に運動させること。

✳ 用語解説

捕捉反射
乳児が空腹のときに、乳首を探す反射。乳児の左右の口角、上下の口唇など、口のまわりの皮膚を指先で刺激すると顔を刺激されたほうに向ける。

吸啜反射
乳児が空腹のときに、口腔内にとらえた乳首から乳を吸う反射。乳児の口腔に指などを約3cm挿入して刺激すると、規則的で持続する吸う運動がみられる。

嚥下反射
口の中に取り入れた食物や飲料水を、口腔からのどを通過して食道、胃に送り込む反射性の運動。これは、大人になっても残る反射である。

171

第 4 章　生涯発達を見据えた発達支援

✳ 用語解説
把握反射
大人の指やガラガラなどを乳児の小指側から手の中に入れ手掌を圧迫すると、全指が屈曲して指や玩具を握りしめる。一度握りしめたものを引き抜こうとすると、より一層強く握りしめる。

✳ 用語解説
免疫
生体の体内が正常に保たれているか否かを常に監視し、異常があれば速やかに反応して生体を守ってくれる働きのこと。

受動免疫
母親のもつ病原体への免疫抗体が、胎盤、臍帯（へその緒）あるいは初乳を介して胎児や乳児へ移行することを指す。特に、IgGは、胎盤を通過できる唯一の抗体で、ウィルスを中和して血行性の感染の広がりを阻止してくれる。また、母親の初乳に含まれるIgAは、ポリオ、インフルエンザ、乳児下痢症（ロタウィルス感染症）などのウィルス感染防御に重要な役割を果たす。

能動免疫
自分の体に入ってきた病原体に対して、免疫反応を起こさせて、自力で抗体をつくること。

味の好みはあります。食べることの喜び、楽しみ方を工夫することは大切です。

・**目標を定めた目と手と身体動作**：手指の**把握反射**[*]が消えてきて、ものをつかむことが上手になります。また、味・におい・触感の異なる離乳食を食べることをとおして、外の世界を自分の内に取り入れること、保育者の手を介しながら安心して取り入れること、さらに自分の手を添えることで、他者や自分への信頼を高めていきます。この時期、子どもの「口での学び」を支えることが大切です。

3 ▶ 生後７～９か月ごろの子どもの生活・発達と支援

　この時期になると、子どもの日課は安定してきます。夜 8 時から 9 時ごろに寝ると、朝 6 時から 7 時頃まで、10 時間くらい眠ります。目覚めている間は、座位を好みます。座位が安定してくると、手は自由になり、両手にもつおもちゃを打ち合わせる遊びが盛んになります。また、ねがえりをしますし、ハイハイで目標物にむかって移動できるようになります。母親の声や菓子袋を開ける音などに敏感に反応し、音源を探して手をだします。自分にとって意味ある人、大切な人を認識します。

　生活場面では子どもが自分の意思や感情をはっきりと示しますから、食事や入浴、着替えやおむつ交換がしにくくなる時期でもあります。乳歯が生え始め、離乳食は 1 日 2 回になり、ビスケットなどを手にもって食べることもできます。母体由来の**受動免疫**[*]が失われて、**能動免疫**[*]に切り替わり始めます。はじめて「熱を出す、病気にかかる」経験をするのもこの時期です。

　このように、「座る」から「這う」といった運動面の発達により、子どもの生活空間が広がります。特定の大人との信頼関係による情緒の安定を基盤にして、探索活動が活発になる姿を、事例（インシデント③）をとおしてみてみましょう。

【インシデント③】

　8 か月のハナちゃんは、お座りの姿勢で遊んでいます。シャカシャカと音のするおもちゃを握ったり、太鼓を叩いたり、ボールを投げたりと、次々に遊びを展開していきます。そのとき、担当保育者が「雑巾を洗ってきます」と言って、保育室を出ていきました。部屋から出て行こうとする保育者の後ろ姿を見たハナちゃんの表情

レッスン14　乳幼児期の発達課題と支援

がみるみるかたくなります。ハナちゃんは、周囲にいるほかの先生を目で探し、目が合った瞬間に泣き出し、担当保育者を追うようにドアに近づいていきます。担当保育者が保育室へ戻ってくると、ハナちゃんは先生の足にしがみつきます。ハナちゃんは、すぐに泣きやみ、穏やかな表情を見せます。

　この時期の乳児の発達の特徴や遊びに関するポイントを以下にまとめます。

・**目が覚めているときの遊び**：外気にふれ、おいしい大気を十分に吸わせることはとても大切なことです。芝生などの上で、ねがえりをうったり、ハイハイをしたり、座ってできる遊びを、十分に体験させたいです。
・**豊かな感情を育てる**：「3か月微笑」から「**8か月不安**＊」という発達的変化は、「基本的信頼感」が育まれていることを表しています。「8か月不安」のある子どもは、母親や担当保育者に見守られることで安心感を得て、母親や保育者から離れたりそこに戻ったりしながら探索行動を繰り返します。また、ハイハイ遊びに、少し傾斜のある坂道をのぼったり下りたり、お布団の山を乗り越えたりなど、「小さな抵抗」を入れることも大切です。こうすることで、子どもの「ちょっと怖いけど、やってみよう／やめておこう」といった気持ちを引き出せるからです。
・**一緒にいることを求める心**：生後7か月を過ぎると、生理的欲求が満たされるだけでは満足せず、他者と一緒にいること、遊ぶことを求めます。そして、いろいろな人の手で育てられること、人と一緒に幸福な体験をすることが大切です。子どもが「人を信じる力（愛されている、大切に思われている）」を育むには、親の愛情だけでは足りません。佐々木[1]は、親だから伝えられないことは親以外の人が子どもに伝えていくこと、親以外の人には伝えられないことは親が子どもに伝えていくこと、これらはいずれもが大切だとしています。

☒ **用語解説**
8か月不安
ハイハイをし始めた頃に、乳児が親密な関係にある人（母親や担当保育者など）からの分離に対して示す不安反応。この表出は自然な発達過程である。

▶ **出典**
[1]　佐々木正美　『子どもを伸ばすかわいがり子育て』大和書房、2013年、127-142頁

4　生後10〜12か月ごろの子どもの生活・発達と支援

　この時期の子どもは、離乳食は1日3回、食事と食事の間が3〜4時

第 4 章　生涯発達を見据えた発達支援

間となり、目覚めて活動する時間は 3 時間を超えてきます。移動は、ハイハイに加え、つたい歩きも始まり、四肢移動を獲得します。11 か月ごろには、つかまり立ちやひとり立ちへの挑戦を重ね、直立二足歩行の獲得へとつながっていきます。

　言葉への関心、ものや道具への関心は強くなります。自分のまわりの世界を深く認識できるようになるため、興味が集中して "いたずら" が盛んになります。自分の名前がわかるようになり（自分を発見する）、呼ばれると振り向きます。初語*も出て、その声に自分の気持ちを込めたり、ものや状況に結びつけた声を発したりし始めます。褒められると得意気ですし、叱られていることもわかり始めます。要求の手さし・指さしができるようになり、自分と相手とものとに同時に注意を向けるという三項関係の理解もみられます。「ちょうだい」と言うと、そのものを差し出すこともできます。

　ものや道具への関心はいたずらにも表れます。たとえば、ティッシュペーパーの箱や引き出しから中身をすべて取り出したりもします。色や形、手触りの区別がわかり、好きなもの、はじめてのものやことを次々と探索していきます。感情も豊富になり、喜怒哀楽という基本的な感情が芽生え、それらを素直に表します。こうした感情の表出は、感情の理解に先立つといわれます。

　以上のように、保育者は、子どもの興味・関心のむくほうへ視線を合わせる、話しかける、ものの動きや身体の動作を示すことをとおして、乳児の自己信頼を高められるような支援や励ましをすることが大切です。そのような場面を、事例（インシデント④）をとおしてみてみましょう。

※ 用語解説

初語
意味のある単語のこと。発音自体はまだ不明瞭。「まんま」「まま」「ばあー」「うまうま」などが多く聞かれる。

【インシデント④】

　10 か月のミノリちゃんは、保育所の見学にきました。ミノリちゃんは母のひざに座っています。保育者は、ハンマートーイやクーゲルバーンをミノリちゃんの前に置いてみますが、ミノリちゃんはそれらに手をだしません。保育者が「トントントン」「コロコロコロ」と言いながら、木づちで叩いたり、木玉を転がしたりすると、それをミノリちゃんはじっと見ています。その後、ミノリちゃんは「アー」と声を出したり、「ブー」と口唇を震わせたりしながら、玩具に手を伸ばし、触り始めました。保育者は、ミノリちゃんに合わせて、「ブー」と言ったり「レロレロレロ」と舌を上下させたりしました。ミノリちゃんは、保育者の口元をじっと見て、自分の唇に力を入れますが、「レロレロ」とは言えません。ミノリちゃんは「ブー」

174

レッスン14　乳幼児期の発達課題と支援

と言いながら、母親や保育者に笑顔を向けます。

この時期の乳児の発達の特徴や遊びに関するポイントを以下にまとめます。

・**目が覚めているときの遊び**：座って楽しい、つかまり立ちをして楽しい、つたい歩きをして楽しいを、十分に体験することが大切です。
・**「いない いない ばぁー」の世界を楽しむ**：10か月ごろの子どもは、「ばいばい」「おつむてんてん」「いない いない ばぁー」といった動作の模倣が上手になります。模倣する力は、子どもの学ぶ力の基盤になります。津守[†2]は、「いない いない ばぁー」を十分に楽しむことは、他者との相互性の体験であると言います。この遊びに含まれる自然な気持ちの交流が基礎となって、対人関係や社会的関係がつくられます。
・**目的的な行動をする**：この時期、子どもは、「ものを取り出す、投げる、落とす」といった動作を、「目標に向かって入れる、渡す、積む、打ち合わせる」といった動作へと広げます。ものともの、ものと人をつなげる力が、遊びの中で表現されていきます。
・**保育者の表情をしっかりと見せる**：この時期、子どもの情緒表出は豊かになります。保育者は表情をはっきりと見せること、乳児が意味を理解しやすいようにできるだけ表情を大げさにしてみせることも大切です（シラージら[†3]）。

▶ 出典
†2　津守真『子どもの世界をどうみるか──行為とその意味』NHKブックス、1987年、121-128頁

▶ 出典
†3　イラム・シラージ、デニス・キングストン、エドワード・メルウィッシュ／秋田喜代美・淀川裕美訳『「保育プロセスの質」評価スケール』明石書店、2016年、64-66頁

2. 幼児前期（1〜3歳）の発達課題と支援

幼児前期の心の育ちは、乳児期までの発達を基盤に、歩行の自由、言葉の操作、道具の使用といった3つの側面にその特徴が表れます。

保育者との関わりは、乳児のころとは明らかに違ってきます。乳児期では、子どもを受容し、その欲求を充足させ、安心と心地よさを提供することが最も大切でした。これに対し、子どもが幼児期に入ると、保育者は「しつけ」を開始し、現実的で社会的な要求を子どもにむけます。乳児期に十分に愛された子どもは、自分の欲求や要求を調整して、保育

175

第4章　生涯発達を見据えた発達支援

者の要求に応じていこうとします。保育者からほめられること、大人が「ありがとう」「うれしいわ」といった喜び楽しむ姿を見ることが、子どもの「自律性」につながります。

1　1歳児の生活・発達と支援

　1歳の幼児は、「歩くこと」がうれしく楽しく、歩きながら目についたものに興味・関心を向け、自分の世界を広げていきます。はじめて目にした道具・遊具・玩具などには、なかなか手を出しませんが、何度か目で見たり手に取ったりし、表や裏を調べて、「わかる」経験を重ねます。また、幼児は歩きながら、探索しながら、言葉にならない声を出すことが増えます。「ブ　ブ」「ファ　ファ」「チャ　チャ」など、その時々に自分の動作を追いかけるように声を発します。

　1歳6か月を過ぎると、個人差はありますが、使用できる言葉の数が増えます。もちろん「話し言葉」ですが、自分から人間関係を豊かにするために、それらを使い始めます。「いくよ」といってボールを投げる、「おいで」「いこいこ」とお友だちを誘う、「ブランコする」と大人に助けを求める、「こわいわ」「やめとこ」と自ら行動を制止するといった具合です。

　話し言葉は、信頼する大人との関係や自らの遊びを通して発達していきます。また、大人とのやりとりや遊びのなかで、うれしい、楽しい、悲しい、寂しい、満足、不満、驚き、不安などが言葉で表現されます。したがって、この時期の子どもには「話し相手」が必要です。また、絵本を介しても、他者と言葉を共有します。こうした言語的な応答が含まれた環境のなかで、自らのイメージを、遊びの中で広げたり深めたりする経験が、とても大切な時期です。そういった遊びの場面を、事例（インシデント⑤）をとおしてみてみましょう。

【インシデント⑤】

　1歳8か月のユキちゃんは、砂場のへりから砂場の中へ「ピョン」といって入ります。ユキちゃんは、スコップを使って、「チャー」と言いながらバケツに砂を入れます。バケツに半分程度に砂を入れたら、そのバケツをもって保育者の近くへやってきました。そして、ユキちゃんは、バケツの砂をスプーンですくい出しては、砂場のへりへきれいに並べて置きます。小さな砂山すべてを手のひらで「トントントン」と押し固め、次に、平らになった砂山の真ん中を指先で「ツンツン」と穴をあけていきます。

レッスン14　乳幼児期の発達課題と支援

　1つの砂山を手につかみ、保育者の手の上に「はい」と言って渡します。保育者が、「ありがとう。これはな〜に？」とたずねると、「マンマ」と答えます。保育者は、この砂山を食べるふりをしたあと、「あ〜おいしかった。ユキちゃんもどうぞ」と砂山を返します。すると、ユキちゃんも、口を動かして、手のひらの砂山を食べるふりをしました。

　この時期の幼児の発達の特徴や遊びに関するポイントを、以下にまとめます。

- **「歩く」ことを楽しめる**：歩くことをとおして、自分の身体に気づき、呼吸の整え方や声の出し方を学んでいきます。雨の日に「傘をさして歩く」、お買い物に行って「荷物をもって歩く」といった、小さな抵抗を楽しく経験する機会を設けることは大切です。
- **気持ちを介して人と関わる力を育む**：洋服の着脱やものの使い方（靴下をぬぐ、クレヨンで絵をかく）などを通して、力の調整が細やかになります。この時期の幼児は、遊びのなかで、自分の気持ちを表出することで、気持ち自体も複雑で洗練されたものに広がっていきます。たとえば、積み木が1つ、2つと積み上がる嬉しさ、途中で崩れた悔しさ、一方で積み木の崩れる音の楽しさなど、活動と言葉と気持ちが重なることで相互に洗練され、「自律性」が身についていきます。
- **手にするものを道具に変える力を育む**：1歳の子どもには、造形の芽生えもみられます。そして、「形をつくる」ことと「自分をつくる」ことは連動します。砂や粘土もそうですが、たとえば、積み木遊びでは、3個の積み木を「積み重ね、積み下し、積み崩し、積み直し、積み変える」ことを繰り返すなかで、力を調整しながら気持ちも積み重ねていくのが1歳児です。1歳後半になると、10個程度の積み木を「積みきり、並べきり、入れきり、出しきり、渡しきり、移しきる」力にまで発達していきます。

2　2歳児の生活・発達と支援

　この時期になると、食事の場面では、配膳を手伝うこと、皆がそろう

第4章　生涯発達を見据えた発達支援

まで楽しい気持ちで待つことができるようになります。自分でスプーンなどを使って食べることができ始めます。「いただきます」「ごちそうさま」も言えます。排泄については、尿意や便意を大人に教え、トイレに行くことができます。自分のことを名前で呼び、自分の名前を出して他者へ要求を伝えます。「いいよ」「いや」も言葉で伝えます。家でできることが、少しずつ園でも、皆と一緒でも、できるようになります。つまり、自分のもてる力がいつでも、どこでも、誰とでも発揮できるようになっていきます。人は自分でできることが多くなれば、仲間と一緒に生きていきたくなるものです。2歳児の豊かな社会的世界の広がりです。

　言葉の爆発期ともいわれる2歳代の子どもに関わるとき、保育者は子どもの言葉に注意がいきがちですが、身体面でも細やかな調整ができるようになり、身体表現がとても豊かになります。身体の動きの調整は、他者の動きや言葉に合わせた気持ちの調整へとつながります。こうした気持ちの調整を2歳児が示す姿を、事例（インシデント⑥）をとおしてみてみましょう。

✳ **用語解説**
言葉の爆発期
子どもが使う語彙数が急激に増加する2歳前後の時期を指す。語彙爆発（vocabulary spurt）とも言う。

【インシデント⑥】

　2歳8か月のケンちゃんは、三輪車が大好きです。ペダルのない赤い大きな三輪車です。今日は、その三輪車をアキちゃんが先に使っています。ケンちゃんはアキちゃんが三輪車から降りてその場を離れたすきに、それに乗りました。戻ってきたアキちゃんは、「これ、アキちゃんの！」と主張し、ケンちゃんは「ちがう！」と否定し、ハンドルを押したり、押し返したりしているうちにアキちゃんが泣き出しました。保育者は「こっちにも三輪車あるよ。どうぞ」と声をかけますが、2人はそれをちらりと見た後、後ろを向いてしまいました。保育者は「2人とも、この三輪車が好きなのね。かっこいいもんね！　先生は今から、お花にお水をあげるの。この三輪車で、2人が順番に、バケツの水を運んでくれたらうれしいな。運んでくれるかな？」と提案しました。2人は順番にお手伝いをすることで、納得をしました。

この時期の幼児の発達の特徴や遊びのポイントを以下にまとめます。

・**「けんか」から学ぶ共感力**：2歳児のけんかは、1歳児が示す髪を引っぱる、叩く、つき倒す、かみつくといった直接的で身体的なものとは、その様相が異なります。自分の名前を

出し、「ほしい」「いる」「いや」「だめ」といった言葉を介し、ものをめぐって、力を出して取りあい、けんかをします。けんかをすること、けんかをして泣くことは悪いことではありません。けんかをとおして、相手の意志や主張が理解でき、折り合いのつけ方（自分の意志を引くことややり方を変えることなど）を学びます。けんかをして相手を泣かせてしまうと、自分も悲しくなります。その悲しみを感じることから共感性が育ちます。

・**自分を大切に思ってくれる人を求める力**：悲しい、悔しい、やりきれない気持ちを抱えている時、あるいは困った時は、助けてもらえばいいのです。子どもは、保育者や親の助けを得ながら、気持ちを立て直していきます。保育者には、けんかのあとに、お手伝いやお散歩といった共同活動などへ子どもを誘い、場面や道具を変えながら、互いを見直し、気持ちを結び直し、関係の回復・発展に結びつけることを目指した支援が求められます。このように大人の支援を得ながら、幼児は自分の「意思」を磨いていきます。

③ 3歳児の生活・発達と支援

　3歳になると多くの子どもが集団生活を経験します。集団生活という営みのなかで基本的生活習慣が整い、友だちと協力して生活をする楽しさを知り、その楽しさを大切にすることもできます。自分の名字と名前、年齢、性別がわかります。そして、自分のことを「わたし」「ぼく」と言います。家族の一員としての「ぼく」「わたし」、園のクラスの「ぼく」「わたし」と、生活場面によって異なる多面的な自己を意識できるようにもなります。自分の経験したことを言葉にしていく過程で、思考を育てていきます。朝起きたら自分から着替え、保育者の手伝いや園の当番を誇らしく取り組みます。食事・排泄・洗面・衣服の着脱などの自立は、まだ完全ではありません。しかし、こうしたことを行う前に予告し、したことを報告し、できないことは助けを求めつつ、粘り強くやり遂げる努力をする姿がみられます。また、この頃には、乳歯が生えそろい、咬合^{こうごう}*が完成します。

　さらに、3歳になると「なんで？」「どうして？」と頻繁に問うようになります。言葉の意味を、言葉だけで理解しようとし始めている子どもの姿です。また、子どもは、人の言葉や行動を、とてもよく聞き、見

✳ **用語解説**
咬合
歯のかみ合わせのこと。乳歯が生えそろうことで、上下の歯がかみ合う。

第 4 章　生涯発達を見据えた発達支援

ています。注意の集中度と安定度は高くなり、難しいことにチャレンジし努力する姿も出てきます。そのような子どもの姿を、事例（インシデント⑦）をとおしてみてみましょう。

【インシデント⑦】
　今日から合奏の練習が始まります。クラスメイトが楽器を手に取って、その操作や音色を確かめているときに、3歳6か月のハルちゃんは、じっとしたままです。保育者は「小さい太鼓、叩いてみる？」と声をかけました。ハルちゃんは「なんで？」と聞きます。先生は「小さい太鼓は高くて澄んだ音がするの。ハルちゃんの声と同じ」と応じました。ハルちゃんは首をかしげています。そのとき、大太鼓の音が「ドン！」と保育室に広がりました。その音をきっかけに、ハルちゃんは、小太鼓のバチを手に取り、口を一文字に結び「トンッ」と音を出しました。その後、保育者と視線を交わしながら、ハルちゃんは保育者のピアノのリズムに小太鼓を重ねていきました。

この時期の幼児の発達の特徴や遊びのポイントを以下にまとめます。

・「自分でする」「一人でする」を応援する：この時期の幼児は、自分でできること、できないことがわかり始めます。そして、自分でする、一人ですることへの努力を惜しみません。その過程では、自分で自分を励ます姿もみられ始めます。
・大人の生活ぶりを見て学ぶ力：生活習慣やしつけは、大人からの働きかけや一方的な押しつけではうまくいきません。集団生活のなかだからこそ、大人が子どもと生活を共にする姿勢を大切にしながら、「先生はこうしているよ」と子どもにモデルを示すこと、「こういう方法もあるよ」と心地よい生活の仕方を子どもと一緒に工夫していくことが望まれます。
・幼児への信頼と期待に裏打ちされた教育的な働きかけ：子どもは、教育的愛情に包まれるなかで、自分への呼びかけに対する喜び、少し難しい活動に取り組む前の自分の力への疑惑、失敗をして恥ずかしい気持ち、悔しさや悲しみからの立ち直りにむかいます。子どもが失敗から学ぶこと、失敗から成功へ導く教育的な受容や承認は、幼児の人格の粘り強さやものごとを成し遂げる力へ導くといわれます。

3. 幼児後期（4〜6歳）の発達課題と支援

　幼児後期の子どもは、その多くが集団生活に参加しており、自分の思いや考えをあらゆる場面で表現します。幼児は、目標にむかって、自分でイメージした活動を自主的に繰り返します（「自発性」）。人が生きていくうえでのあらゆる活動（勉強でも仕事でも）には、この自主性・自発性の感覚が必要です。このようなイメージをまとめあげながら繰り返す活動のなかで、子どもは、他者の積極的な活動と衝突したり競争したりする場面に出会います。そこでは、やりすぎて拒否されたり、注意を受けたり、罰せられたり、時には負けることへの不安などを体験します。このような場面で生じるのが「罪悪感」です。

1 ４歳児の生活・発達と支援

　この時期は、幼児の青春時代と呼ばれます。「もっと」「ずっと」と自分の思いが広がっているのですが、現実には、自分の思い通りにものごとが進まないときもあります。これが、心理的な不安定さにつながり、抵抗する、怒る、すねるなどの姿を示す子どももいます。４歳児は、やり直しのできる生活や遊びのなかで、迷い、困り、探りながら自分の思いにかなうものが見つかるまで活動を続けます。そのような経験を積むなかで、新しい遊びに挑戦し、遊びと遊びを組み合わせながら、遊びをアレンジします。たとえば、ブランコであれば、「座ってこぐ→立ってこぐ→２人乗りする」へと発展します。自分の思いと他者の思いを調整しながら、自ら遊びの楽しさを広げ、それを仲間と共有していきます。

　先に「調整」と書きましたが、４歳児が生活のなかで磨く力のひとつは「自制心」です。自制心は、自分の気持ちを整えながら、相手を受け入れる力、自分の活動に注意・集中をしながらも、周囲へ気配りをする力です。４歳児クラスでの子どものそのような姿を、事例（インシデント⑧）をとおしてみてみましょう。

【インシデント⑧】

　４歳３か月のアイちゃんは、左手の爪をかみながら、右手に洋菓子の空き箱をもって立っています。クラスでは、運動会で使う「おみこし」をつくっています。クラスメイトは、それぞれ家からもってきた大きな段ボールを積み重ねています。アイちゃんは、自分のもってきた箱が小さいこともあって、クラスの輪に入れません。そ

のときジュンちゃんが「おみこしの屋根に鳥がおるやろ！　アイちゃんの箱、鳥になると思うけど……」と声をかけました。アイちゃんは、先生が用意した本物のおみこしの写真を見ながら、鳥をつくります。すると、クラスメイトは、同じくおみこしの写真を見ながら、段ボールを積み直し始めました。その理由は、大きな段ボールばかりを積み重ねるより、途中に小さめの段ボールを入れたほうが、「かっこいい形になる」と気づいたからです。

この時期の幼児の発達の特徴や遊びのポイントを以下にまとめます。

・**変化への適応力や柔軟性を育む**：4歳児は、明確な目的・目標にむかって活動を開始します。活動に取り組むことで、次の目標が出てきます。当然、目標が変われば活動は修正され、細やかな工夫・変更が加えられていきます。仲間で共通点を見つけることに長けてきますし、相違点を受け入れることもできます。自分だけの思いでなく、積極的な自制心が、仲間との助け合い、導き合いを引き出し、誇り高い成果へつながります。

・**子どもの主体性を育む**：4歳ごろには、子どもによって、さまざまな「くせ」が現れることがあります。「くせ」には、指しゃぶりや鼻くそほじり、性器いじりなどがあります。子どもは、活動へ注意をむけ集中しつつも、自分はどこにいて何をしたらいいのか、いつまでしたらいいのかなどがよくわからないときに、自分の「くせ」を出すようです。「やめなさい」と注意をするよりは、「今は、ここで、こうしましょう。終わりは、こうですよ」と声をかけることが、支援のひとつとなります。ただし、活動の始まりと終わりについては枠づけをしても、活動のプロセスは子どもの主体性を尊重するという支援が効果的であることに留意する必要があります。

◆補足
5歳児の子ども
保育所・幼稚園・認定こども園などにおける5歳児クラス（年長クラス）の子どもは誕生日を迎えると6歳になるので、本項では、5歳と6歳について取り上げている。

2　5歳児の生活・発達と支援

①5歳の生活・発達と支援

　ここでは、**5歳児の生活・発達**について、見ていきましょう。5歳になると、子どもの多くは、家庭と保育所・幼稚園といった2つの世界をもち、規則正しい生活を送るようになってきます。季節によっては昼寝

をしなくなります。基本的生活習慣は、ほぼ身についています。はしを使って食事をし、排泄の後始末も自分でできます。また、幼児語を話さなくなります。遊びの場面では、異年齢の子どもを遊び相手としますし、遊具や遊ぶ素材（縄とび、鉄棒、のぼり棒、跳び箱、竹馬など）や自然（花・草・木の実など）を取り入れた遊びを展開します。また、この時期の子どもの遊びには、「ルール」が出現します。逃げたり追いかけたり、受け取ったり手渡したりする「やりとりのルール」です。自分と他者の間に「ルール」を介在させることで、やりとりの方法が決まり、役割の交代も明確になります。勝手なルールをつくって遊び始めることもありますが、結局は、普通のルールに戻して遊びます。ルール、決まりごと、約束ごとの本質を、遊びを介して体験することで、生活に秩序が生まれてきます。たとえば、交通信号を守る、ゴミはゴミ箱に捨てる、廊下は走らない、あいさつをする、お礼を言うなどが自らできるようになります。

　5歳ごろには、「**ひとりごと***」がよくみられます。これは、声に出して自分の考えを整理するため、自分に話しかけて自分の行動を調整するためになされていると考えられます。子どもは、言葉を使って状況を判断・理解するなどの思考活動を行い、その過程を経て、それが内面化されていきます。つまり、実際にやってみなくても、自らがどう動けばどんな結果になるのかを思考をとおして予測することができるようになります。この時期の幼児が、自分の持てる言葉を使って思考する力を使って、目的・目標にむかって発揮する場面を、事例（インシデント⑨）をとおしてみてみましょう。

【インシデント⑨】

　3・4・5歳児が、一緒にリトミックをしています。午前中に畑で見た草花・虫・陽の光や風を、先生のピアノにあわせて全身で表現します。3歳のケイちゃんだけがいすに座ったままで、リトミックに参加できていないことに気づいたタケちゃん（5歳7か月）は、ケイちゃんに「一緒にやろう！」と声をかけました。しかし、ケイちゃんは立ち上がりません。タケちゃんは「手をつないでいこうか？」「1・2の3でいこう！」「マコちゃん、呼んで来るわ。3人で一緒に行こう！」と次々に声かけの内容を変えて誘います。最後は「せーの、風さんピュー」と言いながら、ケイちゃん・タケちゃん・マコちゃんの3人が手をつなぎ、保育室内を風になって舞いました。すると、3人に加えて、クラスの皆が手をつなぎあい、「台

✱ 用語解説
ひとりごと
3歳ごろから、遊びのなかでみられるようになる。人は言葉を使って考えているから、子どものひとりごとは「ものを考える手立て」である。また、自分の思いや感情を言葉によって整理するという「自分の行動をコントロールする手立て」にもなっている。

第4章　生涯発達を見据えた発達支援

風や〜、ビュー」と言いながら大きく強い風になって舞いました。

この時期の幼児の発達の特徴や遊びのポイントを以下にまとめます。

> ・**自分のことは自分で楽しんでする力**：食事・排泄・衣服の着脱・姿勢を整えたり移動などが自立的にできるようになり、日常生活に余裕ができます。たとえば、給食場面では、はしやスプーンを目的に応じて使い分け、食材、味付けなどを楽しむことができます。
> ・**問題解決能力を育む**：5歳は、言語活動を思考の手段にできる時期です。自分の願いや期待を言葉にしながら、問題解決の力に変えていきます。クラスの状況を理解したうえで、自分の気持ちや力と相手の気持ちや力を考えて、適切な関わりを導いていくことができます。
> ・**生活の豊かさを自分でつくり出す力**：この時期には、言葉のやりとり、年下の子どもとのやりとり、複数の人とのやりとり、思い合うやりとり、気持ちと気持ちのやりとりなど、多様な「やりとり」が、現実の世界とファンタジーの世界のいずれにおいても広がっていく姿がみられます。

②6歳の生活・発達と支援

　6歳の遊びでは、役割をもって「ゲーム」を展開する姿が多くみられます。ブランコやすべり台も使いますが、それらの遊具を、本来の遊び方として使うだけではなく、役割ゲームのひとつの場として利用するのです。こうした役割ゲームの代表として鬼ごっこがありますが、高鬼、氷鬼、タッチ鬼など、遊びのアレンジが豊かです。これらの遊びにはルールがあります。このルールを介して、「自分と相手」「自分の役割と相手の役割」という二重のやり取り・調整ができるようになってきます。これらの調整のなかには、戦術、駆け引き、フェイントなども含まれます。

　一方で、新しい自分の身体感覚を刺激する遊びも展開します。たとえば、鉄棒では前回りから、片足前回りや地球儀回りに挑戦していきます。上手にできる仲間の動きをしっかりと見て、考えて、イメージをつくって、新しい技能にチャレンジする姿が多くみられます。

　保育所では、年長児としての自覚と期待が活動に表現されます。6歳になると、相手の気持ちを理解しながら自分の意見を言いますし、相手

レッスン 14　乳幼児期の発達課題と支援

の意見に応えようとしながらも、自分を中心に仲間関係を活動的に広げていきます。こうした姿を、事例（インシデント⑩）をとおしてみてみましょう。

【インシデント⑩】

　3・4・5・6歳で「鬼ごっこ」をしています。6歳1か月のナオちゃんは、鬼ごっこのルールを皆に説明します。いよいよ、鬼ごっこの始まりです。「最初は、グー。**じゃいけん***、で、ほい」と鬼を決めます。最初のじゃんけんで負けたナオちゃんは「たんま、たんま。あのな〜」と言って、勝った人が鬼になることにしました。改めて、じゃんけんをして、鬼が決まり、ナオちゃんは勢いよく逃げます。途中で、「**よして〜**」とお友だちがきました。するとナオちゃんは「いいよ。あのな〜」と、今の鬼ごっことは異なる「高鬼」のルールを説明します。そこへ鬼がやってきてナオちゃんにタッチをしようとしたとき、ナオちゃんは「バリヤ！」と叫びます。そして「あかんで、だってな……」と、高鬼のルールを話し始めました。鬼役は「いつ変わったん？　誰も知らんやん、ずるいわ！」と抗議します。ナオちゃんは「だって小さい子がいるやん。だから高鬼のほうがいい」と言うと、鬼役は「え〜。なんでや〜。アホか！　そんなん、しないわ！」と返します。

この時期の幼児の発達の特徴や遊びのポイントを以下にまとめます。

・**考えて、予測する力を育む**：幼児期後期になると、子どもは行動する前に考え、自分がどのように動けばどのような結果になるのかを予測できるようになります。そのため、ごっこ遊びも今まで以上に複雑でより協力的なものになっていきます。一方で、自分の置かれた状況の、ある一部分のみに注意がいくので、「いざこざ」が生じることも多くあります。保育者がその状況をおさめることよりも、いざこざのなかで、子どもたちが自分の思いや考えを主張できているか、自分の考えを相手に伝えようとしているか、相手の思いを聞くことができているか、相手の思いや考えを理解しようとしているか、といった視点で関わっていくことが望まれます。

・**挑戦をする課題との出会い**：年長児として集団生活を送っていた子どもは、4月になると小学1年生になります。「遊び

図 **用語解説**
じゃいけん
じゃんけんのこと。関西地方の方言。

◆ **補足**
よして（よせて）
「よして（寄して）」「よせて（寄せて）」は、関西地方以西で使われる方言。「仲間に入れて」という意味。

185

をとおして学ぶ」のではなく「教科を教えられて学ぶ」ことへ、「自分の興味・関心を中心に学ぶ」ことから「一斉に組織的に学ぶ」ことへと学習スタイルが変化します。小学校で出会う現実的な課題にむき合っていくためには、この時期に、子どもが空想と現実を区別することを学ぶことは大切です。また、現実的な不安や恐れに対処する方法を学んでおくことも大切です。集団生活において、一人ひとりが「挑戦する」ことにチャレンジできるようにしていきたいものです。

演 習 課 題

①新生児人形を用いて、授乳、沐浴、ふれあい遊びをそれぞれ試してください。そのときに心がけたこと、自分の気持ちや声かけを書き出してみましょう。また、クラスメイトと共通する点、異なる点、それらがどうして出てくるのか話し合ってみましょう。

②近隣の保育所、幼稚園、こども園で、子どもの遊び場面を15分間観察し、観察記録を書いてみましょう。その観察記録の内容を、発達課題と発達危機の観点から解釈してみましょう。

③インターネットなどで、今、幼児とその家族に人気の遊び場や玩具・絵本について調べてみましょう。まわりの人と調査結果をもち寄り、家庭と連携して幼児の発達を促すために、家庭でできる経験と、集団生活でしかできない経験を考えてみましょう。

レッスン**15**

学童期・青年期の発達課題と支援

学童期とは6～12歳ごろ、思春期・青年期とは12～22歳ごろを指します。思春期は第二次性徴の出現を始まりとしますが、その時期には個人差があります。本レッスンでは、学童期から青年期の子ども（小学生から高校生まで）の発達課題と支援について学びます。

1. 学童期の子どもの発達・発達課題とその支援

1 社会性の発達について

　家庭で親と一緒に過ごすことが中心であった乳幼児期を過ぎ、学童期に入ると、学校の友だちや教師とのかかわり、あるいは学校外での活動など、子どもの対人関係や行動の幅が広がります。学校では、将来の社会人として必要な道徳観、知識や技能の基礎を身に着け、仲間関係を育みます。また、友だちや教師と過ごす中で、他者と自分との違いに気づき、自己の存在に目覚めていきます。

　乳幼児期に親子を基本に築かれた人との信頼関係を土台に、「知りたい」「やってみたい」「目的を達成したい」という自発性、積極性、目的性を持った言動が学童期にはみられるようになります。しかし、自分の努力が報われることもあれば、それが失敗や挫折に終わり、劣等感を味わうこともあります。こうした葛藤体験を通して、子どもは自己肯定感や自尊心を培っていきます。

2 身体（身長・体重）の発達について

　「平成27年度学校保健統計[†1]」によると、小学校の低学年から中学年にかけての平均身長は、男子が女子よりも高い状態のまま安定的に伸びていきます（1年間に約5～6cmずつ）が、高学年（5・6年生）になると、女子の平均身長が男子のそれよりも高くなっています。これは、1年間のこの時期の女子の伸びが6.5cmを超えることに起因します。しかし、中学生になると、再び男子の平均身長が女子のそれを上回ります。また、小学生の肥満傾向児の出現率は、男女ともに、この10年間（平成18～27年度）で徐々に減少していますが、どの年度・どの学年においても（平成27年度の小学1年生をのぞいて）、男子のほうが女子より

▶ **出典**

†1　文部科学省ホームページ「平成27年度学校保健統計（学校保健統計調査報告書）の公表について」
http://www.mext.go.jp/component/b_menu/other/__icsFiles/afieldfile/2016/03/28/1365988_01.pdf

第4章　生涯発達を見据えた発達支援

もその出現率は高くなっています。

3　知的発達（学習能力の獲得）について

聞く、見る、感じるという感覚を中心に学んでいた乳幼児期とは異なり、学童期になると、読む、書く、考えるといった学習活動をとおして知的な能力を発達させます。学童期で養う能力には、幼児期の体験が大きく影響します。たとえば、木のぼりや折り紙、積み木、ブロックなどでは、集中力や注意力、空間認識能力が身につきます。犬などの動物や昆虫とのふれあいをとおして、生物に対する関心や探求心が芽生えることもあります。絵本の読み聞かせは、語彙の獲得や読解力などに大きく影響します。また、読書を通じた語彙の増加と読解力の高まりとは相互に関係しています[†2]。さらに、書字の力は、聴く力、視覚と運動の協応、**作動記憶**[*]が関係します[†3]。

3歳ごろには「1つ、2つ」といった小さい数を数えることができ、4歳ごろには指を使って足し算ができた子どもは、6歳ごろになると、同じ数のブロックをかためて置いた場合とまばらに置いた場合、見た目の大きさは異なっても、それらの個数は同じということが判断できます。これを保存の概念（対象の数量は形や置き方などの見え方が異なっても、その対象の数量は変わらない）といいます。

学童後期では、ブロックや数え棒のような具体的な事物に頼らなくても、「＋」「－」のような抽象的な記号や概念を用いての論理的思考が可能になります。さらに、いろいろなものの中から共通している要素を引き出す（抽象作用）、自分の心の中にある概念を言葉で説明する（定義作用）、いろいろなものの関係をもとにして、ひとつの結論を導きだす（推理作用）などの思考力が発達します。批判力、問題解決能力、創造的思考力も、**具体的操作期**[*]（特に9～12歳）に著しい発達を示します。集中力も学年が上がるごとに向上していきますので、学校の授業に集中できる時間が増してきます。

4　ギャングエイジについて

学童期になると、親よりも友だちとの関係のほうを重視するようになります。乳幼児期から学童期の前半では、近隣に住んでいる、同じクラスである、親どうしが知り合いであるなど、外在的な要因による友だち関係が形成されますが、学童期の後半ごろからは、内面的で人間的な友だち関係を求め、気の合う友だちと4～5人程度のグループ（ギャング集団）で行動する子どもたちの姿がよくみられます。こうした集団の

▶**出典**

†2　高橋登「学童期における読解能力の発達過程──1～5年生の縦断的な分析」『教育心理学研究』49、2001年、1-10頁

†3　加藤美和・人見美沙子・畠垣智恵ほか「小学校低学年の書字習得度と認知特性との関連」『日本教育心理学会発表論文集』52、2010年、515頁

✳**用語解説**

作動記憶
ワーキングメモリともいう。情報を一時的に保持しながら、その情報を処理する機能や構造を示す概念。

具体的操作期
ピアジェが提唱した。ピアジェの認知発達論では、知能の発達が4段階に分けられる。
①感覚運動期0～2歳
②前操作期2～7歳
③具体的操作期7～12歳
④形式的操作期12歳以降
→レッスン7、8

レッスン15　学童期・青年期の発達課題と支援

子どもたちは、大人の目の届かない場所で、自分たち独自のルールをつくって行動するため、集団自体が閉鎖的であるという特徴をもっていますが、集団活動が、「自分が仲間からどのように見られているのか」といった自己を見つめるきっかけを与えてくれます。

仲間と緊密な人間関係を経験することは、社会性を養う意味でもとても重要ですが、現代の子どもたちが過ごす環境に、「時間」「空間」「仲間」という社会性の発達にとって必要な3間（さんま）が減少しています。以前のように、「学校から帰ったら近くの公園に行って友だちと遊ぶ」という、どこにでもみられた風景が失われています。稽古事や塾に通う子どもが増え、公園や広場などの遊び場（特にボール遊びができる場所）は減ってきています。子どもたちは、「いつ遊ぶか」を予め約束しなくてはなりません。また、遊び場のない子どもたちは、ゲーム機や通信機器の普及も相まって、自閉的で孤立したインドアの遊びに誘導されています。子どもの生活のなかに占めるメディアなどを通じた疑似体験・間接体験の比重が大きくなり、人・もの・実社会にじかに触れる直接体験の機会が減少しています。また、ギャングエイジを経ないまま成長する子どもが増えていることも問題視されています。

5 発達課題について

エリクソンの発達理論では、「**勤勉性の獲得**」が学童期の最も重要な発達課題とされています。勤勉性とは、自分が達成したい目標にむかって努力することです。

幼児期のうちは、自由に自分のペースで毎日を過ごすことができたのに対し、学童期に入ると、小学校で定められた時間割やルールに従って生活することになります。また、テストや成績表もあり、学んだ成果が数値などで評価されるため、友だちとの差異や自分の得手・不得手を認識するようになります。

エリクソンが、子どもを「学ぶ存在」と表現したように、本来、子どもは「知りたい」「やってみたい」「学びたい」という欲求をもっています。「○○ができるようになりたい」「友だちより速く走りたい」といった自分の中から生まれた目標にむかって努力をしようとする存在です。達成されれば満足感が得られますが、達成されなければ「劣等感」を感じます。努力は必ずしも報われるとは限りません。どんなに努力しても叶わない自分の限界を知り、挫折感を味わうこともあります。このような劣等感や挫折感があるからこそ、さらに目標達成にむかって創意工夫を凝らします。また、人からの励ましの言葉に癒され、他者の優しさを実感

参照
勤勉性の獲得
→レッスン12

189

第4章　生涯発達を見据えた発達支援

◆ 補足

自己効力感（有能感）
自分の有能さを実感していることであり、これをエリクソンは「有能感」と呼んでいる。

否定的な自己像
こうした自己像（劣等感が自己効力感を上回ること）を、インフェリオリティ・コンプレックス（inferiority complex）と呼ぶこともある。

することもできます。

　努力したことで目標が達成できると、やればできるという「**自己効力感**」が生まれます。自己効力感は、挫折や失敗を経験したあとに、さらに努力を重ねることによっても得られます。しかし、挫折や失敗が何度も繰り返し続いてしまうと、「劣等感」が「自己効力感」を上回り、「自分は努力してもだめだ」「がんばっても無駄だ」などという**否定的な自己像**をつくり上げてしまい、「勤勉性」が獲得されない危険性があります。

　ここで、学童期の子どもの特徴とその支援を考える材料として、ひとつの事例（インシデント①）を提示します。

【インシデント①】

　小学校5年生のアズサちゃんは、同じクラスのユウちゃんと仲よしです。1学期の終わりごろから、「何事にも全力！　全力！」とはっぱをかける担任の言動が嫌になり、ユウちゃんと一緒にその先生の悪口をいうことで、ストレスを解消していました。3学期に入ると、担任の熱のこもった指導を強制と感じるようになり、ますます反発心を強めていきました。

　家では母親にその日に学校であったことを話していましたが、担任の悪口をアズサちゃんがいうと、そのたびに母親から「あなたのほうが悪い！」とたしなめられていました。その後、母親は、アズサちゃんが大好きなおやつを食べなくなったり、以前のように学校のことを話さなくなったりしたことに気づきましたが、それを特に気にすることはありませんでした。

　しばらくして、アズサちゃんが、担任に対する反抗的な態度をエスカレートさせていること、授業に集中しないこと、クラスメイトに不快な態度を見せていることが、担任から母親に伝えられました。母親がアズサちゃんを叱ると、「ほら、いつもそうやって私の話を聞く前に、わけも聞かずに一方的に怒るでしょ！　悪いこととはわかっている！　私は、最後まで話を聞いてほしかった」と泣きながら訴えます。

　学童期の子どもは、矛盾した大人の言動に敏感に反応します。このようなとき、教師が「やめなさい」「あなたが悪い」というような表層的で外圧的な対応をするとますます反発します。子どもは情緒的で、関係性を大事にしますので、子どもの立場に立ち、温かく許容的な雰囲気で対応しなければ、子どもは行動の背景にある真の理由を明かしません。

学童期の子どもには自己中心性が残っているため、大人の言動を狭い見方でしかとらえられず、批判的になることがあります。そこで、まずは子どものいい分を聞いたうえで、どう行動すればよいかを子どもに考えさせることが重要です。

友だちや親以外の大人がもつ多様な考え方、価値観、表現方法などにふれることは、子ども自身の考え方、価値観、表現方法を相対化することに役立ちます。また、大人の意見や注意をその場で受け入れることは難しく、すぐに変化が見られなくとも、たゆまず、あるべき方向性を示し続けられれば、子どもは、成長するにつれて適切な行動を理解できるようになります。

さらに、大人は子どもが発する小さなサインに気づく高い感受性をもつことが大切です。大好きなおやつを食べない、いつも校庭で元気に遊んでいるのに教室で一人で本を読んでいる、表情が暗い、笑顔が少ないなど、子ども自身も気づかない変化に気づいて声をかけることは、子どもの中に、自分に関心をもってくれているという信頼感を生みます。子どもは自分と向き合ってくれる大人には心を開きます。自分のことを気にかけてくれ、あるがままの自分を受け止めてくれるという安心感は、自分を新たに成長させる原動力になります。

2. 思春期・青年期の子どもの発達・発達課題とその支援

1 心身の発達について

思春期・青年期における大きな身体上の変化は、小学校高学年ごろからみられる**第二次性徴**です。この性的な成熟にともなって生じる、男児・女児の身体的・生理的な特徴が顕著化していくことで、子どもは、自分が男性または女性という「性」に属していることを強く意識するようになります。WHOの定義（1970年）によれば、思春期とは「身体的には、第二次性徴の出現から性成熟までの段階をいい、年齢的には8～18歳ごろまでの時期」とされます。第二次性徴の出現時期は個人差があるため、思春期は、小学校高学年ごろの学童期から高校生ごろの青年期の間に重層的に存在します。性ホルモンの分泌量の増加にともなって、身体的・生理的変化が出現し、男子では筋肉が発達することでがっしりとした体格になり、声変わりや発毛、精通などがみられます。女子では胸・腰・大腿への皮下脂肪がつくことで全体的に丸みを帯びた体型になり、発毛や初経などがみられます。第二次性徴の初来時期には個人差が

◆ 補足

思春期・青年期
思春期は、小学校の高学年ごろにみられる第二次性徴による生理的・身体的変化に焦点を当てた発達の区分であるのに対し、青年期は、中学生から大学生あたりまでの心理・社会的変化に焦点を当てた発達の区分である。

第二次性徴
思春期に入り、男児は男性らしく、女児は女性らしく、その身体的・生理的な面で変化が生じることを指す。これに対し、第一次性徴とは、生まれつきの男女の生殖器（精巣やペニス、女性の卵巣など性別を決定する生殖器）の違いを指す。

第4章　生涯発達を見据えた発達支援

あり、また、女子のほうが男子より早く始まる傾向があります。

　一方、心理的には親からの分離（心理的離乳）の時期を迎え、新たな親子の関係性を構築していきます。そして、親や家族との関係が中心であった生活から、友人や価値観を共有する仲間を中心とした生活に重きを置くようになっていきます。また、自己概念の発達により、自己の内的な世界に向き合いながら、自己像や価値観を形成していきます。

　以上のような身体面や心理面における急激な変化は、しばしば葛藤や緊張を伴い、さまざまな課題が生じることがあります。たとえば、親からの干渉を嫌がって顔を合わせようとしないときがあると思えば、急に親に頼ってくる、昨日までは自信ありげな態度でいたかと思えば、今日は自信喪失で落ち込んでいる、今まで主張していたことを手のひらを返したように簡単に覆すなど、いろいろな場面で両極端な言動がみられます。思春期・青年期は、はっきりとわかる身体的な変化や、混沌とした自己の内面、そして人間関係の広がりによる新たな調整など、子どもから大人へと変わりゆくはざまで、自己の存在自体が大きく揺れ動く時期なのです。

2　発達課題について

①アイデンティティ（自我同一性）の確立

　エリクソンは、青年期の発達課題を「**アイデンティティ（自我同一性）の確立**」としました。アイデンティティとは、人生における自分の「核」となる自我のことです。アイデンティティの確立には、自分自身の特徴を把握して自分らしく生きているという内面的な側面（個性化）と、社会の一員として他者と協調しながら生きているという社会的な側面（社会化）の2つが必要です。この2つをうまく調和させ、精神的・心理的に自立することがこの時期の大きな課題です。

　青年期は、親や教師などの大人に従順であることに対して違和感を抱いたり、既存の権力に反感を覚えたりし始めます。そして、親から自立したい、自分自身の判断で行動したいと思うようになります。これが**第二次反抗期**です。親との関係が中心であったころは、親の価値観に矛盾を感じませんが、友人や先生、親以外の大人との関係が広がり、さまざまな価値観に出会うようになると、親の価値観が絶対的でないことに気づかされます。また、論理的な思考が発達して、合理性を求めるようになるため、他者の言動などにつじつまが合わないことが生じると反抗することもあります。しかし、自己中心性が残っていることも多く、大人から見ると屁理屈とも思えるような、自分に都合のよい論理を主張する

参照
アイデンティティの確立
→レッスン12

補足
第二次反抗期
第二次性徴の発現などをきっかけとして、周囲の大人や権威などにむけて青年が反抗的・拒否的な態度を示す時期を指す。これに対し、第一次反抗期は、幼児がなんでも自分の力でやれると思い込み、その欲求や主張を通そうと反抗する時期を指す。

こともあります。周囲の権威や価値観に反抗し、自分の考えをぶつけてみることで自己の存在を確認しようとします。

　親以外の大人や友だちとのやりとりをとおして、親密性や関係性を構築することで、親の保護から離れて、精神的に自立して生きるようになります。これを**心理的離乳**と言います。親の保護から離れ、自分自身を再構築していく過程では、心の中で激しい動揺が生じることもあります。感情の起伏や行動の変化の激しさゆえに、この時期は疾風怒涛の時代とも称されます。自己統制をする意志力や感情をコントロールする力が未発達なために、ささいなことに落ち込んだり、泣いていたと思えばすぐに笑ったりと、喜怒哀楽が目まぐるしく変わることがあります。心の中にわき起こる、自分でも表現しがたい感情の嵐に動揺し、「なぜだかわからないが涙が出る」というような表現をすることもあります。

　青年期におけるこのような自我の目覚めを、フランスの思想家**ルソー**[*]は、その著書『エミール』のなかで、第二の誕生と表現しました。この時期に、劣等感、孤独感、不安感やさまざまな悩みを抱えながら、それらを克服する過程のなかで、優れた人間性が育まれます。また、アイデンティティの獲得ができなくなると、自分が何なのかわからなくなり生きている実感がなくなってしまいます。これを「アイデンティティの危機（拡散）」と呼びます。この場合、将来的な展望ももつことができなくなるため、社会生活に順応できなくなる危険性があります。

②親からの自立

　親と衝突することで、親の価値観とは異なる自分らしさに気づき、「自分とはどのような人間か」「どのような思考や価値観を抱いているか」を模索することが、すでに述べたアイデンティティ（自己同一性）の確立につながります。

　青年期になると、学童期よりもさらに人間関係が広がり、緊密になっていきます。さまざまな人と接し、多様な価値観にふれることで、親を客観視できるようになります。親であっても、間違ったり、わからないことがあったり、うまく生きていけてなかったりすることがあり、絶対的な存在ではないことに気づきます。こうした親の姿に幻滅することがあっても、親に対する信頼感をもち続けられるかどうかは、それまでの親子の信頼関係によります。「親は万能ではなかったけれど、親なりに一生懸命育ててくれた」「親のよいところも悪いところも含めて、これが私の親なのだ」などと納得できることが、新たな親子関係を築くきっかけになります。このように、既存の関係に自分の新たな価値観を映し出して客観視する体験は、親から友だち、親以外の大人へと人間関係が

⊕ 補足

心理的離乳

この概念を提唱したのは、レタ・シュテッター・ホリングワース（Hollingworth, L. S.；1886-1939）である。

👤 人物

ルソー

（Rousseau, J. J.）
1712〜1778年
フランス語圏の都市国家ジュネーブ生まれの哲学者・音楽家。晩年に著した教育論の『エミール』において、人為を排した自然の法則（子ども固有の発達の原理）に沿った教育のあり方を提起した。

広がっていく際の礎にもなります。

　しかし、現代では、このような波乱と葛藤に満ちたこれまでの古典的な青年像が一般的でなくなり、波乱や葛藤がより穏やかな形で経過していく傾向にあります。この理由として、「友だち親子」にみられるような親子間の関係がフラットになったり、親世代が青年期に退行したりしていることがあげられます。こうした親の側の変化が、親世代と青年期の子どもとの対立を減少させていると考えられます。青年期の子どもが葛藤を通り抜けて自立に向かうかどうかは、親の側の心理的成熟や子どもへの態度に大きく依存します。葛藤を経験しないことが、青年の成熟した人間関係の構築や社会への順応性に支障を及ぼす可能性もあります。

③社会化と社会性

　青年といえども、あらゆる目標を自分の力だけで達成できるわけではありません。失敗したりつまずいたりして落ち込んだときに、共感し励ましてくれる仲間や大人、成功したときにもともに喜んでくれる仲間や大人の存在は、青年にとって大切です。現代の青年は、自己防衛のために、悩みの相談や議論を対面で行うことを避け、インターネットなどを介した間接的な関係性のなかでは自己開示を行うといった傾向にあります。また、問題に直面したとき、未熟な青年同士では、建設的な打開策を見いだせず、一面的で偏った行動に出てしまう場合もあります。これは、自己の成長につながらないばかりか、反社会的行動に発展する危険性もあります。インターネットなどの利便性を保持しつつも、現実社会のなかで確かな感触を得ながら、バランスのとれた人間関係を構築していくことが、青年の社会化には求められます。

【インシデント②】

　ショウゴさんは小学校１年生のときから大学を卒業するまで、サッカーを続けていました。小学生のころは、練習の成果が上達に結びつき、「サッカー選手になりたい」という夢を抱いていました。高学年では、チームのキャプテンを務め、地区の選抜選手にもなりました。しかし、そこで、同じ年齢でも格段に上手な選手と対戦するたびに、実力の差を認識させられ、劣等感を抱くようになりました。一時は、練習にも身が入らなかったのですが、大勢の中でプレーすることで自分の強みと弱みがわかるようになりました。そして、自分は何よりもサッカーが好きであり、自分の強みを生かしたプレーをしようと気持ちを切り替えるようになりました。

　学年が上がるにつれて、自分の能力の限界を突き付けられ、サッ

カー選手になる夢はあきらめました。しかし、16年間、サッカーを続けていたことで、心身が鍛えられ、人間的な成長や仲間関係を育むすばらしさを学んだショウゴさんは、サッカー選手として自分が活躍するのではなく、教育をとおして自分の経験を生かしたいと考え、現在、小学校教諭として子どもたちの教育に携わっています。

　子どもは、学習によってさまざまな知識や技術を身につけ、その能力を伸ばし、大きく成長することができます。今までできなかったことができるようになり、知らなかったことを知るようになることは、自分自身に対する有能感や信頼感を養います。一方で、学びの内容やその量と質が広がるにつれて、自分の能力の限界にも気づきます。この危機的状況に折り合いをつけないと、自分に自信がもてず、積極性や意欲が育たなくなります。失敗体験は必ずしもネガティブなものではありません。自分の能力の限界や向き不向きを感じても、適切な時期に大人が関わるなど、周囲の環境が整っていれば、そこから、青年は自己を再構築できます。

　インシデント②で見たように、ショウゴさんは小学校でサッカーを始め、努力に応じて上達することに達成感を感じ、「サッカー選手になりたい」という夢を持っていました。しかし、選抜チームに上がることで、自分の力を相対化することになり、「サッカー選手になるほどの力はない」と悟りました。しかし、選手としては活躍できないけれど、サッカーを通じて学んだことを子どもたちに伝えていきたいと考え、教師という道を選択しました。このように、子どものころに何かに夢中になるという経験は、有能感と劣等感のバランスをとりながら、現実的な自己実現の道を見つけていくことにつながっていきます。

【インシデント③】

　ルミさんは、保育士を目指す大学3年生です。彼女に、理想の保育士像をたずねたところ、「私は3人姉妹の末っ子で、両親も共働きでしたので、家ではあまりかまってもらえませんでした。でも、保育園の先生が私をとてもかわいがってくれたので、保育園に行くのが本当に好きでした。あのときの保育士のように、そばにいるだけで子どもがうれしくなるようなあったかい保育士になりたいです。そして、子どもたちに保育園で楽しく過ごしてもらいたいです」と答えました。

第4章　生涯発達を見据えた発達支援

　このインシデントでは、保育園で出会った保育士との生活体験が、ル
ミさんの進路を決定づけていることがわかります。核家族化や共働き夫
婦の増加により、子どもの養育のあり方や親の養育力が大きく変化して
きたため、家庭の養育機能が不十分になってきたといわれています。家
族・家庭以外で、あるがままの自分を受け止めてくれる人・場所、いる
だけでほっと安心できるような人・場所、自己の内面の充実や将来の希
望を話せるような人・場所が必要です。こうした人や場所は幼児期だけ
でなく、学童期や青年期の子どもにも必要です。

　保護者から不適切な養育を受けるなど非常に緊張した人間関係のなか
で日々の生活を送っている子どももいます。しかし、自分の悩みやしん
どさを、親や先生、友だちにはいえないけれど、たとえば、学童保育の
指導員や保健室の養護教諭には心を許して話せるといったケースがあり
ます。こうした心のセーフティーネットとしての役割を、思春期・青年
期の子どもに関わる専門家が積極的に果たしていくことが求められます。

　以上で述べてきたように、学童期から青年期にかけて、子どもは、第
二次性徴という身体の大きな変化を迎え、混沌とした自己の内面にむき
合い、アイデンティティを確立し、自己像をつくり上げるという大きな
課題に直面します。保育に携わる者は、この発達的変化の特徴を十分に
理解し、この時期に独特の心の揺れに寄り添い、見守り、支えていくこ
とが求められます。

演 習 課 題

①小学生のころに、あなたががんばったことをいくつかあげてみましょ
　う。また、そのことが、今の自分にどのように影響しているのか考え
　てみましょう。
②あなたは、自分の第二次性徴に、どのような変化で気づいたのか、ま
　たそのときに、どのように感じたのかをまとめてみましょう。さらに、
　そのときの心の変化もまとめてみましょう。
③あなたが保育職を目指すきっかけは何であったかを、子どものころの
　エピソードや心に残った言葉などをあげながら、まとめてみましょう。

参考文献……………………………………………………………………………
レッスン12
　アニータ・C・バンディー、シュリー・J・レーン、エリザベス・A・マレー編著／土
　　田玲子・小西紀一監訳　『感覚統合とその実践（第2版）』　協同医書出版社　2006年
　岡本裕子・深瀬裕子編著　『エピソードでつかむ生涯発達心理学』　ミネルヴァ書房

2013年

鑪幹八郎 「エリクソンE. H.」 村井潤一編 『発達の理論をきずく（別冊発達4）』 ミネルヴァ書房 1986年

平山宗宏・中村敬・川井尚編 『育児の事典』 朝倉書店 2005年

マーガレット・カー／大宮勇雄・鈴木佐喜子訳『保育の場で子どもの学びをアセスメントする――「学びの物語」アプローチの理論と実践』 ひとなる書房 2013年

レッスン13

岡本裕子・深瀬裕子編著 『エピソードでつかむ生涯発達心理学』 ミネルヴァ書房 2013年

シャーリー・M・H・ハニソン、シェリル・T・ボイド／村田惠子・荒川靖子・津田紀子監訳 『家族看護学――理論・実践・研究』 医学書院 2001年

トマス・R・バーニー、パメラ・ウェイントラウブ／日高陵好監訳 千代美樹訳 『胎児は知っている母親のこころ――子どもにトラウマを与えない妊娠期・出産・子育ての科学』 日本教文社 2008年

服部祥子『生涯人間発達論――人間への深い理解と愛情を育むために』 医学書院 2010年

服部祥子 『子どもが育つみちすじ』 新潮社 2006年

服部祥子 『精神科医の子育て論』 新潮社 1992年

森恵美 『母性看護学各論』 医学書院 2008年

ルヴァ・ルービン／新道幸恵・後藤桂子訳『ルヴァ・ルービン母性論――母性の主観的体験』 医学書院 1997年

レッスン14

OECD教育研究革新センター編著 小泉英明監修 『脳からみた学習――新しい学習科学の誕生』 明石書店 2010年

岡本裕子・深瀬裕子編著 『エピソードでつかむ生涯発達心理学』 ミネルヴァ書房 2013年

鯨岡峻・鯨岡和子 『よくわかる保育心理学』 ミネルヴァ書房 2004年

鯨岡峻・鯨岡和子 『保育を支える発達心理学――関係発達保育論入門』 ミネルヴァ書房 2001年

全米乳幼児教育協会、S.ブレデキャンプ、C.コップル／DAP研究会訳 『乳幼児の発達にふさわしい教育実践――21世紀の乳幼児教育プログラムへの挑戦』 東洋館出版社 2000年

田中昌人・田中杉恵 『子どもの発達と診断 ①乳児期前期』 大月書店 1981年

田中昌人・田中杉恵 『子どもの発達と診断 ②乳児期後期』 大月書店 1982年

田中昌人・田中杉恵 『子どもの発達と診断 ③幼児期Ⅰ』 大月書店 1984年

田中昌人・田中杉恵 『子どもの発達と診断 ④幼児期Ⅱ』 大月書店 1986年

田中昌人・田中杉恵 『子どもの発達と診断 ⑤幼児期Ⅲ』 大月書店 1988年

待井和江監修 『乳児保育――その理論と実践』 ウェルビーイング 2000年

レッスン15

岡本祐子・深瀬裕子編著 『エピソードでつかむ生涯発達心理学』 ミネルヴァ書房 2013年

上別府圭子・山本弘江 「変貌する思春期の親子関係」『詳解 子どもと思春期の精神医学』 金剛出版 2008年

滝川一廣 『新しい思春期像と精神療法』 金剛出版 2004年

服部祥子 『生涯人間発達論――人間への深い理解と愛情を育むために（第2版）』 医学書院 2010年

おすすめの1冊

マーガレット・カー／大宮勇雄・鈴木佐喜子訳 『保育の場で子どもの学びをアセスメントする「学びの物語」アプローチの理論と実践』 ひとなる書房 2013年

保育者が子どもと過ごす園生活において、子どもの思いや考え、あるいは子どもの心の動きや子どもの世界に触れる「ヒント」が書かれている。

第 4 章　生涯発達を見据えた発達支援

コラム

アロペアレンティング（alloparenting）について

　アロペアレンティングとは、親以外の他者による養育やケアのことをいいます。
　ジャレド・ダイアモンドは、狩猟採集民の小規模血縁集団や、小さな島に暮らす小規模社会において、子どもの養育に親以外の人々がかかわり、子育ての責任を社会で担う様子を記述することから、現代社会への見解を示しています。
　まず、ジャレドは、子どもにとってアロペアレンティングは、自分に食物や保護を提供し生きていくことを保障する大切な存在であること、加えて、子どもが大人になり自立して生きていくうえで必要な行動のお手本になることを示しています。そして、アロペアレンティングの研究に携わる人類学者は、アロペアレンティングに育てられている子どもの社会性が幼い時分からとても長けている理由は、大人との豊かな人間関係を築いていることがひとつの要因ではないかと推測しています。
　これらのことから、アロペアレンティングは現代の工業化社会・大規模社会においても、有効なメリットをもたらしえるとして、具体的な事例を 4 つあげています。
　ひとつは、アメリカのソーシャルワーカーたちの指摘として、母親としての経験不足や育児放棄が疑われる低所得の 10 代未婚女性の子育てにおいては、祖母や年長の兄弟と一緒に暮らす拡大家族の生活環境が、子どもの身体的発育や認知発達を促したという結果。次いで、子育てについて学んでいる大学生が、定期的に家庭訪問をして子どもと遊ぶ取り組みにおいても発育発達を促したという結果、イスラエルの集団農場のキブツで行われた、複数の親が時間を分担して、それぞれの子どもの養育に関与するという実験的な子育ての結果、そして最後に、質の高いデイケアセンターで実施されている、複数の介護者による子どもの保育の結果においても、同様の結果が得られたというものでした。他の研究においても、子どもが家庭外で最初に出会う保育者とのアタッチメントの質が、その後の保育所や学校等の集団的状況のなかでの（教師的存在や仲間・友人との円滑な関係性を含む）社会的適応の鍵を握る可能性の高いことを明らかにしている研究を遠藤は紹介しています。
　これらの研究からアロペアレンティングという子育てのあり方は、『子どもの豊かな成長発育にとって有意味である』ことがわかります。子どもが育つ過程で、両親の愛情に加え、早期から多様な大人との社会的・教育的愛情に満ちた環境で、ケアと教育を受けて育つことが健やかな成長発育を支えることを示しています。

出典：遠藤利彦　「二つの社会的世界に生きる子ども」『発達 143』ミネルヴァ書房、2015 年、34 頁、ジャレド・ダイアモンド／倉骨彰訳『昨日までの世界　文明の源流と人類の未来㊤』日本経済新聞出版社、2013 年、321-326 頁

レッスン15　学童期・青年期の発達課題と支援

コラム

ペリー幼児教育計画について

　ペリー幼児教育計画は、質の高い幼児教育によって、子どもたちの人生をよりよくすることができることを実証した、1960年代から現在まで続いている（現在、50歳時の追跡調査をしている）調査研究です。

　この研究は1962〜1967年に、アメリカで取り組まれたものです。研究方法は、ミシガン州イプシランティ市学校区ペリー小学校付属幼稚園において、対象は低所得層の貧困家庭に育つアフリカ系アメリカ人の3歳児を実験群と対照群にランダムに振り分け、幼児教育の介入を行ったものです。子どもたちが40歳時の追跡調査では、教育歴・年収・犯罪歴・雇用状況などが指標とされました。結果は、幼児教育に参加した実験群は対照群に比して、高等学校の卒業率や年収において優位に高く、犯罪歴は低いというものでした。

　では、質の高い幼児教育とは、どのような教育計画だったのでしょうか。

　実験群の子どもたちは、週に5日午前中（2.5時間）幼稚園に通いました。クラスは、教師1人に対して幼児5.7人で、ハイスコープカリキュラムに基づいた幼児教育を受けました。また週に1回（1.5時間）は、先生が家庭を訪問しました。加えて、月に1回、親を対象とする少人数グループミーティングが行われ、学校と家庭での子どもたちの様子、子どもたちの発達の促進について話し合うというプログラムでした。

　子どもたちが参加したハイスコープカリキュラムとは、ピアジェの発達理論を基盤として、「子ども」を積極的な学習者ととらえ、子ども自身が計画、実行、再考した活動から最も学習すると考えてつくられています。

　ハイスコープカリキュラムにおいて教師は、子どもたちの積極的な学習を支えるための「日々のルーティーン」を持続します。「日々のルーティーン」は、カリキュラムの中核となるもので、①計画する時間（計画）、②作業的な活動をする時間（実行）、③清掃の時間、④振り返る時間（再考）、⑤小グループ時間、⑥大グループ時間で構成されています。特に、ハイスコープカリキュラムに参加する教師の中心的特徴は「鍵となる経験」にあります。「鍵となる経験」のカテゴリーは、『創造的な表象、分類、言語と読み書き能力、連続配列、主導権と社会的関係、数、運動、空間、音楽、時間』です。たとえば、創造的な表象の活動は、以下のとおりです。

・視覚、聴覚、触覚、味覚、嗅覚によってものを表象する
・動きと音を模倣する

199

> ## コラム
>
> - ・ 現実の空間、物をモデル、絵、写真と関係させる
> - ・ ふりをしたり役割遊びをする
> - ・ 粘土、ブロック、また他の材料でモデルをつくる
> - ・ 線画を描いたり、絵具で描いたりする
>
> 　ペリー幼児教育計画において教師は、子どもが「鍵となる経験」に参加するよう励まし、選択、問題解決をすることを学習するように助け、他の方法で知的、社会的、そして身体的な発達に寄与するような活動に参加するように助けていきます。
>
> 出典：デビット・P・ワイカート，ローレンス・J・シュヴァインハート／玉置哲淳・岸田百合子訳「教育のためのハイスコープカリキュラム」『エデュケア』16、1995 年、9-17 頁
> 　　　内閣府「幼児教育の効果に関する代表的な研究成果――ペリー就学前計画」www.cas.go.jp/jp/seisaku/youji/dai1/siryou3-2.pdf
> 　　　若林巴子「ペリー幼児教育計画――50 歳児の追跡調査への準備」チャイルド・リサーチ・ネット、2014 年 7 月 11 日掲載　www.blog.crn.or.jp/lab/01/55.html

さくいん

●かな

あ

愛着（アタッチメント）・・・・・・・・ 108
アイデンティティの確立 ・・・ 151, 192
アイデンティティの拡散 ・・・・・・ 152
愛と所属の欲求 ・・・・・・・・・・・ 145
遊び・・・・・・・・・・・・・・・・・・・・ 44
遊びの規則 ・・・・・・・・・・・・・・ 127
遊びの発達・・・・・・・・・・・・・・ 116
扱いにくい子 ・・・・・・・・・・・・・ 41
扱いやすい子 ・・・・・・・・・・・・・ 41
安全基地・・・・・・・・・・・・・・・・ 108
安全と保障の欲求 ・・・・・・・・・・ 145

い

1 語文 ・・・・・・・・・・・・・・・・・・ 90
1 次的ことば・・・・・・・・・・・・・・ 97
遺伝・・・・・・・・・・・・・・・・・・・・ 40
移動運動・・・・・・・・・・・・・・・・・ 69

う

ヴィゴツキー ・・・・・・・・・・ 119, 152
植木枝盛 ・・・・・・・・・・・・・・・・・ 7
産声・・・・・・・・・・・・・・・・・・・・ 89
運動器官・・・・・・・・・・・・・ 50, 112
運動能力・・・・・・・・・・・・・・・・・ 69

え

エクスパンション ・・・・・・・・・・・ 94
エクソシステム ・・・・・・・・・・・・ 41
エリクソン ・・・・・・ 36, 103, 110, 120,
146, 159, 189, 192
延喜式・・・・・・・・・・・・・・・・・・・ 3
嚥下反射・・・・・・・・・・・・・・・・ 171

お

王政復古の大号令・・・・・・・・・・・ 6
緒方甫・・・・・・・・・・・・・・・・・・ 167
オキシトシン ・・・・・・・・・・・・・ 166
重さの保存 ・・・・・・・・・・・・・・・ 82
親役割・・・・・・・・・・・・・・・・・・ 160
恩賜財団同胞援護会・・・・・・・・・ 11

か

外界作用的活動・・・・・・・・・・・・ 103
概念化・・・・・・・・・・・・・・・・・・・ 92
貝原益軒・・・・・・・・・・・・・・・・・ 5
カウプ指数・・・・・・・・・・・・・・・ 65

顔刺激に対する選好 ・・・・・・・・ 75
書き言葉 ・・・・・・・・・・・・・・・・・ 92
過期産・・・・・・・・・・・・・・・・・・ 156
可逆性・・・・・・・・・・・・・・・・・・・ 82
学力に関する自己評価（学業コンピ
テンスの自己評価）・・・・・・・・ 84
数の保存 ・・・・・・・・・・・・・・・・・ 81
仮説演繹的思考・・・・・・・・・・・・ 85
香月牛山 ・・・・・・・・・・・・・・・・・ 5
学校保健統計調査 ・・・・・・・・・・ 66
家庭的保育事業・・・・・・・・・ 17, 18
家庭的保育事業者 ・・・・・・・・・・ 18
感覚器官・・・・・・・・・・ 50, 60, 112
環境・・・・・・・・・・・・・・・・・・・・ 40
慣習領域・・・・・・・・・・・・・・・・ 128
感情のコントロール ・・・・・・・・ 54
感情の分化過程・・・・・・・・・・・・ 52
感情の萌芽・・・・・・・・・・・・・・・ 52

き

気質・・・・・・・・・・・・・・・・・・・・ 106
規則（ルール）の 3 領域 ・・・・・ 129
基本的信頼感・・・・・・ 36, 106, 148
ギャングエイジ ・・・・・・・・・ 134, 188
吸啜反射・・・・・・・・ 50, 61, 89, 171
教育勅語・・・・・・・・・・・・・・・・・ 7
教育に関するねらい ・・・・・・・・ 15
極端なダイエット行為の原因・・・・ 68
勤勉性・・・・・・・・・・・・・・・・・・ 150

く

クーイング ・・・・・・・・・・・・・・・ 108
具体的操作期と形式的操作期の学
習内容の違い・・・・・・・・・・・ 96
久津見蕨村・・・・・・・・・・・・・・・ 8
クラス包摂 ・・・・・・・・・・・・・・・ 83
クロノシステム ・・・・・・・・・・・ 42

け

形式的操作期・・・・・・・・・・・ 85, 95
系列化・・・・・・・・・・・・・・・・・・・ 83
権威・・・・・・・・・・・・・・・・・・・・ 130
言語コード・・・・・・・・・・・・・・・ 80
言語の発達段階・・・・・・・・・・・・ 89
原始反射・・・・・・・・・・・・・・・・・ 50

こ

語彙・・・・・・・・・・・・・・・・・・・・ 91

言葉の爆発期・・・・・・・・・・・・・ 178
咬合・・・・・・・・・・・・・・・・・・・・ 179
高次化・・・・・・・・・・・・・・・・・・・ 97
口唇期・・・・・・・・・・・・・・・・・・ 104
高等学校等就学支援金・・・・・・・ 47
高度化・・・・・・・・・・・・・・・・・・・ 97
行旅難渋者・・・・・・・・・・・・・・・ 6
コールバーグ ・・・・・・・・・ 129, 135
心の理論・・・・・・・・・・・・・ 54, 122
個人差・・・・・・・・・・・・・・・・・・ 153
子育て四訓 ・・・・・・・・・・・・・・ 167
ごっこ遊び ・・・・・・・・ 79, 120, 123
子どもと若者に関する目標 ・・・・ 28
5 領域 ・・・・・・・・・・・・・・ 15, 143
コルチゾール ・・・・・・・・・ 162, 166

さ

罪悪感・・・・・・・ 111, 121, 125, 150
斉一性・・・・・・・・・・・・・・・・・・ 106
催奇形物質・・・・・・・・・・・・・・・ 161
作動記憶・・・・・・・・・・・・・・・・ 188
佐藤信淵 ・・・・・・・・・・・・・・・・・ 6
3 か月微笑 ・・・・・・・・・・・・・・ 169
3 項関係 ・・・・・・・・・・・・・ 90, 113
三内丸山遺跡・・・・・・・・・・・・・・ 2

し

支援・・・・・・・・・・・・・・・・・・・・ 26
四箇院の制 ・・・・・・・・・・・・・・・ 3
自我の欲求 ・・・・・・・・・・・・・・・ 146
自己意識 ・・・・・・・・・・・・・・・・・ 56
自己実現の欲求 ・・・・・・・・・・・ 146
自己主張 ・・・・・・・・・・・・・・・・・ 55
自己制御 ・・・・・・・・・・・・・・・・・ 94
自己責任論 ・・・・・・・・・・・・・・・ 26
自己塑型的活動 ・・・・・・・・・・・ 103
自己中心的な視点 ・・・・・・・・・ 130
自己調整機能・・・・・・・・・・・・・・ 55
自己統制能力・・・・・・・・・・・・・・ 92
自己抑制・・・・・・・・・・・・・・・・・ 55
思春期・・・・・・・・・・・・・・ 151, 191
自他の認知 ・・・・・・・・・・・・・・ 115
悉皆調査・・・・・・・・・・・・・・・・・ 23
児童・・・・・・・・・・・・・・・・・・・・ 11
児童館型・・・・・・・・・・・・・・・・・ 21
児童憲章・・・・・・・・・・・・・・・・・ 27

自発性 ・・・・・・・・・・・・・・・ 111, 149	青年期・・・・・・・・・・・ 85, 151, 191	**つ**
下中彌三郎・・・・・・・・・・・・・・・ 8	生命の保持・・・・・・・・・・・・・・ 14	通過率・・・・・・・・・・・・・・・・・ 70
社会化・・・・・・・・・・・・・・・ 194	生理的欲求・・・・・・・・・・・・・ 145	つわり・・・・・・・・・・・・ 157, 158
社会関係資本・・・・・・・・・・・・ 23	舌挺出反射・・・・・・・・・・・・・ 171	**て**
社会性の発達・・・・・・・・ 153, 187	セルフトーク ・・・・・・・・・・・・ 93	適度な運動・・・・・・・・・・・・・・ 69
社会的学習理論・・・・・・・・・・ 126	セルマン・・・・・・・・・・・・・・ 130	手と目の協応・・・・・・・・・・・・ 112
社会的排除・・・・・・・・・・・・・ 46	前情動的反応・・・・・・・・・・・・ 52	手の運動・・・・・・・・・・・・・・・ 70
社会的微笑・・・・・・・・・・・・・ 51	戦争孤児・・・・・・・・・・・・・・・ 9	デンバー式発達検査 ・・・・・ 70, 92
社会的包摂・・・・・・・・・・・・・ 46	前操作期・・・・・・・・・・・・・・ 80	**と**
就学後の自己意識の発達 ・・・・・ 58	センター型・・・・・・・・・・・・・ 21	同一性・・・・・・・・・・・・・・・・ 82
受精卵・・・・・・・・・・・・・ 60, 156	先天性風疹症候群・・・・・・・・・ 161	道徳・・・・・・・・・・・・・・・・ 128
受胎 (着床) ・・・・・・・・・・・・ 60	**そ**	道徳的な行為・・・・・・・・・・・ 126
受動免疫・・・・・・・・・・・・・ 172	相互作用説・・・・・・・・・・・・・ 40	道徳的実念論・・・・・・・・・・・ 133
馴化−脱馴化法・・・・・・・・・・・ 76	早産・・・・・・・・・・・・・・・・ 156	道徳領域・・・・・・・・・・・・・ 128
生涯 (ライフスパン) ・・・・・・・ 144	相補性・・・・・・・・・・・・・・・ 82	トマスとチェス ・・・・・・・・・ 106
生涯発達・・・・・・・・・・ 140, 144	粗大運動・・・・・・・・・・・・・・ 71	**な**
小学生用QOL尺度 ・・・・・・ 47, 48	**た**	内的ワーキングモデル ・・・・・・ 110
小規模保育事業・・・・・・・・・・ 17	ターゲット支援 ・・・・・・・・・・ 13	喃語・・・・・・・・・・・・・・・・ 89
症候性肥満・・・・・・・・・・・・・ 66	第一次反抗期・・・・・・・・・・・・ 54	**に**
象徴機能・・・・・・・・・・・・・・ 79	ダイエット行為 ・・・・・・・・・・ 68	2項関係 ・・・・・・・・・・・・・・ 90
情緒の安定・・・・・・・・・・・・・ 14	胎芽・・・・・・・・・・・・・・・・ 156	2語文 ・・・・・・・・・・・・・・・ 90
情動の分化・・・・・・・・・・・・ 169	体格・・・・・・・・・・・・・・・・ 65	2次的ことば ・・・・・・・・・・・ 97
初語・・・・・・・・・・・・・・・・ 174	太閤検地・・・・・・・・・・・・・・・ 5	二重感覚 (ダブルタッチ) ・・・・ 112
自律 ・・・・・・・・・・ 111, 120, 128	胎児・・・・・・・・・・・・・・ 60, 156	乳児期の発達課題・・・・・・・・・ 148
自律性・・・・・・・・・・・・・・ 148	胎児期の経験・・・・・・・・・ 75, 88	妊娠・・・・・・・・・・・・・・・・ 156
人格的活力・・・・・・・・・・・・ 147	対象の永続性・・・・・ 105, 108, 114	妊娠期 (胎児期) ・・・・・・・・・ 60
人工妊娠中絶・・・・・・・・・・・ 163	大政奉還・・・・・・・・・・・・・・・ 6	妊娠期間・・・・・・・・・・・・・ 157
新生児・・・・・・・・・・・・・・ 158	第二次性徴・・・・・・・・・・・・ 191	妊娠後期・・・・・・・・・・・・・・ 60
新生児の気質・・・・・・・・・・・ 40	第2質問期 ・・・・・・・・・・・・ 91	妊娠週数・・・・・・・・・・・・・・ 60
新生児模倣・・・・・・・・・・・・・ 75	第二次反抗期・・・・・・・・・・・ 192	妊娠初期・・・・・・・・・・・・・・ 60
新生児模倣に関する実験 ・・・・・ 75	胎盤・・・・・・・・・・・・・・・・ 60	妊娠中期・・・・・・・・・・・・・・ 60
心理的離乳・・・・・・・・・・・・ 193	体力・運動能力調査 ・・・・・・・ 71	妊娠の受容・・・・・・・・・・・・ 160
す	他者の気持ちの推測 ・・・・・・・ 114	**ね**
随伴性の理解・・・・・・・・・・・ 112	堕胎・・・・・・・・・・・・・・・・・ 4	粘稠・・・・・・・・・・・・・・・・ 157
スキャモン・・・・・・・・・・・・・ 61	探索・・・・・・・・・・・・・・・・ 118	**の**
鈴木三重吉・・・・・・・・・・・・・ 8	単純性肥満・・・・・・・・・・・・・ 66	能動免疫・・・・・・・・・・・・・ 172
ストレス・・・・・・・・・・・・・ 162	**ち**	**は**
スルーフ・・・・・・・・・・・・・・ 51	地域子育て支援拠点・・・・・・・・ 20	把握反射・・・・・・・・・・・・・ 172
せ	知覚機能・認知機能 ・・・・・・・ 74	パーソナリティー ・・・・・・・・ 56
正期産・・・・・・・・・・・・・・ 156	父親役割・・・・・・・・・・・・・ 162	ハイパー・メリトクラシー化 ・・・・ 45
制御機能・・・・・・・・・・・・・・ 84	チュリエル ・・・・・・・・・・・ 128	ハインツのジレンマ・・・・・・・ 135
生態システム理論・・・・・・・・・ 41	超音波検査 (エコー検査) ・・・・ 156	育みたい資質・能力 ・・・・・・・ 15
成長曲線・・・・・・・・・・・・・・ 62	超自我・・・・・・・・・・・・・・ 125	恥・疑惑・・・・・・・・・・・・・ 149
成長障害・・・・・・・・・・・・・・ 64	鳥獣人物戯画絵巻・・・・・・・・・・ 3	

8 か月不安・・・・・・・・・・・・・・・ 173
発育・・・・・・・・・・・・・・・・・・ 64
発育パターン・・・・・・・・・・・・・ 61
発達・・・・・・・・・・・・・・・・・・ 144
発達課題・・・・・・・ 120, 147, 189
発達過程・・・・・・・・・・・・・・・ 152
発達危機・・・・・・・・・・・・・・・ 147
発達検査（発達スクリーニング検
　査）・・・・・・・・・・・・・・・・・ 69
発達支援・・・・・・・・・・・・・・・ 153
発達の最接近領域・・・・・・・・・ 152
発達の制限・・・・・・・・・・・・・・ 26
話し言葉・・・・・・・・・ 91, 176
パラレルトーク ・・・・・・・・・・・ 93
バルテス ・・・・・・・・・・・・・・・ 40
バンデューラ ・・・・・・・・・・・ 126
班田収授制・・・・・・・・・・・・・・・ 2
ハンドリガード・・・・・・・・ 57, 112
反復喃語・・・・・・・・・・・・・・・・ 89

ひ
ピアジェ ・・・ 80, 81, 85, 108, 126, 132
微細運動−適応・・・・・・・・・・・・ 71
人見知り・・・・・・・・・・・・・・・ 117
ひとりごと・・・・・・・・・・・・・・ 183
肥満（単純性肥満）の原因・・・・ 68
表出言語・・・・・・・・・・・・・・・・ 93
表象機能・・・・・・・・・・・・・・・・ 79
ひろば型・・・・・・・・・・・・・・・・ 21

ふ
藤原惺窩・・・・・・・・・・・・・・・・・ 4
不信感・・・・・・・・・・・・・・・・・ 148
普遍的欲求（ニード）・・・・・・・ 145
フロイト・・・・・・・・・・・ 104, 125
浮浪児・・・・・・・・・・・・・・・・・ 10
プログラムリーダー ・・・・・・・・ 23
プロレタリア ・・・・・・・・・・・・・・ 8
ブロンフェンブレナー ・・・・・・・ 41
分離個体化理論・・・・・・・・・・・ 109

ほ
保育・・・・・・・・・・・・・・・ 14, 154
保育士が働く場所 ・・・・・・・・・・ 17
学童保育所（放課後児童健全育成
　事業）・・・・・・・・・・・・・・・ 29
ボウルビィ・・・・・・・・・・ 108, 110

母子健康手帳・・・・・・・・・・・・・ 62
母子相互作用モデル ・・・・・・・・ 40
捕捉反射・・・・・・・・・・・・・・・ 171
保存概念・・・・・・・・・・・・・・・・ 81
母乳・・・・・・・・・・・・・・・・・・ 158

ま
マークテスト ・・・・・・・・・・・・・ 57
マーラー・・・・・・・・・・・・・・・ 109
マイクロシステム ・・・・・・・・・・ 41
マクロシステム ・・・・・・・・・・・ 41
マザリーズ ・・・・・・・・・・・・・・ 51
マズロー ・・・・・・・・・・・・・・・ 145
学びの構え ・・・・・・・・・・・・・ 143
万葉集・・・・・・・・・・・・・・・・・・ 2

み
ミラーリング・・・・・・・・・・・・・ 93

む
襁褓・・・・・・・・・・・・・・・・・・・・ 4

め
メゾシステム・・・・・・・・・・・・・ 41
メタ認知的（反省的）思考・・・・ 85
メタ認知能力・・・・・・・・・・・・・ 84
メルツォフとムーアの実験 ・・・・ 75
免疫・・・・・・・・・・・・・・・・・・ 172
免疫グロブリン・・・・・・・・・・・ 158

も
モニタリング ・・・・・・・・・・・・・ 93

や
役割意識・・・・・・・・・・・・・・・ 121
山上憶良・・・・・・・・・・・・・・・・・ 2

ゆ
有能感・・・・・・・・・・・・・・・・・ 151
有能さの獲得 ・・・・・・・・・・・・・ 46
ユニバーサル支援 ・・・・・・・・・・ 13
指さし ・・・・・・・・・・・・・・・・・ 90

よ
よい子 ・・・・・・・・・・・・・・・・・ 134
養護・・・・・・・・・・・・・・・・・・ 14
養護施設・・・・・・・・・・・・・・・・ 11
養護と教育の一体化 ・・・・・・・・ 14
養護に関するねらい ・・・・・・ 14, 16
幼児音・・・・・・・・・・・・・・・・・ 90
幼児音の原因・・・・・・・・・・・・・ 90

幼児期の終わりまでに育ってほしい姿
　・・・・・・・・・・・・・・・・ 15, 141
幼児語・・・・・・・・・・・・・・・・・ 90
幼児後期の発達課題・・・・・・・ 149
幼児前期の発達課題・・・・・・・ 148
羊水・・・・・・・・・・・・・・・・・・ 157

ら
ライフサイクル論 ・・・・・・・・・・ 36

り
リーチング ・・・・・・・・・・・・・・ 77
理解言語・・・・・・・・・・・・・・・・ 93
利他的行動・・・・・・・・・・・・・・ 78
リフレクション ・・・・・・・・・・・ 94
梁塵秘抄・・・・・・・・・・・・・・・・・ 3
量の保存・・・・・・・・・・・・・・・・ 81
倫理・・・・・・・・・・・・・・・・・・ 136

る
ルイス・フロイス・・・・・・・・・・・ 4
ルール ・・・・・・・・・・・・・・・・・ 134
ルソー ・・・・・・・・・・・・・・・・・ 193

ろ
ローレル指数 ・・・・・・・・・・・・・ 65
論理的思考・・・・・・・・・・・・・・ 92

わ
若松賤子・・・・・・・・・・・・・・・・・ 7

●欧文
B
BICS ・・・・・・・・・・・・・・・・・・ 96
BMI・・・・・・・・・・・・・・・・・・・ 65
C
CALP ・・・・・・・・・・・・・・・・・・ 96
E
Every Child Matters・・・・・・・・ 28
O
OECD ・・・・・・・・・・・・・・・・・・ 47
Q
QOL ・・・・・・・・・・・・・・・・・・・ 47
S
SDQ ・・・・・・・・・・・・・・・・・・・ 47

監修者

倉石哲也（くらいし てつや）　武庫川女子大学 教授

伊藤嘉余子（いとう かよこ）　大阪府立大学 教授

執筆者紹介（執筆順、＊は編著者）

伊藤篤＊（いとう あつし）
担当：はじめに、第1章
神戸大学 教授
主著：『発達科学への招待』（共著）　かもがわ出版　2008年
　　　『教育心理学（教師教育テキストシリーズ）』（共著）　学文社　2007年

寺村ゆかの（てらむら ゆかの）
担当：第2章
神戸大学大学院 博士研究員
主著：『子育て支援の理論と実践（ＭＩＮＥＲＶＡ保育実践学講座16）』（共著）　ミネルヴァ書房　2013年

竹内伸宜（たけうち のぶよし）
担当：第3章
頌栄短期大学 教授
主著：『教職概論』（共著）　昭和堂　2009年

森田惠子（もりた けいこ）
担当：レッスン12、レッスン14
兵庫大学 教授
主著：『保育の基礎理論（MINERVA保育実践学講座1）』（共著）　ミネルヴァ書房　2006年
　　　『保育内容総論（MINERVA保育実践学講座4）』（共著）　ミネルヴァ書房　2006年

小島光華（こじま みつか）
担当：レッスン13、レッスン15
姫路獨協大学 講師
主著：『育ちゆくこども──療育指導事業（発達クリニック）の実践と研究Ⅸ』（共著）　神戸市社会福祉協議会総合児童センター　2017年
　　　『看護師国家試験合格対策必修問題360選』（共著）　東京学参　2016年

編集協力：株式会社桂樹社グループ
装画：後藤美月
本文イラスト：寺平京子、宮下やすこ
本文デザイン：中田聡美

MINERVA はじめて学ぶ子どもの福祉⑦
保育の心理学

2017年10月20日　初版第1刷発行 〈検印省略〉

定価はカバーに
表示しています

監 修 者	倉	石	哲	也
	伊	藤	嘉余子	
編 著 者	伊	藤		篤
発 行 者	杉	田	啓	三
印 刷 者	藤	森	英	夫

発行所　株式会社　ミネルヴァ書房
607-8494　京都市山科区日ノ岡堤谷町1
電話代表　(075) 581 - 5191
振替口座　01020 - 0 - 8076

ⓒ伊藤ほか，2017　　　　　　　　　亜細亜印刷

ISBN978-4-623-07956-8
Printed in Japan

倉石哲也/伊藤嘉余子 監修

MINERVAはじめて学ぶ子どもの福祉

全12巻／B5判／美装カバー

①子ども家庭福祉 　　　伊藤嘉余子/澁谷昌史 編著　本体2200円

②社会福祉 　　　倉石哲也/小崎恭弘 編著　本体2200円

③相談援助 　　　倉石哲也/大竹 智 編著

④保育相談支援 　　　倉石哲也/大竹 智 編著

⑤社会的養護 　　　伊藤嘉余子/福田公教 編著

⑥社会的養護内容 　　　伊藤嘉余子/小池由佳 編著

⑦保育の心理学 　　　伊藤 篤 編著　本体2200円

⑧子どもの保健 　　　鎌田佳奈美 編著

⑨子どもの食と栄養 　　　岡井紀代香/吉井美奈子 編著　本体2200円

⑩家庭支援論 　　　伊藤嘉余子/野口啓示 編著　本体2200円

⑪保育ソーシャルワーク 　　　倉石哲也/鶴 宏史 編著

⑫里親ソーシャルワーク 　　　伊藤嘉余子/福田公教 編著

ミネルヴァ書房

http://www.minervashobo.co.jp/